U0134954

Mc Graw Hill Education

THE INVESTOPEDIA®

The terms you need to know to talk like Cramer, think like Soros, and buy like Buffett

Guide to Wall Speak

財經詞彙
一本就搞定

讓你思考像索羅斯、投資像巴菲特

McGraw Hill **Education** | *Your Learning Partner*

美商麥格羅・希爾國際出版公司台灣分公司

謝辭

首先，我們要衷心感謝家人們，包括我們的太太 Nicole 與 Heidi、孩子、父母、爺爺奶奶，以及兄弟姐妹。當然，也要感謝讓 Investopedia 現在變得這麼成功的編輯、財務分析師，以及內容供應者。這些辛勤投入的人，包括 Tom Hendrickson、Shauna Carther、Tara Struyk、Chad Langager、Casey Murphy、Rachel Humenny、Albert Phung、Edmund Chua，以及 Chris Dailey 帶領的技術團隊；尤其是他們的貢獻，常未獲得應有的賞識。

特別要感謝傑克・奎南（Jack Guinan），這麼多年來，他幽默的財經漫畫，是 Investopedia 首頁的支柱。也多虧他投入的無數時間與精力，本書才得以出版。

最後，我們要感謝富比士（Forbes）家族，以及 Forbes.com。2007 年 4 月，富比士媒體公司（Forbes Media）收購了 Investopedia。我們以成為富比士數位事業集團的成員為榮，並感謝富比士集團支持 Investopedia 繼續成長。富比士以提供資本工具（Capitalist Tool）為宗旨，完全符合我們對 Investopedia 的期許：透過教育，讓個別投資人有能力掌握自己的財務前景。

Investopedia 創辦人

柯瑞・簡森（Cory Janssen）與柯瑞・偉格納（Cory Wagner）

2009 年 4 月

Introduction

copyright JackGuinan

「好的，各位，
我想，這就是我們一直在找的賣出訊號。」

1999 年夏天，我們創辦了 Investopedia。如果你還記得當年的股市走勢，就應該知道，我們的創業時機糟透了。然後，2000 年 2 月，我們正式註冊成立公司時，網路泡沫更達到最高峰。嘿！還真不是創立一家網路金融公司的好時機。

然而，大家還是繼續努力工作。我們有著偉大的計畫，就是要創設最大、最好的財經網站，超越當時每天吸引上百萬投資人與潛在投資人瀏覽的頂級網站。

我們很快就發現，自己擁有的資源，遠遠不足以支持夢想（當時的 Investopedia 只有我們這兩名員工）。既然如此，就決定只專注做好做得到的事。最後發現，這件「做得到」的事情，跟我們這兩個大學生每天的所學有關，也是我們極感興趣的領域，但幾乎所有網站與刊物至今仍然忽略，或只是聊備一格的內容：理財教育。

當時我們想，來做個金融詞典吧，這樣一來，公司就能獲得成長所需的動力。起初，我們希望以理財教育為平台，未來再拓展傳統的財經內容，但 Investopedia 開始做起金融詞典後，便逐漸成為個別投資人倚重的理財教育與工具網站。

在誤打誤撞下，我們找到自己的定位，並填補市場的一塊空白。目前的 Investopedia，擁有一個以提高用戶理財智能為宗旨的巨大資料庫，包括一個收錄超過 9,300 個財經術語的詞典；我敢說，這是同類詞典中內容最完備的。

除了財經詞典外，Investopedia 還提供最受投資人歡迎的線上股票模擬遊戲，以及幾千頁的理財教育內容。這些內容，是由世界各地超過兩百位熟悉不同題材的專家提供，由我們位於加拿大亞伯達省艾德蒙頓總部的分析師與編輯團隊協力完成。

在你閱讀本書前，我們希望說明 Investopedia 的一些特點，以及我們的經營宗旨：

1. **我們不偏不倚。** 金融業讓我們最看不慣的一件事，是許多「專家」都試著向你兜售東西，而財經媒體中的許多名嘴，則往往立場偏頗。我們有什麼不同嗎？當然不同。我們沒有金融商品要推銷，所以可以堅持做該做的事——就是解釋財經概念，協助你根據本身的情況，做出對自己最有利的決定。

2. **以簡明文字解釋財經概念。** 到目前為止，我們還沒有碰到有人需要的，是金融課本裡複雜的概念解說。Investopedia 對財經詞彙與概念的解釋總是簡單明瞭，盡可能避免艱澀的術語，同時以現實中的事例，協助讀者理解。既然以簡明的文字說明金融與投資問題比較容易理解，為什麼還要用其他方式？

3. **最關心自己財富的就是你。** 這雖是無須言明的事實，但有多少人實際掌控自己的財務前景？這不是說尋求金融專業人士的指點是不明智的，其實，許多人能靠理財顧問的服務而獲益。但即使有專業人士的協助，仍必須掌握必要的財經知識，才能了解自己的錢到底投資到哪裡。如果一來，在跟你的理財顧問討論投資事宜時，你就會比較有信心，問一些真正重要的問題，確保自己理財得當。

理財為什麼重要

Investopedia 會這麼受歡迎，部分原因在於年輕人的理財教育往往非常不足。我們認為，金融與財務，跟歷史、健康、數學、科學一樣重要。我們都學過算術，但有多少人學過怎樣擬好預算、管好支票戶頭？又有多少高中畢業生明白複利的好處？我們

認為，懂得計算投資收益（例如，年報酬率10％，投資十年，到期能拿到多少錢），以及了解信用卡欠款的利息成本，絕對名列成年人最需明白事項的清單內。

在理財上，美國（如果說不上是全世界的話）犯了一些重大過錯；不僅一般民眾如此，華爾街也做錯了許多事。因此，我們相信，不只是年輕人需要接受理財教育，那些可能陷入浮動利率房貸（ARM），或是信用卡債務陷阱的成年人也一樣，而華爾街人士當然更是如此。過去數十年來的財務工程，創造出許多金融商品，像是債務擔保證券（CDO）與房貸擔保證券（MBS），金融業者大舉押注，結果闖了大禍。

人們對「信用狂熱」（credit binge）的現象議論紛紛，但在我們看來，大家很少觸及問題的根源，就是教育不足。以這場信貸危機為例，大致上，各環節的人都有知識不足的問題：購屋者沒有徹底了解房貸條款，而從銷售房貸證券的投資銀行，到購買這些證券的法人、為這些證券評級的信評公司，還有未能有效監管這一切的從政者，他們共同的特徵是：沒有人真正明白這些艱澀複雜的證券。

就像網路泡沫驚醒了許多投資人，我們希望大家能從當前這場危機中吸取教訓，知道財富不是靠鉅額債務創造出來的。財富來自辛勤工作、明智投資，以及創造幫助改善人們生活的商品與服務；個人如此，國家也一樣。我們希望，Investopedia能避免個人或社會整體的財務危機再發生，儘管我們只能盡一點小小的力量。

Number

copyright JackGuinan

「爸爸，我長大後也要像你一樣暴跳如雷，
對著電腦大吼大叫，
大罵華爾街的人都是笨蛋。」

THE INVESTOPEDIA®

Guide to Wall Speak

10-K ｜企業年度報告

什麼是「企業年度報告」？

一份概述公司表現的綜合報告；每年都要提交給美國證券交易委員會（SEC）。10-K 報告通常較公司年報更詳細，包括公司歷史、組織結構、股權分布、持股狀況、每股盈餘，以及子公司等資料。

Investopedia 的解釋

10-K 報告必須在會計年度結束後六十天內（以前是九十天）提交。

10-K 為年度報告；10-Q 則為季度報告。

相關名詞／
- Balance Sheet 資產負債表
- Capital Structure 資本結構
- Earnings per Share - EPS 每股盈餘
- Securities and Exchange Commission (SEC) 美國證券交易委員會
- Shareholders' Equity 股東權益

401(k) Plan ｜401(k)退休儲蓄計畫

什麼是「401(k) 退休儲蓄計畫」？

雇主創立、符合美國稅制的退休儲蓄計畫，符合資格的員工，可以在稅前或稅後的基礎上，為個人的退休金帳戶提撥款項（通常是在稅前基礎上提撥，這樣就能降低當年度的應稅所得）。雇主可根據員工的儲蓄額，提撥對應的款項（稱為 matching contribution），也可不理會員工的儲蓄額、逕自提撥一定款項

（稱為 nonelective contribution），另外，還可以增設盈利分享機制。投資收益延後課稅。

Investopedia 的解釋

401(k) 計畫通常會對每月儲蓄額設定上限，美國稅法也對雇員的薪資提撥百分比設有上限。雇員動用儲蓄也有限制，若在計畫規定的退休年齡前，動用 401(k) 帳戶的資金，可能會遭某種懲罰。有些計畫允許參加者管理自己的投資，通常是提供一系列的投資選項讓雇員選擇。不提供這種選擇的計畫，則由雇主聘請投資專業人士，負責管理雇員的投資。

相關名詞／
- 403(b) Plan 403(b) 退休儲蓄計畫
- Qualified Retirement Plan 合資格退休金計畫
- Roth IRA 羅斯個人退休帳戶
- Traditional IRA 傳統個人退休帳戶
- Tax Deferred 延後課稅

403(b) Plan | 403(b)退休儲蓄計畫

什麼是「403(b) 退休儲蓄計畫」？

也稱為避稅年金（tax-sheltered annuity）計畫，是為公立學校及某些免稅團體的雇員，以及某些神職人員設的退休儲蓄計畫。403(b) 帳戶可以是以下一種類型：（1）保險公司提供的年金合約；（2）投資在共同基金上的託管帳戶（custodial account）；或是（3）為教會職員設的退休金帳戶，一般可投資在年金或共同基金上。

THE INVESTOPEDIA®

Guide to Wall Speak

Investopedia 的解釋

403(b) 跟 401(k) 計畫非常相似，雇員可從薪資中提撥一定百分比的款項，放進自己的帳戶，法規對提撥額設有上限。

相關名詞／
- 401(k) Plan 401(k)退休儲蓄計畫
- Individual Retirement Account (IRA) 個人退休帳戶
- Qualified Retirement Plan 合資格退休金計畫
- Traditional IRA 傳統個人退休帳戶
- Tax Deferred 延後課稅

A

copyright JackGuinan

「孩子，棒球就像投資一樣。
不要老是想擊出全壘打，成績就會更好。」

Absolute Return | 絕對報酬

什麼是「絕對報酬」？

一項資產（通常是股票或共同基金）在某段時間內取得的報酬率，考量期間資產的升值或貶值幅度，並以百分比表達。和相對報酬不同的是，絕對報酬只看資產本身的報酬率，並不跟任何其他資產或指標相比。

Investopedia 的解釋

一般來說，共同基金致力爭取超越同業、所屬基金類別，或是大盤的報酬率。這種基金管理方式，稱為相對報酬基金投資法。絕對報酬基金追求正數的報酬率，採用一些傳統共同基金不准使用的投資手段，像是賣空、期貨、選擇權、衍生工具、套利、槓桿與另類資產。根據記載，史上第一檔絕對報酬基金，是 1949 年時，由阿佛瑞德・溫斯洛・瓊斯（Alfred Winslow Jones）在紐約創立的。目前，絕對報酬基金是世界上成長最快的投資產品之一，就是所謂的「對沖基金」（hedge fund）。

相關名詞／
- Mutual Fund 共同基金
- Return on Investment (ROI) 投資報酬率
- Yield 殖利率
- Return on Assets (ROA) 資產報酬率
- Total Return 總報酬率

Accounts Payable (AP) | 應付帳款

什麼是「應付帳款」？

資產負債表上的一項流動負債，代表償還短期負債的義務。英文

常簡稱為「payables」。此詞有時候也指公司中負責向供應商，或是其他債權人付款的部門。

Investopedia 的解釋

為了避免違約，應付帳款必須在特定時限內付清。就公司而言，應付帳款指對供應商與銀行的短期欠款。不過，應付帳款並非公司才有，個人也會累積一些應付款，例如，對電話、瓦斯與有線電視公司的欠款。這些公司提供服務，事後才把帳單寄給客戶。應付帳款是一種短期債務，逾期不清償就視為信用違約。

相關名詞／
- Accounts Receivable (AR) 應收帳款
- Current Liabilities 流動負債
- Receivables Turnover Ratio 應收帳款週轉率
- Balance Sheet 資產負債表
- Liability 負債

Accounts Payable Turnover Ratio | 應付帳款週轉率

什麼是「應付帳款週轉率」？

一項短期流動性指標，可用來衡量公司付款給供應商的速度。這項比率的分子是某段時間內的總採購額，分母是期間的應付帳款平均值。

$$應付帳款週轉率 = \frac{總採購額}{應付帳款平均值}$$

Investopedia 的解釋

這項比率大致反映的，是公司在一段時間內（通常是一年）的付款額，相當於應付帳款均值的多少倍。例如，某公司一年內若向供應商採購了 1 億元的商品，而期間應付帳款平均值為 2,000

萬元,則應付帳款週轉率為 5(1 億元/2,000 萬元)。週轉率下滑,意味著公司付款給供應商的速度變慢了,可能就是不好的徵兆。週轉率上升,則意味著公司加快對供應商付款,通常就是好跡象。

相關名詞/
- Accounts Payable (AP) 應付帳款
- Current Ratio 流動比率
- Receivables Turnover Ratio 應收帳款週轉率
- Accounts Receivable (AR) 應收帳款
- Liquidity 流動性

Accounts Receivable (AR) | 應收帳款

什麼是「應收帳款」?

企業為客戶(個人或公司)提供商品或服務後待收的款項。本質上,應收帳款是授予客戶一種營運信用額度,期限通常較短,由數天至一年不等。應收帳款是資產負債表上的一項流動資產,因為它代表的,是客戶短期內必須付清的欠款。

Investopedia 的解釋

公司如果有應收帳款,就代表完成了一項銷售,但客戶尚未付款。多數公司會允許客戶賒帳,免除熟客每次購買時必須付現的麻煩。這就像公司提供商品或服務後,收到客戶發出的欠條。個人也會有應收帳款,最典型的例子,就是雇員在每月(或每兩週)收到薪水前,相對於雇主有一筆應收款(就是雇主未付的薪資)。應收帳款是應付帳款的對應項目(供應商的應收款,是客戶的應付款)。

相關名詞／

- Accounts Payable (AP) 應付帳款
- Asset 資產
- Receivables Turnover Ratio 應收帳款週轉率
- Accrual Accounting 權責發生制
- Balance Sheet 資產負債表

Accrual Accounting｜權責發生制

什麼是「權責發生制」？

也稱為應計制或應收應付制，是企業衡量經營表現與財務狀況的一種會計基礎，並不以現金交易為準。按權責發生制，收益與成本是在交易實質發生時，按配對原則（matching principle）入帳，而不是根據款項實際上何時支付或收到。權責發生制能更準確地描繪公司的經營表現與財務狀況，因為它將應收應付但尚未收付的款項也計算在內。對絕大多數的大公司來說，權責發生制是標準的會計基礎，但因為相對複雜，小公司採用時的成本較高。與權責發生制相對的是現金收付制，也就是僅根據現金的收付紀錄交易的會計方式。

Investopedia 的解釋

企業會採用權責發生制，是因為商業交易相當複雜，如果不這樣，就很難提供準確的財務資訊。例如，信用銷售（就是允許客戶賒帳）及可產生未來收入流（future revenue streams）的專案，在交易發生時雖然未有現金入帳，但公司的財務狀況已受影響，權責發生制較能準確反映相關交易的財務影響。舉一個例子，當一家公司賣一台電視給客戶，同時允許客戶賒帳，權責發生制與現金收付制的會計處理方式就不同了。現金制會等收到貨款（可

能是一個月或更久）後，才確認這筆銷售收入，而權責制則會在賣出電視時，確認未來將收到這筆貨款，因此雖然尚未收到現金，仍會將這筆銷售入帳，記在銷售收入與應收帳款下。

相關名詞／
- Accounts Receivable (AR) 應收帳款
- Accrued Interest 應計利息
- Income Statement 損益表
- Accrued Expense 應付費用
- Cost of Goods Sold (COGS) 銷貨成本

Accrued Expense｜應付費用

什麼是「應付費用」？

資產負債表上的一項流動負債，代表已入帳但尚未實際支付的費用。通常是一些經常性費用，在支付前入帳，是根據權責發生制原則：已發生的費用終需支付，應適時入帳。

Investopedia 的解釋

與應付費用相對的是預付費用（一項流動資產）。公司常見的應付費用，包括薪資、利息與賦稅。這些費用會記錄在資產負債表上，直至未來付清為止。例如，公司有一筆單純的銀行貸款，會計期底時累積的一些應付利息，就是一項應付費用。

相關名詞／
- Accrual Accounting 權責發生制
- Balance Sheet 資產負債表
- Liability 負債
- Accrued Interest 應計利息
- Gross Income （1）總收入；（2）毛利

Accrued Interest | 應計利息

什麼是「應付利息」?

(1)按權責發生制原則,記錄在資產負債表上的應收或應付利息。會產生應計利息,是因為利息的實際收付與入帳時間有差距。

(2)買賣債券時,應計利息是指自上次付息日至交易結算日(但不包含結算日)所累積的利息。

Investopedia 的解釋

(1)當公司在某項應收款上,賺得尚未實際收到的利息時,帳上就會出現一筆應收利息。舉個例子,公司為某位客戶提供採購融資,10 月 1 日提供了一筆貸款,至 12 月 31 日會計期底時,貸款尚未償還,這個時候,資產負債表上就應記錄三個月的應收利息(一項流動資產)。

(2)買賣債券時,實際支付的價格是成交價加上應計利息,以反映自上次付息日以來所累積的利息。債券賣方自上次付息日以來,持有債券的應得利息尚未收取,將由買方在下一付息日一併領取,因此,買方必須在成交價外,支付賣方的應得利息。

相關名詞/
- Accrual Accounting 權責發生制
- Coupon 票息
- Settlement Date 結算日
- Accrued Expense 應付費用
- Interest Rate 利率

Acid-Test Ratio ｜ 速動比率

什麼是「速動比率」？

這項較嚴格的流動性指標，反映公司在不出清庫存的情況下，是否有足夠的流動資產支應流動負債。速動比率遠比流動比率嚴格，因為後者將庫存也納入資產的計算中。

$$速動比率 = \frac{（現金＋應收帳款＋短期投資）}{流動負債}$$

Investopedia 的解釋

速動比率低於 1，代表公司很可能無法清償流動負債，投資人對這種公司應格外小心。如果速動比率遠低於流動比率，就代表庫存占公司流動資產很高的比重，通常，零售商都屬於這一類。速動比率的英文字面意思是「酸性測試」，據說是源自過去淘金者測試「金塊」是否為真金的方法。因為黃金跟其他金屬不同，不會受酸性腐蝕，如果「金塊」在酸液中完好無缺，就是通過酸性測試的真金。從這個意思引伸出來，如果一家公司通過財務上的酸性測試，就代表該公司不會有週轉上的困難。

相關名詞／
- Current Assets 流動資產
- Current Liabilities 流動負債
- Current Ratio 流動比率
- Liability 負債
- Working Capital 營運資金

Alpha ｜ 阿爾法

什麼是「阿爾法」？

（1）這項指標用來衡量經風險調整後的投資表現，並考量了價

格波動風險。就共同基金而言，阿爾法是指基金報酬率超過基準指數同期報酬率的幅度。

（2）一檔證券或一個投資組合某段時期的非正常報酬率，就是實際報酬率超過標準報酬率的幅度。標準報酬率是根據某種模型，像是資本資產定價模型（CAPM）計算出來的。

Investopedia 的解釋

（1）阿爾法是現代投資組合理論用的五個風險指標之一，其他四個是貝他、標準差、R 平方值，以及夏普值。這些指標協助投資人了解一檔共同基金的風險與報酬概況。簡單來說，阿爾法反映的，是基金經理人為基金報酬率加分或減分的程度。一檔基金的阿爾法如果是正 1.0，就代表該基金的報酬率較基準指數高出一個百分點；若是負 1.0，就代表基金的報酬率較基準指數低一個百分點。

（2）如果 CAPM 根據某個投資組合的風險特質，算出標準報酬率為 10％，而該組合的實際報酬率為 15％，則這段時間內該組合的阿爾法為五個百分點。

相關名詞／
- Beta 貝他係數
- R-Squared R 平方值
- Standard Deviation 標準差
- Capital Asset Pricing Model (CAPM) 資本資產定價模型
- Sharpe Ratio 夏普值

American Depositary Receipt (ADR) | 美國存託憑證

什麼是「美國存託憑證」？

美國銀行業者發行的可轉讓憑證，在美國的證券交易所掛牌買

賣，每一張 ADR 代表特定數量的非美國上市股票。ADR 以美元計價，標的股票由美國的金融機構，在美國以外持有。對公司和投資者而言，以 ADR 為交易標的，而不是直接買賣標的股票，可降低管行政與交易成本。

Investopedia 的解釋

對美國投資人來說，ADR 是買賣外國股票的便捷方式，股息與資本利得都能以美元兌現。不過，ADR 並不能消除購買標的股票牽涉的匯率與經濟風險。例如，標的股票派發的非美元股息會轉換為美元，扣除轉換費用與當地稅項。ADR 在紐約證交所、美國證交所（AMEX），或是那斯達克市場掛牌買賣。

相關名詞／
- Derivative 衍生工具
- Global Depositary Receipt (GDR) 全球存託憑證
- MSCI Emerging Markets Index 摩根士丹利資本國際新興市場指數
- Security 證券
- Spiders (SPDR) 標準普爾存託憑證

American Stock Exchange (AMEX) | 美國證交所

什麼是「美國證交所」？

美國交易量第三大的證券交易所。美國證交所位於紐約市，約占全美證券交易量的10％。

Investopedia 的解釋

美國證交所已與那斯達克（Nasdaq）合併。在 1921 年之前，人們稱它為「路邊交易所」（curb exchange）。美國證交所一度是紐

約證交所的強勁競爭者，但如今這個角色已為那斯達克所取代。
目前在美國證交所買賣的，幾乎都是小型股、指數股票型基金
（ETF）以及衍生工具。

相關名詞／
- Dow Jones Industrial Average (DJIA) 道瓊工業指數
- Index 指數
- Nasdaq 那斯達克
- New York Stock Exchange (NYSE) 紐約證交所
- Stock Market 股票市場

Amortization | （1）分期償還；（2）攤銷

什麼是 Amortization ？

（1）按某種方式分期償還負債。

（2）將資本支出在一定期限內（通常是資產的使用壽命）攤銷
為費用。更明確地說，是指無形資產（如專利或版權）的成本攤
銷。

Investopedia 的解釋

舉一個攤銷的例子：XYZ 生技公司花了 3,000 萬元，取得一項有
效期十五年的醫療技術專利，如果按資產有效期簡單地平均攤銷
這筆資本支出，公司在未來十五年內，每年將有一筆 200 萬元的
攤銷費用。人們常交替使用「攤銷」與「折舊」兩個詞，但嚴格
來說，攤銷適用於無形資產，而折舊則僅適用於有形資產。

相關名詞／
- Asset 資產

- Depreciation （1）折舊；（2）貶值
- Earnings before Interest, Taxes, Depreciation, and Amortization (EBITDA) 息稅折舊攤銷前利潤
- Intangible Asset 無形資產
- Tangible Asset 有形資產

Annual Percentage Yield (APY) | 年收益率

什麼是「年收益率」？

假設資金一整年都留在投資工具上，將複利效果計算在內的有效年報酬率。

$$年收益率＝（1＋每期利率）^n － 1$$

n＝期數，例如，若利率以月計，則n＝12

Investopedia 的解釋

不同的付息安排，都可計算出一個年收益率，方便比較。例如，你正在考慮兩項投資，一項是一年期的零息債券，期滿收益率為 6%；另一項是高收益貨幣市場帳戶，每月付息 0.5%，並每月複利計算。兩者乍看的收益率相同：0.5% 乘以 12 個月等於 6%，但第二項因有複利因素，年收益率其實高一點，是 6.17%〔$(1+0.05\%)^{12} － 1 = 0.0617$〕。

相關名詞／

- Certificate of Deposit (CD) 存款單
- Compounding 複利
- Yield 殖利率
- Compound Annual Growth Rate (CAGR) 年複合成長率
- Money Market Account 貨幣市場帳戶

Annuity | 年金

什麼是「年金」？

這種金融商品，是指從合約指定的未來某個時間起，定期支付持有人一筆款項。年金的主要功能，是讓購買者在退休後有可靠的現金收入。

Investopedia 的解釋

年金的支付方式，可以有多種不同的安排，例如，可以指定一段金額獲保證的支付期，也可以設定成持續支付到年金領取人（或其配偶）去世為止。年金也可以是約定固定支付年期的，比如說，不管年金領取人實際活多久，一律訂為二十年。此外，年金的支付額可以固定，也可以是浮動的。浮動型年金的支付額，視投資表現而定，報酬豐厚時高一些，報酬欠佳時低一些。這種年金的風險高於固定支付額年金，但只要投資報酬很出色，年金領取人就可從中受益。年金合約非常靈活，因此適合多種投資人。

相關名詞／
- Bond 債券
- Interest Rate 利率
- Tax Deferred 延後課稅
- Defined-Benefit Plan 確定給付退休金計畫
- Mutual Fund 共同基金

Arbitrage | 套利

什麼是「套利」？

相同或相關的資產出現異常價差時，低買高賣以賺取價差。會有這樣的異常價差，是因為市場有時未能有效運作。套利行為可確

資產配置作業假設這種差異未來仍將存在。

Investopedia 的解釋

資產配置並無適用所有投資人的簡單公式。不過，投資專業人士
一致認同，資產配置是投資關鍵的一步，重要性比個別證券的選
擇高。一些稱為生命週期基金（life-cycle funds），或是目標日期
基金（target-date funds）的共同基金，就是藉資產配置作業，設計
出符合投資人需要（考量投資人的年齡、風險接受度、投資目標）的
投資組合。不過有批評者指出，這種標準化基金是有問題的，因為投
資人各有獨特情況，需要量身訂做的方案，而不是一體適用的標準方
案。

相關名詞／
- Correlation 相關係數
- Modern Portfolio Theory (MPT) 現代投資組合理論
- Risk 風險
- Diversification 分散投資
- Portfolio 投資組合

Asset Turnover | 資產週轉率

什麼是「資產週轉率」？

代表每一元資產產生的營業額，以營業收入除以資產值得出。

$$資產週轉率 = \frac{營業收入}{資產值}$$

Investopedia 的解釋

資產週轉率衡量一家企業運用資產創造營收的效率，數字越高越
好。在某種程度上，這項比率也反映公司的訂價策略：薄利多銷

的公司資產週轉率較高，高利潤業者的資產週轉率通常較低。

相關名詞／
- Fundamental Analysis 基本分析
- Net Sales 淨銷售額
- Turnover 週轉率
- Inventory Turnover 庫存週轉率
- Revenue 營業收入

Asset-Backed Security (ABS) | 資產擔保證券

什麼是「資產擔保證券」？

由貸款、租約，或是其他應收款擔保的金融證券，不包括由不動產或房貸擔保的證券。ABS 是可替代公司債的一種投資選擇。

Investopedia 的解釋

ABS 跟房貸擔保證券（MBS）很像，差別只在於擔保 ABS 的資產，是貸款、租約、信用卡債務、企業的應收帳款或權利金，而不是房屋抵押貸款。

相關名詞／
- Asset 資產
- Derivative 衍生工具
- Securitization 證券化
- Corporate Bond 公司債
- Mortgage-Backed Securities (MBS) 房貸擔保證券

Average Directional Index (ADX) | 平均動向指標

什麼是「平均動向指標」？

在技術分析中，可客觀反映趨勢強度的一項指標。ADX 是一個

非定向指標，無論是升是跌，都可反映趨勢的強度。 ADX 的圖表視窗，通常同時顯示三條線，ADX 線是從另外兩條線的關係推算出來的。

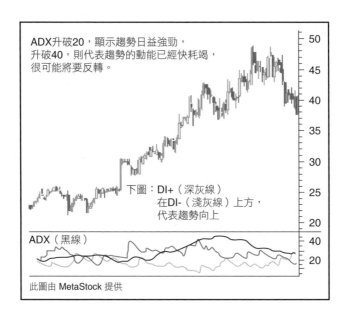

ADX升破20，顯示趨勢日益強勁，升破40，則代表趨勢的動能已經快耗竭，很可能將要反轉。

下圖：DI+（深灰線）
在DI-（淺灰線）上方，
代表趨勢向上

ADX（黑線）

此圖由 MetaStock 提供

Investopedia 的解釋

這是評估趨勢的技術分析法，可協助交易員識別強勁的升勢或跌勢，在趨勢轉弱前，讓盈利持續擴大。

相關名詞／

- Benchmark 基準
- Index 指數
- Uptrend 上升趨勢
- Downtrend 下跌趨勢
- Trend Analysis 趨勢分析

copyright JackGuinan

「老兄，華爾街到了，
惠賜二百五十個基點！」

Balance Sheet | 資產負債表

什麼是「資產負債表」？

概括一家公司某個時點資產、負債、股東權益的財務報表。投資人可藉著資產負債表了解公司擁有什麼、欠了什麼，以及股東投入了多少。資產負債表遵循以下公式：資產＝負債＋股東權益。這三大項目底下都有許多細項，記錄著每一項的價值。現金、庫存、房產，是資產方的細項，而應付帳款及長期負債，則是負債方的項目。不同公司、不同產業的資產負債表，各有不同的細項，並沒有能準確照顧到不同產業需求的範本。

Investopedia 的解釋

英文 balance sheet 的字面意思是「平衡表」，會有這樣的稱呼，是因為該報表的左右兩邊一定相等。這是有道理的，因為一家公司擁有的一切（資產），必須靠借貸（負債）或股東出資（股東權益）支應。資產負債表是企業公布的最重要的財務報表之一，反映公司某個時點的資產與負債（及股東資金）狀況。相對地，另一個重要報表損益表，則顯示公司某一段時間的收支狀況。兩者沒有優劣之分，而且必須並用，才能對公司的財務狀況，有比較完整的了解。

相關名詞／
- Asset 資產
- Liability 負債
- Shareholders' Equity 股東權益
- Income Statement 損益表
- Retained Earnings 保留盈餘

Bank Guarantee | 銀行擔保

什麼是「銀行擔保」？

一家放款機構發出的保證函，保證某債務人的負債可獲得償還。換句話說，如果債務人未能償還負債，提供擔保的銀行會代為償付。

Investopedia 的解釋

這種保證函，是銀行應客戶（債務人）請求而發出的，獲得擔保的債務人，因此有能力採購貨物、添置設備或辦理貸款，得以擴張業務。

相關名詞／
- Cash and Cash Equivalents 現金及約當現金
- Letter of Credit 信用狀
- Risk 風險
- Debt 債務
- Liability 負債

Banker's Acceptance (BA) | 銀行承兌匯票

什麼是「銀行承兌匯票」？

非金融業公司所創造、銀行提供擔保的一種短期信貸工具。

Investopedia 的解釋

銀行承兌匯票在二級市場按貼現方式（買方以低於面值的價格買進，到期取回面值，期間不付息）買賣。這種匯票跟國庫券很像，是貨幣市場基金主要的投資工具之一。

相關名詞／
- Bond 債券
- Certificate of Deposit (CD) 存款單

- Commercial Paper 商業本票
- Treasury Bill (T-Bill) 美國國庫券
- Money Market 貨幣市場

Bankruptcy | 破產

什麼是「破產」?

無力償債的個人或企業發起的法定程序。破產程序始於債務人向法院申請破產,少數情況下,是由債權人的代表,向法院申請債務人破產。債務人的全部資產經估值後,會用來償還部分債務。破產程序順利結束後,債務人申請破產前背負的負債就一筆勾銷。

Investopedia 的解釋

破產程序讓無力償債的個人或企業有機會重新出發,讓債權人有機會收回部分欠款,而無望償還的債務,則在法院監督下勾銷。理論上,這種運作對總體經濟有利,因為欠債的個人與企業能有重生的機會,債權人則能取回部分欠款。依照美國破產法規定,破產程序可分為:第七章(債務人資產進行清算)、第十一章(企業或個人在破產保護令下進行「重整」)、第十三章(有固定收入的個人進行「債務重整」,在三到五年內償還全部或部分債務)。各國破產法規的差別很大,而破產率則高低不一,多半是受債務人完成破產程序的難度所影響。

相關名詞/
- Bear Market 空頭市場
- Credit Crunch 信貸緊縮
- Subprime Loan 次級貸款
- Chapter 11 第十一章破產保護
- Debt 債務

Basis Point (BPS) ｜ 基點

什麼是「基點」？

1 基點等於 0.01 個百分點，是金融工具（尤其是固定收益證券）常用的計量單位。利率、債券殖利率，以至股價指數的變動幅度，常以基點來表示。

Investopedia 的解釋

百分點與基點的轉換公式是：1 個百分點＝ 100 個基點；1 個基點＝ 0.01 個百分點。舉例來說，如果某個債券的殖利率從 5％升至 5.5％，殖利率就上漲了 50 個基點；而利率升 1 個百分點，也就是升了 100 個基點。

相關名詞／
- Bond 債券
- Interest Rate 利率
- Yield 殖利率
- Corporate Bond 公司債
- Pip 跳動點

Bear Market ｜ 空頭市場

什麼是「空頭市場」？

又稱熊市，特徵是股價持續下滑，人們普遍悲觀，悲觀氣氛日益增強促使投資人拋售持股，這又使得市場氣氛更加悲觀。熊市並沒有公認的嚴謹定義，但一般來說，大盤指數像是道瓊工業指數或標準普爾五百指數，只要在兩個月內下跌超過 20％，就視為空頭市場。

Investopedia 的解釋

投資人應分清楚空頭市場與修正走勢,後者是跌勢不超過兩個月的短期趨勢。對價值投資者來說,市場出現修正,通常是進場的好時機。但想在空頭市場中撿便宜,就會危險得多,因為沒有人真正知道市場何時觸底。除非是賣空,否則投資人很難在空頭市場中賺到錢。

相關名詞/

- Bull Market 多頭市場
- Market Economy 市場經濟
- Stock Market 股票市場
- Downtrend 下跌趨勢
- Short Sale 賣空

Behavioral Finance | 行為財務學

什麼是「行為財務學」?

這是財務學的一個領域,試圖以心理學的理論為基礎,解釋股市的反常現象。行為財務學假設資訊結構與市場參與者的特徵,是影響個人投資決定,以及市場走勢的關鍵因素。

Investopedia 的解釋

許多研究發現,在證券市場的長期歷史中,許多現象違背了效率市場假說,假設投資人完全理性的模型也無法解釋,行為財務學即是試圖填補這一塊空白。

相關名詞/

- Efficient Market Hypothesis (EMH) 效率市場假說
- Fundamental Analysis 基本分析
- New York Stock Exchange (NYSE) 紐約證交所
- Market Economy 市場經濟
- Quantitative Analysis 量化分析

Benchmark | 基準

什麼是「基準」？

衡量一檔證券、共同基金，或是一名基金經理人投資報酬表現的標準，一般以大盤、類股，或是債券指數為基準。

Investopedia 的解釋

評估任何投資的表現，往往必須有合適的比較基準。分析師用來評估投資表現的基準指數有十幾種，常見的包括標準普爾五百指數、道瓊工業指數，以及雷曼綜合債券指數（現已改稱「巴克萊資本綜合債券指數」）。

相關名詞／

- Dow Jones Industrial Average (DJIA) 道瓊工業指數
- Lehman Aggregate Bond Index 雷曼綜合債券指數
- Standard & Poor's 500 Index (S&P 500) 標準普爾五百指數
- Index 指數
- Stock Market 股票市場

Beta | 貝他係數

什麼是「貝他係數」？

這是一個以統計方法計算出來的風險指標，衡量一項投資相對於整體市場的價格波動性，也稱為「系統風險指標」。

Investopedia 的解釋

貝他係數是用迴歸分析計算出來的，反映一檔證券的報酬率對大盤波動的敏感程度。貝他係數等於 1，代表證券的價格緊跟著大盤走勢；貝他低於 1，意味著證券的價格走勢比大盤穩定；貝

他高於 1，則代表證券的價格比大盤更波動。例如，若某個股的貝他為 1.2，理論上，該個股的價格波動程度較大盤高 20%。許多公用事業股的貝他低於 1，而大多數熱門科技股的貝他則高於 1，意味著投資這些個股，有機會獲得較高的報酬，但風險也比較大。

相關名詞／

- Alpha 阿爾法
- R-Squared R平方值
- Unlevered Beta 去槓桿貝他係數
- Capital Market Line (CML) 資本市場線
- Swing Trading 短線波段操作

Bid | 買方出價

什麼是「買方出價」？

（1）投資人、交易商或交易員，為購買證券而開出的價格，會同時指明在該價格願意買進的數量。

（2）造市者（market maker）開出的買價，表示願意以該價格購入證券。造市者會同時報出一個賣價（價格加數量），表示願意以該價格賣出證券。

Investopedia 的解釋

與 bid 相對應的是 ask（賣方報價），後者是證券的賣方表示願意接受的價格，會同時指明願意在該價位出售的證券數量。

（1）買方出價可以是「$23.53 × 1,000」，代表報價者願意以每股 23.53 元的價格購進 1000 股。如果有人願意以這個價格賣出 1000 股，交易即可達成。

（2）造市者對市場的運作效率與流動性非常重要。造市商持續同時報出買價與賣價，投資人有需要時，即可買進或賣出證券。

相關名詞／
- Ask 賣方報價
- Market Maker 造市者
- Volume 成交量
- Bid-Ask Spread 買賣價差
- Spread 價差

Bid-Ask Spread｜買賣價差

什麼是「買賣價差」？

賣方報價高於買方出價的幅度。實際上，買賣價差是指賣方願意接受的最低價格，高於買方願意接受最高價格的幅度。

Investopedia 的解釋

舉一個例子，如果買方出價是 20 元，而賣方報價為 21 元，則買賣價差為 1 元。資產的流動性越高，買賣價差越小。例如，貨幣是流動性最高的資產，因此，外匯市場上的買賣價差非常小（0.01 個百分點）；相對地，小型股的流動性則顯然較低，買賣價差有時可高達資產值的1%～2%。

相關名詞／
- Ask 賣方報價
- Market Maker 造市者
- New York Stock Exchange (NYSE) 紐約證交所
- Bid 買方出價
- Pink Sheets 粉紅單市場

Black Scholes Model | 布萊克－斯科爾斯模型

什麼是「布萊克-斯科爾斯模型」？

有關金融工具（如個股）一定時間內價格變動的數學模型，常用於計算歐式買權（European call option）的價格。此模型假定交投活躍的資產之價格有如處於幾何布朗運動（geometric Brownian motion）狀態，持續波動不定。應用在個股選擇權上時，模型納入計算的項目，包括個股的價格波動指標、資金的時間價值、選擇權的履約價，以及距離選擇權到期的時間。亦稱布萊克-斯科爾斯-默頓模型（Black-Scholes-Merton Model）。

Investopedia 的解釋

布萊克-斯科爾斯模型這項現代金融理論最重要的概念之一，是1973 年由費雪・布萊克（Fisher Black）、羅伯・默頓（Robert Merton）與邁倫・斯科爾斯（Myron Scholes）所創，如今廣泛應用於金融業，公認是選擇權評價的最佳模型之一。

相關名詞／
- Exercise 行使權利
- Standard Deviation 標準差
- Strike Price 履約價
- Option 選擇權
- Stock Option 股票選擇權

Blue-Chip Stock | 績優股

什麼是「績優股」？又稱藍籌股，指信譽卓著、財務強健的公司所發行的股票，長期以來無論景氣好壞，都有能力配發股息。

Investopedia 的解釋

績優股的風險相對較低。美國績優股的價格,通常緊跟著標準普爾五百指數升跌。

相關名詞／
- Dow Jones Industrial Average (DJIA) 道瓊工業指數
- Large-Cap (Big-Cap) 大型股
- New York Stock Exchange (NYSE) 紐約證交所
- Standard & Poor's 500 Index (S&P 500) 標準普爾五百指數
- Stock 股票

Bollinger Band | 包寧傑通道

什麼是「包寧傑通道」?

一種技術分析圖形,在某條簡單移動平均線上下兩個標準差的地方劃線,形成一個通道。在下面的例子中,包寧傑通道是以個股的二十一天簡單移動平均線為基礎。

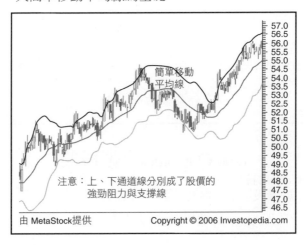

B

Investopedia 的解釋

因為標準差衡量的是價格波動性，包寧傑通道的寬度，會隨市場狀況改變。市場波動加劇時，通道會變寬（上下通道線離移動均線更遠），波動和緩時，則通道縮窄（上下通道線更接近移動均線）。仰賴技術分析的交易商，通常視通道縮窄為價格波動即將顯著加劇的早期跡象。這是最流行的技術分析法之一。價格愈接近上通道線，一般認為，就表示市場超買的跡象愈明顯；價格愈接近下通道線，則顯示市場超賣的跡象愈明顯。

相關名詞／

- Moving Average (MA) 移動平均線
- Technical Analysis 技術分析
- Volatility 波動性
- Standard Deviation 標準差
- Trend Analysis 趨勢分析

Bond | 債券

什麼是「債券」？

一種債權投資工具，購進債券的投資人將資金借給發債人（企業或政府），借款時間與利率按則債券條款的事先約定。企業、市政當局、州、美國聯邦政府，以至各國政府，都透過發行債券，為各種投資項目與活動融資。債券也稱為固定收益證券，和股票與現金合稱三大資產類別。

Investopedia 的解釋

債券由借款者（發債人）發行，會指定將支付的利率（票面利率），以及本金償還的日期（到期日）。債券利息通常每六個月

支付一次。主要債券類型包括公司債、市政債券、美國公債（包括長債、中期債券、國庫券）。債券的利率，主要由發債人的信用品質以及債券的期限這兩大因素決定。債券的期限，如美國公債，可長達三十年，也可短到九十天（國庫券）。公司債與市政債券的期限，則通常在三到十年之間。

相關名詞／
- Callable Bond 可贖回債券
- Convertible Bond 可轉換債券
- Corporate Bond 公司債
- Junk Bond 垃圾債券
- Yield to Maturity (YTM) 到期殖利率

Bond Ladder | 債券階梯

什麼是「債券階梯」？

管理固定收益投資的一種策略，將資金平均分為若干份，投資在不同期限的存款單或債券上，定期（例如，每半年、每年或每兩年）收回本金。

Investopedia 的解釋

債券階梯投資法的好處是報酬穩定、低風險，以及良好的流動性；畢竟，定期會有債券到期。此外，這個策略也對規避贖回風險有幫助，因為資產分散投資在不同期限的債券上，所有債券遭發行人贖回的機率極低。

相關名詞／
- Bond 債券
- Corporate Bond 公司債
- Interest Rate 利率
- Yield 殖利率
- Yield to Maturity (YTM) 到期殖利率

Bond Rating | 債券評等

B

什麼是「債券評等」？

反映債券信用品質的評等。私營的信評機構，像是標準普爾、穆迪、惠譽等，評估發債人的財力（就是發債人按時付息還本的能力），然後訂出債券的評等。

Investopedia 的解釋

債券評等最高的是 AAA，最低的是 C（「垃圾級」）。各信評公司的評級使用相同字母，但會用不同的大小寫組合來區別。標準普爾的評等級別如下：AAA 與 AA，代表投資級中的優質信用級別；A 與 BBB，代表投資級中的中等信用級別；BB、B、CCC、CC 與 C，代表非投資級的低信用級別，即「垃圾債」評等；D 代表違約中的債券，即未能按時還本付息的債券。

相關名詞／
- Credit Rating 信用評等
- Interest Rate 利率
- Junk Bond 垃圾債券
- High-Yield Bond 高收益債
- Investment Grade 投資級評等

Book Value | 帳面值

什麼是「帳面值」？

（1）資產負債表上記錄的資產價值，也就是資產的成本減去累計折舊。

（2）公司的資產淨值，等於總資產減去無形資產（如專利與商譽）及負債。

（3）一項投資的初始支出，可能包括（也可能不包括）交易費用、銷售稅及服務費。

在英國，帳面值稱為資產淨值。

Investopedia 的解釋

帳面值代表一家公司會計上記錄的價值，主要用法包括：

（1）它代表公司清算時，股東理論上能從所有資產上取得的價值；（2）比較公司的價面值與市值，有助於研判公司的股價偏高還是偏低；（3）就個人理財而言，一項投資（例如一檔股票）的帳面值是買進成本。賣掉股票時，這項投資的資本利得（或虧損），就是賣股所得減去帳面值。

相關名詞／

- Depreciation（1）折舊；（2）貶值
- Intrinsic Value 內在價值
- Price-to-Book Ratio (P/B Ratio) 股價淨值比
- Intangible Asset 無形資產
- Net Asset Value (NAV) 資產淨值

Breakpoint ｜ 折扣臨界點

什麼是「折扣臨界點」？

共同基金通常會收取申購手續費，基金公司可能會設定某些折扣臨界點，認購額達到或超過臨界點的客戶，可享有手續費折扣。認購額可單次計算，也可拿特定時段內的累計金額計算，但要用後一種方式，必須簽訂意向書為證。

Investopedia 的解釋

舉個例子，一名投資人打算動用 9.5 萬元，申請一檔收取認購費

的共同基金,基金公司的手續費率是 6.25%,也就是說,必須支付 5937.5 元的申購手續費。如果該基金設有 10 萬元的折扣臨界點,優惠費率為 5.5%,則基金公司應提醒投資人,額外投入 5000 元的話,手續費可降至 5500 元,節省 437.5 元。按照相關規定,共同基金的說明書裡,應清楚說明這種折扣臨界點及資格條件。因為只到達到臨界點,即可享有手續費優惠,基金公司若接受略低於臨界點的申購,而未告知客戶相關的優惠安排,等於是操守有問題,違反了全美證券交易商協會(NASD)的規定。

相關名詞╱
- Broker-Dealer 經紀自營商
- Front-End Load 申購手續費
- Total Return 總報酬率
- Expense Ratio 操作費用比率
- Mutual Fund 共同基金

Broker-Dealer │ 經紀自營商

什麼是「經紀自營商」?

從事證券交易業務的個人或公司,身兼經紀商與自營商兩種身份,扮演哪一種角色,則視交易而定。

Investopedia 的解釋

嚴格來說,經紀商只是替客戶執行交易的代理人,而自營商是則替自己帳戶買賣的當事人。因為大多數證券商同時經營經紀與自營業務,人們就普遍以經紀自營商來稱呼這些業者。

相關名詞╱
- FINRA 美國金融業監管局
- Nasdaq 那斯達克
- Stock Market 股票市場
- Market Maker 造市者
- New York Stock Exchange (NYSE) 紐約證交所

Bull Market | 多頭市場

什麼是「多頭市場」？

又稱牛市，指證券價格持續上漲，或是預期將上漲的金融市場狀態。這個詞最常用來講股市，但也適用於任何有交易進行的市場，如債市、匯市與大宗商品市場。

Investopedia 的解釋

多頭市場的特徵，是市場瀰漫樂觀氣氛、投資人信心高漲，普遍看好價格將繼續上漲。但市場走勢是很難預測的，尤其因為投資人的心理及投機活動，可左右市場方向。「牛」與「熊」的說法，源自這兩種動物攻擊對手的方式：牛用角向上衝撞，熊用掌向下拍擊。牛市與熊市就因此用來比喻市場方向：趨勢向上稱為牛市，趨勢向下稱為熊市。

相關名詞／
- Bear Market 空頭市場
- Fundamental Analysis 基本分析
- Uptrend 上升趨勢
- Downtrend 下跌趨勢
- January Barometer 1月指標

Business Cycle | 景氣循環

什麼是「景氣循環」？

也稱為經濟週期，是指總體經濟活動週而復始的一種波動。景氣循環可分五個階段：成長（擴張）、頂峰、衰退（萎縮）、谷底、復甦。人們一度認為，景氣循環是規律且可預測的，但現在則認為不太規律，週期的頻率、強度、持續時間不斷波動，難以預測。

Investopedia 的解釋

二次大戰後，經濟週期的頂峰大多相隔 3 到 5 年，擴張期平均為 44.8 個月，而衰退期則平均持續 11 個月。1929 至 1933 年間，經濟活動持續萎縮的大蕭條，持續了 43 個月。

相關名詞／
- Asset Turnover 資產週轉率
- Bull Market 多頭市場
- Recession 經濟衰退
- Bear Market 空頭市場
- Law of Supply 供給法則

Buy Side ｜ 投資型金融業者

什麼是「投資型金融業者」？

華爾街法人中的買方，為了資產管理的目的，常大手買進證券，主要是共同基金、退休基金、保險公司。與此相對的是交易型金融業者（sell side），它們的主要業務是推銷證券、公開發布個股的投資評等與目標價。兩者共同構成華爾街的法人圈。

Investopedia 的解釋

投資型金融業者的分析師（buy-side analyst）為非券商機構（像是共同基金與退休基金）服務，其研究與投資建議，只供公司內部的投資經理人參考，並不對一般投資人公開。相對地，交易型金融業者的投資建議，則對公眾公開。投資型金融業者的分析師，若是發現某些有助於提高投資報酬的資訊，是不會對外公開的。

相關名詞／
- Investment Bank 投資銀行
- Mutual Fund 共同基金

- No-Load Fund 免收銷售費的基金
- Security 證券
- Portfolio 投資組合

Buy to Cover｜空單回補

什麼是「空單回補」？

為了平掉手上的空頭部位，而下單買進股票或其他證券。放空股票是指賣出自己並未擁有的股票，因為所賣的股票是借來的，總有一天必須歸還。例如，放空A公司股票5000股一段時間後，買進A公司股票5000股，就能平掉空頭部位，並把這些股票還給借出證券者。借出證券者通常是投資人往來的經紀自營商，後者可能必須向第三方商借所需的證券。

Investopedia 的解釋

投資人放空是因為押注股價將下滑，希望未來能以較低的價格回補，賺取差價。放空並沒有時限，投資人維持空頭部位的時間，可以隨自己喜歡而定。不過，一旦放空的股票價格，上升到超過放空時的價格，這張空單就進入虧損狀態，經紀商會要求投資人維持一定的保證金，否則可能會強制執行回補。為了避免發生這種狀況，投資人必須維持按現行市價足以回補空單的保證金。

相關名詞／
- Maintenance Margin 維持保證金
- Short (or Short Position) 空頭
- Short Interest 空單餘額
- Naked Shorting 無券放空
- Short Covering 空頭回補

Buyback | 回購

什麼是「回購」？

公司買回自身的股票，以減少發行在外的股數。公司回購股票，要不是希望藉減少股票的供給提升股價，就是為了消除某些股東可能發起敵意收購的威脅。

Investopedia 的解釋

回購是公司投資在自己身上的一項辦法。藉由回購，公司發行在外的股票減少了，理論上，股票會變得更值錢。回購可透過兩種方式執行：（1）向股東提出收購要約（tender offer），邀請他們在指定時間內，將部分或全部持股賣回給公司。公司開出的價格（要約價）會高於當前市價，以補償願意放棄持股的股東；（2）公司在某段時間內，透過公開市場買回股票。

相關名詞／

- Debt Financing 債務融資
- Outstanding Shares 發行在外股份
- Short Squeeze 軋空
- Dilution 稀釋
- Short Covering 空頭回補

「你有聽過 no interest loan（無息貸款）嗎？」

「當然有，每次我申辦貸款時，銀行總是說 no interest（沒意願）。」

copyright JackGuinan

C

copyright JackGuinan

「有些人投資喜歡 top-down（由上而下）的方式，
我個人則喜歡 bottoms-up
（乾杯之意；bottom-up 則指由下而上）。」

Call | （1）集合競價時段；（2）買權

什麼是 Call？

（1）某些期貨市場在開盤前與收盤前的一段集合競價時段，這個時段內的價格，由集合競價產生。

（2）一種選擇權合約，持有人有權（但沒有義務）在約定時間內，以約定價格買進特定數量的標的證券。

Investopedia 的解釋

（1）對某些期貨市場來說，集合競價時段是在開盤前與收盤前，撮合大量買賣單的重要時間。

（2）當標的資產（如股票）的價格上漲時，買權的價值也會上升。

相關名詞／
- Call Option 買權
- Long（或 Long Position）多頭
- Put 賣權
- Callable Bond 可贖回債券
- Open Interest 未平倉量

Call Option | 買權

什麼是「買權」？

一種選擇權合約，持有人有權（但沒有義務）在約定時間內，以約定價格買進某種標的資產，像是股票、債券、大宗商品，或是其他金融工具。

Investopedia 的解釋

買權給持有人買進標的資產的權利。當標的資產的價格上升，超

過買權的履約價時，買權的持有人就有利可圖了。

相關名詞／
- Bull Market 多頭市場
- Long (或 Long Position) 多頭
- Put Option 賣權
- Call（1）集合競價時段；（2）買權
- Put 賣權

Callable Bond ｜ 可贖回債券

什麼是「可贖回債券」？

到期前發行人有權贖回的債券，提早贖回的價格，通常高於債券面值。英文也稱為 redeemable bond。

Investopedia 的解釋

發行人提前贖回債券，通常是因為利率下跌，使得發行人想以較低的利率進行再融資。提前贖回債券後，發行人會以較低的利率發行新債，這樣即可節省利息成本。

相關名詞／
- Bond 債券
- Debt 債務
- Yield to Maturity (YTM) 到期殖利率
- Call (1) 集合競價時段；(2) 買權
- Interest Rate 利率

Candlestick ｜ K線圖

什麼是「K線圖」？

又稱陰陽燭，是一種常用的技術分析圖表，顯示一檔證券在某

段時間內的盤中高價、
低價、開盤,以及收盤
價。

Investopedia 的解釋

交易者應用 K 線圖,分
析執行各種買賣策略。

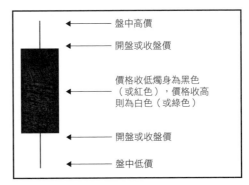

盤中高價

開盤或收盤價

價格收低燭身為黑色
(或紅色),價格收高
則為白色(或綠色)

開盤或收盤價

盤中低價

C

相關名詞╱

- Ask 賣方報價
- Fundamental Analysis 基本分析
- Volume 成交量

- Bid 買方出價
- Technical Analysis 技術分析

Capital ｜ 資本

什麼是「資本」?

(1)指金融資產,像是現金,或是資產之財務價值。

(2)企業擁有並應用在營運與生產中的資產,像是廠房、機器
與設備。

Investopedia 的解釋

資本一詞含義非常模糊,確切意思必須視上下文判斷。一般來
說,這個詞是指手頭可用的財務資源,即營運資金。

相關名詞╱

- Capital Asset Pricing Model (CAPM) 資本資產定價模型
- Capital Gain 資本利得
- Depreciation(1)折舊;(2)貶值
- Capital Structure 資本結構
- Venture Capital 創業投資

Capital Asset Pricing Model (CAPM) |

資本資產定價模型

什麼是「資本資產定價模型」？

描述資產風險與預期報酬率關係的模型，公式用來為證券定價。CAPM 的主要概念，是投資人拿出現金投資在某項資產上，應得到兩方面的報酬：資金的時間價值，以及因承擔風險而應得的收益（就是風險溢酬）。在 CAPM 公式裡，資金的時間價值以無風險報酬率代表，這是投資人無論投資什麼資產都應得的報酬。至於風險溢酬，則採用衡量資產系統風險的貝他係數，乘以市場整體報酬率與無風險報酬率的差得出。

$$\bar{r}_a = r_f + \beta_a (\bar{r}_m - r_f)$$

說明：

r_f = 無風險報酬率

β_a = 證券的貝他係數

$\bar{r}_m$ = 市場的預期報酬率

Investopedia 的解釋

根據 CAPM ，一檔證券或一個投資組合的預期報酬率，應該等於無風險報酬率（以美國公債殖利率為代表），加上反映資產系統風險的風險溢酬。如果計算出來的預期報酬率，低於投資人的要求，這項資產就不值得投資。證券市場線（SML）劃出了所有貝他係數按 CAPM 計算出來的預期報酬率。舉一個例子，倘若無風險報酬率為 3%，某個股的貝他係數為 2，而股市的預期報酬率為 10%，則該個股的預期報酬率為 17%〔3% ＋ 2×(10% －3%)〕。

相關名詞／

- Beta 貝他係數
- Security Market Line (SML) 證券市場線
- Treasury Bill (T-Bill) 美國國庫券
- Capital Market Line (CML) 資本市場線
- Systematic Risk 系統風險

Capital Gain | 資本利得

什麼是「資本利得」？

（1）資本資產（金融投資或房地產）的價值超過成本價時，差幅稱為資本利得。在資產賣出前，資本利得是未實現的盈利。資本利得可以是短期的（持有資產未超過1年），也可以是長期的（持有資產1年以上）。在美國及一些國家，資本利得是應稅所得。資本資產的價值若跌破成本價，則會出現資本虧損。

（2）當共同基金持有的證券價格上升，超過買入價時，證券就會出現資本利得。如果基金一直持有證券，資本利得是未實現的，直到賣出證券時，才變成已實現的資本利得。如果證券跌破成本價，則會出現資本虧損。

Investopedia 的解釋

（1）長期資本利得的適用稅率，通常比一般所得與股息低，這是鼓勵企業家精神與長期投資的稅規設計。

（2）投資人如果很在意稅負，在投資共同基金時，應該注意基金的累計未實現資本利得（通常以占資產淨值的百分比表達）是否很高。這稱為基金的資本利得曝險。當基金配發這些資本利得時，基金的投資人必須為這些利得納稅。

相關名詞／
- Bull Market 多頭市場
- Capital Market Line (CML) 資本市場線
- Stock 股票
- Capital 資本
- Return on Assets (ROA) 資產報酬率

Capital Market Line (CML) | 資本市場線

什麼是「資本市場線」？

資本資產定價模型（CAPM）使用的一條線，顯示效率投資組合（efficient portfolios）的預期報酬率，與投資組合風險（標準差）的關係。資本市場線的形狀，受到無風險報酬率的影響。

Investopedia 的解釋

顯示資本市場線的圖，縱軸是預期報酬率，橫軸是風險；從縱軸上的無風險報酬率位置劃出一條與效率前緣（efficient frontier）接觸的切線，就是資本市場線。相關理論認為，資本市場線比效率前緣更好，因為它在投資組合中加入了無風險資產。CAPM 證明市場組合（market portfolio）基本上即代表了效率前緣，在圖表上這可以用證券市場線（SML）劃出來。

相關名詞／
- Capital Asset Pricing Model (CAPM) 資本資產定價模型
- Efficient Market Hypothesis (EMH) 效率市場假說
- Modern Portfolio Theory (MPT) 現代投資組合理論
- Standard Deviation 標準差
- Volume 成交量

Capital Structure | 資本結構

什麼是「資本結構」？

公司的長期負債、特定短期債務、普通股，以及優先股的組成方式，反映公司用來支應日常運作與業務擴張的各種資金來源。負債包括公司發行的債券，以及長期應府票據；股權資本則包括普

通股的股本、保留盈餘，以及優先股。屬於營運資金範疇的短期債務，也被視為資本結構的一部分。

Investopedia 的解釋

分析資本結構時，通常會注意長、短期負債的比例。人們一般提及資本結構時，很可能是在講一家公司的負債權益比（負債對股東資本的比率）。這個負債比率愈高，公司的財務槓桿就愈大，風險相對也較高。

相關名詞／
- Cost of Debt 債務成本
- Long-Term Debt 長期負債
- Shareholders' Equity 股東權益
- Debt Financing 債務融資
- Retained Earnings 保留盈餘

Cash and Cash Equivalents (CCE) | 現金及約當現金

什麼是「現金及約當現金」？

資產負債表上的一個項目，記錄公司的現金，以及可即時轉換為現金的資產價值，是流動性最高的資產。

Investopedia 的解釋

現金及約當現金的例子，包括銀行存款、有價證券，以及國庫券。

相關名詞／
- Cash Conversion Cycle 現金轉換循環
- Current Assets 流動資產
- Liquidity Ratios 流動性比率
- Cash Flow Statement 現金流量表
- Enterprise Value (EV) 企業價值

Cash Conversion Cycle (CCC) | 現金轉換循環

什麼是「現金轉換循環」？

現金轉換循環衡量公司從投入資源到收到現金所需的天數。這個指標試圖衡量資金在回籠公司前，停留在生產與銷售過程中的時間。現金轉換循環考量公司的平均銷貨天數、應收帳款收現的平均天數，以及應付帳款的平均付款天數。它也稱為現金循環（cash cycle）。

現金轉換循環＝銷貨天數＋應收帳款收現天數－應付帳款付款天數

Investopedia 的解釋

公司通常會賒帳採購各種原料與貨物，因此帳上會有應付帳款。公司亦通常接受客戶賒帳購買產品，帳上因而會有應收帳款。因此，公司要到收取應收帳款與支付應付帳款時，才會有實際的現金進出。現金轉換循環衡量的，是現金從支出到回籠花費的時間，反映公司將商品轉換為現金的速度，對零售商與小企業來說，這是極為重要的。現金轉換循環愈短，資金滯留在業務運作中的時間就愈短，對公司的財務狀況愈有利。畢竟，現金是最珍貴的。

相關名詞／

- Accounts Receivable (AR) 應收帳款
- Inventory 庫存
- Inventory Turnover 庫存週轉率
- Cash and Cash Equivalents (CCE) 現金及約當現金
- Working Capital 營運資金

Cash Flow | 現金流

什麼是「現金流」？

（1）某段時間內，影響現金狀況的收入或支出流。現金流入通常源自融資、營運，或是投資這三類活動。就個人財務而言，現金流入也可以來自別人的捐獻或贈予。而無論是企業還是個人，現金流出都源自費用支出與投資活動。

（2）現金流量表是主要的財務報表，顯示某段時間內，一家公司產生的現金流入，以及所用掉的現金。稅後淨利加上非現金支出（如折舊），大致上就反映了經營現金流。現金流可追溯到特定專案，也可以是源自一般營業活動。通常，現金淨流入顯示公司的財力強健。

Investopedia 的解釋

（1）無論是經營企業還是個人理財，現金流對維持資金週轉能力至關緊要。現金流既反映已發生的事，像是產品的銷售，也可用來預測未來可能出現的資金進出。企業要生存，就必須妥善管控現金流。手頭有足夠的現金，才能確保供應商、雇員，以及其他債權人按時獲得支付。一個人或一家企業若沒有足夠的現金支持運作，就會陷入週轉不靈的窘境，情況無法改善的話，即可能破產。

（2）分析師使用現金流量表，分析企業的經營表現。現金流充沛的公司，有財力擴張業務，進而產生更多的盈利與現金。

相關名詞／
- Cash Conversion Cycle (CCC) 現金轉換循環
- Cash Flow Statement 現金流量表
- Discounted Cash Flow (DCF) 現金流折現法
- Free Cash Flow (FCF) 自由現金流
- Net Income （1）淨利；（2）所得淨額

Cash Flow Statement | 現金流量表

什麼是「現金流量表」？

美國上市公司每季必須向證券交易委員會（SEC）提交，並對公眾發布的財務報表之一。現金流量表概括了公司當季在本業經營、融資，以及投資活動上的現金進出狀況。

Investopedia 的解釋

上市公司一般都以權責發生制為會計基礎，它們每季公布的損益表，未必能反映公司現金狀況的變動。例如，公司簽下一筆大生意，收入雖然尚未收到，但按會計準則，已記錄在營業收入與應入帳款中。雖然在會計師眼中，公司已因此取得盈利（並因此支付盈利稅），但季底時公司的現金可能較上季減少了。賺錢的公司也可能未能妥善管理現金流，這就是現金流量表的重要之處：它能協助投資人了解公司在現金進出上是否出現困難。

相關名詞／
- Accrual Accounting 權責發生制
- Balance Sheet 資產負債表
- Cash and Cash Equivalents (CCE) 現金及約當現金
- Generally Accepted Accounting Principles (GAAP) 通用會計準則
- Income Statement 損益表

Certificate of Deposit (CD) | 存款單

什麼是「存款單」？

一種儲蓄工具，發行人保證在約定時間內，向投資人支付利息，期滿償還本金。存款單會指定到期日（期限從 1 個月至 5 年不

C

等），以及計息的固定利率，有多種面額。存款單一般由商業銀行發行，在美國受聯邦存款保險公司（FDIC）擔保。

Investopedia 的解釋

存款單是銀行發行的本票，本質上是一種定期存款，持有人不能隨時要求取回資金。不過在存款單到期前，持有人仍可要求取回資金，只是可能得接受某種罰款。投資人若買進 1 張 1 萬美元、1 年期、年利率 5％、期滿還本付息的存款單，1 年後將可拿回 10500 美元（$10,000 × 1.05）。面額不超過 10 萬美元的，稱為小額存款單，面額超過 10 萬美元者，則稱為大額存款單或巨額存款單。大額存款單幾乎全屬可轉讓類型，而部分存款單也是可轉讓的。

相關名詞／
- Banker's Acceptance (BA) 銀行承兌匯票
- Interest Rate 利率
- Money Market 貨幣市場
- Commercial Paper 商業本票
- Jumbo Loan 巨額房貸

Chapter 11 | 第十一章（破產保護）

什麼是「第十一章」？

遵循美國破產法第十一章規定進行的破產程序，通常由需要時間重整負債的債務人，向法院提出申請，在法院的破產保護令下，重新組織業務與資產。債務人只要履行重整計畫下的義務，完成這個破產程序後，就可以重新出發。

Investopedia 的解釋

第十一章的債務重整，是所有破產程序中最複雜的一種，通常也是代價最昂貴的一種。企業通常認為這是迫不得已的一步，會審慎地加以分析，並研究其他方案後，才會決定走這一步。

相關名詞／
- Bankruptcy 破產
- Debt Financing 債務融資
- Recession 經濟衰退
- Debt 債務
- Dilution 稀釋

Closed-End Fund｜封閉型基金

什麼是「封閉型基金」？

本質上，封閉型基金是一家上市的投資公司，在首次公開發行（IPO）時，籌集一定數額的資金，發行股份，然後像股票一樣，在證券交易所掛牌公開交易。它也稱為封閉型投資（closed-end investment）或封閉型共同基金（closed-end mutual fund）。

Investopedia 的解釋

雖然名稱相似，但封閉型基金跟一般的共同基金沒有多少相似之處，後者在技術上稱為開放型基金。封閉型基金僅透過 IPO 向投資人籌資一次，取得投資所需的資本，隨後不會像開放型基金那樣，隨時增發基金單位，以滿足投資人需求，而投資人也不可要求贖回（但可在交易所賣出基金）。封閉型基金不像一般上市公司有特定的生意，它的業務只是透過投資顧問管理一個證券投資組合，資產通常集中在特定產業、區域，或是某一資產類別。封

閉型基金的價格跟一般股票一樣，受市場力量（供給與需求）左右，當然，也受基金持有的證券價值變動影響。

相關名詞／
- Exchange-Traded Fund (ETF) 指數股票型基金
- Net Asset Value (NAV) 資產淨值
- Stock 股票
- Mutual Fund 共同基金
- Open-End Fund 開放型基金

Coefficient of Variation (CV) ｜變異係數

什麼是「變異係數」？

統計上的一個指標，反映一組數據圍繞著平均值的分散程度。公式如下：

$$變異係數 = \frac{標準差}{平均值*}$$

*計算一項投資的報酬率之變異係數時，平均值為預期報酬率

變異係數是一組數據的標準差對平均值的比率，有時多組數據的均值差別很大，變異係數是方便比較各組數據分散程度的一項指標。

Investopedia 的解釋

應用在投資風險與報酬的分析上時，變異係數反映的，是投資人為每個單位預期報酬率所承擔的風險；這個指標數值越小，風險與報酬平衡得越好。當預期報酬率為零或負數時，這個指標就失去意義了。

相關名詞／
- Beta 貝他係數
- Risk-Return Trade-Off 風險與報酬的取捨
- Volatility 波動性
- Expected Return 預期報酬率
- Standard Deviation 標準差

Collateral ｜ 擔保品

什麼是「擔保品」？

為貸款或其他債務提供擔保的資產。債務人未能償債時，債權人可沒收擔保品。

Investopedia 的解釋

擔保品是放款人獲得的一種保險，可避免借款者無力還款時損失全部債權。舉個例子，房屋抵押貸款的擔保品，就是借款人的房屋。在股票融資交易中，帳戶中的證券，就是券商提供的融資擔保品。

相關名詞／
- Asset 資產
- Margin 保證金／利潤
- Regulation T (Reg T) T規定
- Asset-Backed Security (ABS) 資產擔保證券
- Margin Call 追繳保證金

Collateralized Debt Obligation (CDO) ｜ 債務擔保證券

什麼是「債務擔保證券」？

信用評等是投資級的一種證券，由一組債券、貸款與其他資產提供擔保。CDO 的擔保品是各種債務工具，但通常不包括房貸或房貸債券。

Investopedia 的解釋

CDO 的結構，與房貸擔保憑證（CMO）或債券擔保證券（CBO）相似，獨特的地方，在於 CDO 代表著多種不同的債務及信用風險。在 CDO 中，這些不同的債務稱為「份額」（tranches 或 slices）。各份額的期限與風險各不相同，風險愈高，報酬率愈高。

相關名詞／

- Asset-Backed Security (ABS) 資產擔保證券
- Collateralized Mortgage Obligation (CMO) 房貸擔保憑證
- Tranches 份額
- Bond 債券
- Debt 債務

Collateralized Mortgage Obligation (CMO) |

房貸擔保憑證

什麼是「房貸擔保憑證」？

CMO 是一種房貸擔保證券（MBS），一檔 CMO 分成幾個期限與報酬率各不相同的份額（tranches）。支持 CMO 的，是一些房貸轉付證券（pass-through securities），這些證券收到的房貸還款，依 CMO 說明書的規定次序，用來支付 CMO 的各個份額。

Investopedia 的解釋

舉個例子，說明 CMO 的結構：某檔 CMO 分 A、B 與 C 三組投資人。在本金全部償還前，所有三組投資人都將收到利息，而本金的償還則從 A 開始，然後是 B，最後是 C。在這種情況下，A 組投資人承擔最大的房貸戶提前還款風險（prepayment risk），

而C組投資人則最不需要擔心這個風險。

相關名詞／
- Asset-Backed Security (ABS) 資產擔保證券
- Collateralized Debt Obligation (CDO) 債務擔保證券
- Mortgage 房地產抵押貸款
- Mortgage-Backed Securities (MBS) 房貸擔保證券
- Tranches 份額

Commercial Paper | 商業本票

什麼是「商業本票」？

又稱為商業票據，是企業發行的一種無擔保短期債務工具，通常是為應收帳款、庫存，以及支應短期債務提供融資。商業本票的期限，通常不超過270天，可貼現發行，也可以採付息的形式。

Investopedia 的解釋

一般來說，商業本票是沒有擔保品支持的，只有信用評等相當高的企業可以不必付出高利息就能發行這種票據。美國企業發行的商業本票，期限若不超過270天，就不必向 SEC 登記，因此，這對企業來說，是一種非常符合成本效益的融資方式。若不是 SEC 特別批准，發行商業本票所得的資金，只能用來購置流動資產（如庫存），不能用來為固定資產（如新廠房）提供融資。

相關名詞／
- Cash and Cash Equivalents 現金及約當現金
- Banker's Acceptance (BA) 銀行承兌匯票
- Certificate of Deposit (CD) 存款單
- Interest Rate 利率
- Money Market 貨幣市場

Commodity | 大宗商品

什麼是「大宗商品」？

（1）商業交易中的基本商品，因為規格基本雷同，不同廠商的出品品質或許略有差異，但基本上可互相代替。大宗商品常用來製造其他商品或服務。在交易所買賣的大宗商品，必須符合所謂的基礎級（basis grade）最低標準。

（2）泛指商業交易中的任何商品，包括在商品交易所買賣的商品。

Investopedia 的解釋

（1）不同廠商出產的大宗商品，基本上沒有什麼差別，例如，一桶石油就是一桶石油，不管是哪一家油公司出產的。電子設備則通常不是大宗商品，因為不同廠商的產品品質，可以截然不同。一般人熟悉的大宗商品，有穀物、黃金、牛肉、石油與天然氣。各種外幣與金融指數，近年來也被稱為商品。在某些已開發國家，手機通話時間與頻寬（bandwidth）也正在大宗商品化。

（2）許多商品在交易所以期貨合約的形式買賣，由交易所將商品的品質與最低交易量標準化。例如，芝加哥期貨交易所（CBOT）就是指定一張小麥期約，代表五千蒲式耳的特定級別小麥（如北春2號）。

相關名詞／
- Futures 期貨
- Hedge 對沖
- Over the Counter (OTC) 場外交易
- Futures Contract 期貨合約
- Net Tangible Assets 有形資產淨值

Common Stock ｜ 普通股

什麼是「普通股」？

這種證券代表在企業中的所有權。普通股持有人一般簡稱股東，股東透過選出董事會，以及就公司政策投票表決，來行使對公司的控制權。如果公司破產清算，股東的索取權排在最後，各式債權人及優先股股東，對清算所得有優先索取權。普通股在英國稱為 ordinary shares。

Investopedia 的解釋

公司如果破產清算，必須先支付債權人與優先股股東，有剩的才歸普通股股東所有。就此而言，普通股股東承受的風險高於債權人與優先股股東。不過歷史記錄顯示，作為一個資產類別，普通股長期以來的報酬，是優於債券與優先股的。

相關名詞／
- Equity 股權／權益／股票
- Marketable Securities 有價證券
- Shareholders' Equity 股東權益
- Initial Public Offering (IPO) 首次公開發行
- Preferred Stock 優先股

Compound Annual Growth Rate (CAGR) ｜

年複合成長率

指一項指標（像是營收或淨利）或一項投資的價值，在某段時間內的平均年增率。假設經歷的時間為 n 年，計算公式如下：

$$年複合成長率 = (\frac{期末值}{期初值})^{\frac{1}{n}} - 1$$

Investopedia 的解釋

年複合成長率並不是代表某年實際發生的成長率,而是假設一個數值年復一年地以固定速度增長,而計算出來的年增率。用來計算資產的報酬率時,年複合成長率可視為把報酬率「平滑化」的一個指標。這麼講或許有點含糊,試舉一例說明。假設你在 2005年 1 月 1 日時,投資 10000 元在一個資產組合上,2006 年 1 月 1 日時,資產值已增至 13000 元(年度報酬率 30.00%),2007 年增至 14000 元(報酬率 7.69%),而 2008 年初時,則是 19500 元(報酬率 39.29%)。這 3 年時間的年複合成長率,則是(19500／10,000)$^{\frac{1}{3}}$ − 1 = 24.93%,可視為期間的平均年報酬率。

相關名詞／

- Compounding 複利
- Growth Stock 成長股
- Yield 殖利率
- Duration 存續期
- Interest Rate 利率

Compounding | 複利

什麼是「複利」?

利生利,即為複利。這是指一項資產產生的收益再投資下去,連同原來的本金,產生更多的收益。以存款為例,每次領取的利息留在帳戶中再生利息,就是複利。英文也稱為 compound interest。

Investopedia 的解釋

假設你投資 10000 元購買某個股，第 1 年股價漲了 20％，你的投資因此增值至 12000 元。第 2 年股價再漲 20％，你的 12000 元因此增至 14400 元。第 2 年你的股票，並不是像第 1 年那樣增值 2000 元（20％），而是額外多增值 400 元，因為你第 1 年的利得 2000 元也增值了 20％。複利的長期效果相當驚人，例如，你的股票可以連續 25 年每年上漲 20％，你的 1 萬元投資，在 25 年後價值已接近 100 萬元，而且期間完全不必再投入一分錢。愛因斯坦據說曾稱複利是世界第八大奇蹟。

相關名詞／
- Annual Percentage Yield (APY) 年收益率
- Compound Annual Growth Rate (CAGR) 年複合成長率
- Dividend 股息
- Interest Rate 利率
- Money Market Account 貨幣市場帳戶

Consumer Price Index (CPI) | 消費者物價指數

什麼是「消費者物價指數」？

反映零售層面物價變動的主要指標，英文有時稱為 headline inflation （指標通膨率）。CPI 的計算基礎，是典型消費者購買的一籃子商品與服務，像是交通、食品與醫療，各項目所占的比重，視重要性而定。CPI的變動用於評估生活成本的變化。

Investopedia 的解釋

美國勞工統計局衡量兩種CPI：

（1）城市受薪者與白領階層的 CPI（CPI-W），以及（2）所有城市消費者的鏈式 CPI（C-CPI-U）。兩者以 C-CPI-U 的代表性較廣，因為它反映了 87％美國人的消費物價狀況。CPI 是最常用於辨識通膨與通縮的一項經濟指標，因為短期內 CPI 大幅上漲，通常意味著進入通膨期，反之則是通縮期。

相關名詞／
- Bear Market 空頭市場
- Hyperinflation 惡性通貨膨脹
- Inflation 通貨膨脹
- Market Economy 市場經濟
- Treasury Inflation Protected Securities (TIPS) 抗通膨美國公債

Consumer Staples ｜ 民生物資廠商

什麼是「民生物資廠商」？

製造和銷售食品、飲料、香菸、處方藥，以及家庭用品的公司。這些廠商提供的商品與服務，是人們無論景氣好壞都會購買的。

Investopedia 的解釋

民生物資的例子，包括肥皂、衛生保健產品、食品，以及某些衣物。與民生物資相對的，是非必要消費品，奢侈品就是後者的典型例子。

相關名詞／
- Bear Market 空頭市場
- Business Cycle 景氣循環
- Recession 經濟衰退
- Bull Market 多頭市場
- Inflation 通貨膨脹

Contribution Margin | 邊際貢獻

什麼是「邊際貢獻」?

成本會計中,分析個別產品盈利能力的一個方法。公式如下:

$$邊際貢獻 = \frac{(產品營收 - 產品變動成本)}{產品營收}$$

邊際貢獻的另一個計算方式,是以每單位產品為基礎,等於產品的單價,減去每單位的變動成本。

Investopedia 的解釋

舉個例子,來說明邊際貢獻之應用:某公司分析各產品的盈利能力,發現其中一項產品的邊際貢獻率只是 35%,低於所有其他產品。為了提高這項產品的利潤率,公司可研究降低該產品的變動成本,或是提高該產品的售價。若兩者都不可取,公司就應該分析停止生產這項產品、增加生產邊際貢獻率較高的產品,是否會更為划算。

相關名詞／
- Accrual Accounting 權責發生制
- Margin 保證金／利潤
- Revenue 營業收入
- Income Statement 損益表
- Operating Margin 營業利潤率

Convertible Bond | 可轉換債券

什麼是「可轉換債券」?

一種公司債,可按約定的換股價,在約定時間內,轉換為發行公司的普通股,至於是否換轉,通常由債券持有人決定。

Investopedia 的解釋

上市公司有時可藉由發行可轉換債券，盡可能降低投資人對公司籌資行動的負面看法。例如，公司如果選擇增發新股，市場通常會解讀成公司股價已偏高。為了避免讓人產生這種印象，公司可選擇發行可轉債：只要公司持續表現良好，債券投資人未來勢必會把債券轉換為股票。對投資人來說，可轉債實際上是附贈股票認購權的公司債，這種認股權是有附加價值的，但代價是可轉債提供的殖利率，會比一般公司債來得低。

相關名詞／
- Bond 債券
- Dilution 稀釋
- Shareholders' Equity 股東權益
- Convertible Preferred Stock 可轉換優先股
- Fully Diluted Shares 完全稀釋之發行股數

Convertible Preferred Stock｜可轉換優先股

什麼是「可轉換優先股」？

可按約定換股價轉換為普通股的優先股，換股權通常可在指定日期後的任何時間行使。英文也稱為 convertible preferred shares。

Investopedia 的解釋

絕大多數可轉換優先股，是讓持有人決定是否行使換股權，但有時候，可轉換優先股會設有允許公司（發行人）強制執行轉換的條款。可轉換優先股的價值，最終取決於公司的普通股股價表現是否強勁。

相關名詞／

- Common Stock 普通股
- Dividend 股息
- Premium （1）選擇權權利金；（2）溢價；（3）保費
- Convertible Bond 可轉換債券
- Preferred Stock 優先股

Corporate Bond | 公司債

什麼是「公司債」？

企業向投資人發行的債券。支持公司債的，是公司還本付息的能力，這通常源自公司在未來業務經營中賺取的盈利。有時候，公司也會拿出有形資產作為債券的擔保品。投資人認為公司債的風險高於政府公債，公司債的利率因此幾乎永遠高於公債，即使是信用品質最佳的公司也不例外。

Investopedia 的解釋

美國的公司債以 1000 美元為面值，通常採用標準的票息支付模式。公司債也可能設有贖回條款，讓公司在市場利率顯著下滑時可選擇贖回債券。公司債是債務融資的一種方式，與銀行貸款／信用額度，以及股東資金同為企業主要的資本來源。一般來說，一家公司必須展現出穩健的盈利能力，才能以對公司有利的利率，向公眾發行債券。公司在市場眼中的信用品質愈高，發債的利率愈低，可發行的金額愈高。絕大多數公司債的利息是應稅的。公司債期限一般會超過1年，不滿1年者通常稱為商業本票。

相關名詞／

- Bond 債券
- Municipal Bond 市政債券
- Yield to Maturity (YTM) 到期殖利率
- Debt Financing 債務融資
- Yield 殖利率

Correlation | 相關係數

什麼是「相關係數」？

就投資而言，相關係數是統計上衡量 2 檔證券走勢關聯程度的一個指標，應用在投資組合管理上。

Investopedia 的解釋

相關係數的數值在 -1.0 至 +1.0 之間：+1.0 代表完全正相關，意味著 2 檔證券的走勢亦步亦趨；-1.0 代表完全負相關，就是兩者波動方向相反，但幅度一致；0 則表示兩者沒有關聯，走勢完全是隨機的。在現實中，2 檔證券通常有某種程度的正相關或負相關，但完全正相關或完全負相關的例子很罕見。

相關名詞／
- Asset Allocation 資產配置
- Diversification 分散投資
- Standard Deviation 標準差
- Covariance 共變異數
- Modern Portfolio Theory (MPT) 現代投資組合理論

Cost of Capital | 資本成本

什麼是「資本成本」？

綜合了公司債務成本與股東資金成本的指標。公司資本支出（像是興建一座工廠）的報酬率，必須不低於資本成本，投資才符合經濟效益。

Investopedia 的解釋

公司的籌資方式（發行股票或債券，或是兩者並行）受資本成本

影響。資本成本主要是公司假設在同樣的風險下，投資了不同的工具，所接受的報酬率。

相關名詞／
- Capital Asset Pricing Model (CAPM) 資本資產定價模型
- Cost of Debt 債務成本
- Risk 風險
- Opportunity Cost 機會成本
- Unlevered Beta 去槓桿貝他係數

Cost of Debt｜債務成本

什麼是「債務成本」？

公司為現行債務支付的利率。債務成本可按稅前或稅後基礎計算，不過因為利息支出是可扣稅的費用，絕大多數計算是採稅後基礎。債務成本是公司資本成本的一部分，另一部分是股東資金成本。

Investopedia 的解釋

公司籌集債務資本的方式，包括發行公司債及辦理銀行貸款等，債務成本的好處，是能反映公司整體的債務資金成本。這種指標也有助於投資人了解公司的風險，因為高風險的公司債務成本通常較高。稅後債務成本等於稅前債務成本乘以（1－邊際稅率）。舉例來說，如果某家公司唯一的負債，是一筆利率為5％的公司債，稅前債務成本就是5％。如果公司的邊際稅率是40％，稅後債務成本就只有3％〔5％×（1－40％）〕。

相關名詞／
- Capital Structure 資本結構
- Cost of Capital 資本成本

- Debt Financing 債務融資
- Interest Rate 利率
- Discounted Cash Flow (DCF) 現金流折現法

C

Cost of Goods Sold (COGS) | 銷貨成本

什麼是「銷貨成本」？

公司出售之商品的直接成本，即製造這些商品而直接投入的原物料與勞動力成本。間接成本像是銷售與行政費用，不應算進銷貨成本中。銷貨成本是損益表上的一個項目，營業收入減銷貨成本就是公司的毛利。英文也稱為 cost of sales。

Investopedia 的解釋

銷貨成本反映公司製造產品的直接成本，因此，其他額外的費用不應算進來。例如，汽車廠商的銷貨成本，包括製造汽車使用的零組件成本，以及生產線上裝配工人的薪酬。銷售汽車的費用，像是行銷人員的薪酬，以及將汽車運送給經銷商的支出，不能算進銷貨成本中。各產業計算銷貨成本的方式不盡相同。銷貨成本是損益表上的一項費用，有很多種計算方法，比較基本的一個，是期初庫存加本期採購額減期末庫存，可因此算出本期出售庫存的成本。例如，如果某公司期初庫存為 1000 萬元，本期採購額為 200 萬元，期末庫存為 900 萬元，則本期的銷貨成本為 900 萬元（1000 萬元＋200 萬元－900 萬元）。

相關名詞／

- Accounts Payable (AP) 應付帳款
- Gross Margin 毛利率
- Operating Income 營業利潤
- Accrual Accounting 權責發生制
- Inventory 庫存

Counterparty Risk | 交易對手風險

什麼是「交易對手風險」？

交易對手不履行合約義務的風險。

Investopedia 的解釋

就金融合約而言，交易對手風險多數稱為違約風險（default risk）。

相關名詞／
- Beta 貝他係數
- Risk-Return Trade-Off 風險與報酬的取捨
- Unsystematic Risk 非系統風險
- Risk 風險
- Systematic Risk 系統風險

Coupon | 票息

什麼是「票息」？

債券按票面利率（coupon rate）支付的利息，通常每半年支付一次。

Investopedia 的解釋

舉例：面值1000元、票面利率7%的債券，一年共支付70元的票息。Coupon 也有息票的意思，就是附在債券上，供持有人支取利息的憑證。息票現在比較少見了，因為許多債券已採用電子方式記錄持有人資料，不必再以息票作為領取利息的憑證。

相關名詞／
- Bond 債券
- Premium （1）選擇權權利金；（2）溢價；（3）保費
- Yield 殖利率
- Interest Rate 利率
- Zero-Coupon Bond 零息債券

C

Covariance | 共變異數

什麼是「共變異數」？

共變異數反映兩項風險資產報酬率相關聯的程度，正數意味著兩者傾向同步波動，負數則意味著兩者傾向反向而行。計算共變異數的其中一個方法，是藉著觀察每一個情境中得到的意外報酬（就是可預期以外的報酬）。另一個方法，可由兩項資產報酬率的相關係數，乘以兩者各自的標準差得出。

Investopedia 的解釋

金融資產的共變異數若是相當大的正數，就無法發揮分散投資的作用。舉例來說，若個股 A 與個股 B 的報酬率幾乎是同步，兩者的共變異數會是一個頗大的正數。希望分散投資的投資人應選擇共變異數不高的資產。

相關名詞／
- Correlation 相關係數
- Diversification 分散投資
- Efficient Market Hypothesis (EMH) 效率市場假說
- Modern Portfolio Theory (MPT) 現代投資組合理論
- Technical Analysis 技術分析

Covered Call | 掩護性買權

什麼是「掩護性買權」？

一種選擇權交易策略，持有標的資產的投資人，賣出該資產的買權，賺取選擇權權利金，試圖藉此增加投資報酬。通常，這個策略是在投資人認為標的資產短期內漲跌有限的情況下執行，英文也稱為 buy-write。

Investopedia 的解釋

舉例說明：你持有 TSJ 運動集團的股票，看好公司前景與股票長期潛力，但你認為股票短期內將相對平靜，估計將在目前市價 25 元上下窄幅區間內波動。如果你賣出履約價為 26 元的 TSJ 買權，可以賺得該買權的權利金，但同時，你的 TSJ 持股的股價上檔也鎖定在 26 元。結局將是以下三種的其中一種：

（1）TSJ 股價窄幅波動，未曾升到超過 26 元，買權到期作廢，你繼續持有 TSJ 股票，因為賺得權利金，這段期間的投資報酬率超越股價表現；（2）TSJ 股價下滑，買權到期作廢，結果如上；（3）TSJ 股價升到超過 26 元，買權持有人履約、以 26 元買進你手上的 TSJ 股票，你賺得權利金，但 TSJ 持股以 26 元脫手。在這種情況下，如果 TSJ 股價升到超過 26 元加買權權利金，你這段期間的報酬率，就會不如單純地持有 TSJ 股票。

相關名詞／
- Call Option 買權
- Long (or Long Position) 多頭
- Strike Price 履約價
- Common Stock 普通股
- Stock Option 股票選擇權

Credit Crunch | 信貸緊縮

什麼是「信貸緊縮」？

資本極度難求的經濟狀態。銀行與投資人都對借錢給企業戒慎恐懼，舉債成本因此顯著上升。

Investopedia 的解釋

通常，信貸緊縮發生在經濟衰退期。放款者因為擔心借款人破產或違約，紛紛調高利率或收緊放貸，企業因此幾乎無法借到所需的資金。這會使得經濟活動放緩，拖長了衰退期。

相關名詞／

- Bankruptcy 破產
- Debt 債務
- Subprime Meltdown 次貸崩盤
- Bear Market 空頭市場
- Recession 經濟衰退

Credit Default Swap (CDS) | 信用違約交換

什麼是「信用違約交易」？

一種交換合約，購買 CDS 的一方，將固定收益產品的信用違約風險，轉移給賣出合約的一方。

Investopedia 的解釋

本質上，CDS 是提供信用保險的合約，賣出合約的一方，承擔特定債務的違約風險。例如，若你為一檔公司債購入 CDS，一旦發行人無法償債，CDS 賣方將擔起償債義務。

相關名詞／
- Bond 債券
- Fixed-Income Security 固定收益證券
- Swap 交換交易
- Credit Derivative 信用衍生商品
- Interest Rate Swap(IRS) 利率交換

Credit Derivative | 信用衍生商品

什麼是「信用衍生商品」？

私人持有的可轉讓雙邊合約，可用來管理信用違約曝險。信用衍生商品跟遠期合約、交換合約，以及選擇權同為金融資產，價格受相關債務人（企業或政府）的信用風險支配。

Investopedia 的解釋

舉一個例子，銀行如果擔心某位客戶可能無法償還貸款，可透過信用衍生商品，將違約風險轉移給另一方，貸款則留在自己帳上。

相關名詞／
- Credit Default Swap (CDS) 信用違約交換
- Derivative 衍生工具
- Yield 殖利率
- Credit Rating 信用評等
- Securitization 證券化

Credit Rating | 信用評等

什麼是「信用評等」？

信用評等反映借款人在還款上的信譽，評鑑基礎為債務人以往的還款記錄，以及當前的資產負債狀況。

Investopedia 的解釋

信用對借款人非常重要，信用不佳將難以取得融資，而且將因放款人擔心違約風險，而必須支付明顯較高的利率。信用評等是放款者用來評估可對某位債務人發放那一類貸款，以及收取什麼利率的一項工具。

相關名詞／
- Bond 債券
- Debt Financing 債務融資
- Risk 風險
- Bond Rating 債券評等
- Interest Rate 利率

Credit Spread｜（1）信用利差；
（2）選擇權價差交易

什麼是 Credit Spread？

（1）兩檔債券因信用品質不同，而出現的殖利率差距。市場人士講某檔債券的信用利差，一般是指該債券相對於同年期美國公債的殖利率差距。

（2）一種選擇權交易策略，就同一標的證券賣出權利金較高的選擇權，同時買進權利金較低的選擇權。

Investopedia 的解釋

（1）舉個例子來說，信用評等為 A 級的公司債，殖利率高於同年期的美國公債，因為美國公債受聯邦政府的信用支持，信用評等較高。

（2）舉一個選擇權價差交易的例子：以 2 元買進 1 月到期、履約

價為 50 元的 ABC 股票買權，以 5 元賣出 1 月到期、履約價為 45
元的 ABC 股票買權，一開始淨得 3 元，最後的盈虧則視 ABC 股
價走勢而定（兩個買權的價差縮窄，對建立這個部位的投資人有
利）。英文也稱為 credit spread option 或 credit risk option。

相關名詞／
- Bond 債券
- Treasury Bill (T-Bill) 美國國庫券
- Yield 殖利率
- Premium （1）選擇權權利金；（2）溢價；（3）保費
- Yield Curve 殖利率曲線

Currency Forward | 遠期外匯合約

什麼是「遠期外匯合約」？

外匯交易的遠期合約，規定合約雙方在未來某個日期，按合約
價進行一筆外匯交易。英文也稱為 outright forward、forward
outright 或 FX forward。

Investopedia 的解釋

簽訂遠期外匯合約的兩方，必須依合約在未來某一日期，以特定
價格買進或賣出特定數量的某一種貨幣。這種合約是不可轉讓
的。

相關名詞／
- Currency Swap 貨幣交換
- Forward Contract 遠期合約
- Option 選擇權
- Forex (FX) 外匯市場
- Hedge 對沖

Currency Swap | 貨幣交換

什麼是「貨幣交換」？

也稱為換匯換利交易，合約雙方按約定條件，交易兩種貨幣的本金與利息。會計上視同外匯交易，不需要顯示在資產負債表上。

Investopedia 的解釋

舉個例子：某家美國公司需要瑞郎資金，而某家瑞士公司則需要美元資金，雙方可簽訂一份貨幣交換合約，約定交換的金額、利息計算方式，以及合約生效與到期日，然後在期初與期末交換美元與瑞郎本金，並在合約有效期間，交換按本金計算的美元與瑞郎利息。貨幣交換合約通常在 1 年以上，可長達 10 年，是彈性很高的外匯交易方式。最初，這種合約會出現，是為了規避外匯管制。

相關名詞／
- Currency Forward 遠期外匯合約
- Interest Rate Swap 利率交換
- Swap 交換交易
- Interest Rate 利率
- Spread 價差

Current Assets | 流動資產

什麼是「流動資產」？

（1）資產負債表上的一個資產類別，代表可迅速變現的資產，理論上，以正常業務運作一年內將轉換為現金者為準。流動資產包括現金、應收帳款、庫存、有價證券、預付費用，以及其他可輕易變現的流動資產。

（2）就個人財務而言，流動資產指個人可快速變現，以償還債務（不必出售固定資產）的所有資產。在英國，也稱為 current accounts。

Investopedia 的解釋

（1）流動資產對企業很重要，因為企業正是靠這些資產支付經常支出，支應日常運作的資金需求。依業務性質的不同，流動資產可以是原油、烘焙食品，甚至是外幣。

（2）就個人財務而言，流動資產包括手頭現金、銀行存款，以及非長期投資的有價證券。這類資產流動性很高，可快速變現。

相關名詞／
- Acid-Test Ratio 速動比率
- Cash and Cash Equivalents 現金及約當現金
- Working Capital 營運資金
- Balance Sheet 資產負債表
- Current Liabilities 流動負債

Current Liabilities ｜ 流動負債

什麼是「流動負債」？

公司一年內到期的債務。流動負債是資產負債表上的一個負債類別，包括短期負債、應付帳款、應計費用與其他短債。

Investopedia 的解釋

基本上，流動負債是短期內必須支付債權人與供應商的款項。公司一般是提取現金，或是將某些流動資產變現，以支付流動負債。分析師與債權人常藉著流動比率（流動資產除以流動負債）或速動比率（扣除庫存的流動資產，除以流動負債），研判一家公司是否有能力支付流動負債。

相關名詞／

- Accounts Payable (AP) 應付帳款
- Current Ratio 流動比率
- Working Capital 營運資金
- Current Assets 流動資產
- Quick Ratio 速動比率

C

Current Ratio | 流動比率

什麼是「流動比率」？

流動比率衡量公司支付短期負債的能力，也稱為流動性比率（liquidity ratio）、現金資產比率（cash asset ratio）與現金比率（cash ratio）。公式如下：

$$流動比率 = \frac{流動資產}{流動負債}$$

Investopedia 的解釋

流動比率的主要作用，是評估一家公司以流動資產（現金、庫存、應收帳款）支付短期債務（短債與應付帳款）的能力；比率愈高，償債能力愈強。流動比率低於 1，意味著若所有流動負債同時到期，公司將無力全部償還。雖然這可能代表公司財務狀況不佳，但並不代表公司一定會因無力償債而破產（還有許多取得融資的可能方法），不過，這肯定不是一個好現象。在某種程度上，流動資產可反映公司的營運效率，以及將產品變現的能力。公司在銷售產品與收取應收帳款上若效率不彰，就可能出現資金週轉困難。因為各產業運作方式有顯著差別，流動比率的比較，最好限於同一產業中的公司。這個比率與速動比率相似，差別在於後者將庫存從流動資產中剔除。流動資產減流動負債就是營運

資金，營運資金除以營收，就是營運資金比率。

相關名詞／

- Current Assets 流動資產
- Inventory Turnover 庫存週轉率
- Receivables Turnover Ratio 應收帳款週轉率
- Current Liabilities 流動負債
- Liquidity Ratios 流動性比率

Current Yield｜當期收益率

什麼是「當期收益率」？

年度收益（利息或股息）除以證券的市值，就是當期收益率。就債券而言，這項比率以債券的市值而非面值為計算基礎，反映的是投資人現在買進該債券，並持有 1 年的預期報酬率。當然，這並不是準確的實際報酬率，因為債券（與股票）的價格，都受市場力量左右而不斷變動；也稱為債券殖利率（bond yield）或股息殖利率（dividend yield）。

$$當期收益率＝\frac{年度現金收益}{證券市值}$$

Investopedia 的解釋

舉例說明：某債券市價為 95.75 元，年息為 5.10 元，當期收益率就是 5.33%。如果該債券是 10 年期債，還有 9 年才到期，而你只打算持有 1 年，你在這段期間將拿到 5.10 元的利息，而實際報酬率則視你 1 年後，將以什麼價格賣出債券而定。如果這段期間利率上升，債券的價格跌到 87.34 元，你的資本虧損將是 8.41 元，加上 5.10 元的利息後，共損失 3.31 元，實際報酬率為負 3.5%（3.31／95.75）。

相關名詞／
- Bond 債券
- Dividend 股息
- Yield to Maturity (YTM) 到期殖利率
- Coupon 票息
- Yield 殖利率

C

CUSIP Number | CUSIP號碼

什麼是「CUSIP 號碼」？

證券統一識別程序委員會（CUSIP）給予所有個股與註冊債券的識別號碼。

Investopedia 的解釋

CUSIP 證券識別系統應用在美國與加拿大。CUSIP 給予非美加證券的識別號碼，稱為 CINS 號碼。

相關名詞／
- Common Stock 普通股
- New York Stock Exchange (NYSE) 紐約證交所
- Stock Market 股票市場
- Marketable Security 有價證券
- Stock 股票

「銀行不願升我的職，
他們說我缺乏 interest（興趣／利息）。」

copyright JackGuinan

D

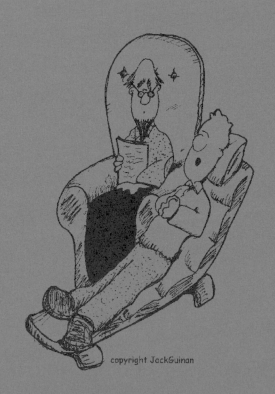

copyright JackGuinan

「醫生，問題是我的經紀人，
我想他正和其他人來往。」

Dead Cat Bounce | 死貓反彈

什麼是「死貓反彈」？

空頭市場漫長跌勢中的短暫反彈，反彈過後市場將繼續下滑。

Investopedia 的解釋

為什麼稱為死貓反彈？俗話說：「只要跌下來的地方夠高，死貓也會彈起來。」

相關名詞／
- Bear Market 空頭市場
- Fundamental Analysis 基本分析
- Trend Analysis 趨勢分析
- Bull Market 多頭市場
- Quantitative Analysis 量化分析

D

Debenture | 信用債券

什麼是「信用債券」？

沒有實物資產抵押或任何擔保品支持的債券。信用債券的唯一憑藉，是發行人的還款信用與聲譽。企業與政府都經常發行這種債券來籌措資本。和其他債券一樣，信用債券記錄在正式的憑據（indenture）上。

Investopedia 的解釋

因為信用債券並沒有擔保品支持，投資人一般必須相信發行人不會違約，才會購買這種債券。美國政府發行的長短債都屬於信用債券，市場一般認為，這些公債是沒有違約風險的，因為政府必要時總能加稅，或是開動印鈔機，以籌措償債資金。

相關名詞／
- Bond 債券
- Corporate Bond 公司債
- Liability 負債
- Convertible Bond 可轉換債券
- Debt 債務

Debt | 債務

什麼是「債務」？

債務源自借貸，債權人把資金借給債務人，債務人承諾在未來某一時間償還，而且一般會按約定利率支付利息。許多企業與個人，會以債務為大額採購融資，因為他們無法或不願一次付清帳款。

Investopedia 的解釋

債券、貸款、商業本票，是債務的例子。舉例來說，某公司為了購買某套設備，借入了 100 萬元。這 100 萬元的債務，必須在未來某個時間內，連本帶息地還給債權人。

相關名詞／
- Credit Rating 信用評等
- Debt Financing 債務融資
- Liability 負債
- Debenture 信用債券
- Interest Rate 利率

Debt Financing | 債務融資

什麼是「債務融資」？

債務融資是指企業為籌措營運資金或資本支出，向個人或法人投

資者發行債券或票據。借出資金的投資者,成了企業的債權人,
期望在約定期限內,連本帶息收回資金。

Investopedia 的解釋

除了債務融資,籌措資本的另一個方式是發行股票,例如,進行
首次公開發行(IPO),就稱為股權融資(equity financing)。

相關名詞/
- Bond 債券
- Commercial Paper 商業本票
- Deleverage 去槓桿
- Capital Structure 資本結構
- Credit Spread (1)信用利差;(2)選擇權價差
  交易

Debt Ratio | 負債比率

什麼是「負債比率」?

企業總負債對總資產的比率,可大致反映公司的財務槓桿程度,
以及是否有負債過重的危險。

$$負債比率 = \frac{總負債}{總資產}$$

Investopedia 的解釋

負債比率愈高,公司的財務風險往往愈高。這個比率和其他財務
體質指標並用,有助於投資人了解一家公司的穩健程度。

相關名詞/
- Acid-Test Ratio 速動比率
- Debt/Equity Ratio 負債權益比
- Leverage Ratio 槓桿比率
- Capital Structure 資本結構
- Leverage 槓桿

Debt/Equity Ratio | 負債權益比

什麼是「負債權益比」？

公司財務槓桿的其中一項指標，由總負債除以股東權益得出，反映公司的債務與股權融資比例。計算方式如下：

$$負債權益比 = \frac{總負債}{股東權益}$$

注：某些分析師會以計息的長期債務代替總負債。

Investopedia 的解釋

負債權益比愈高，通常意味著公司成長仰賴債務融資的程度愈高。因為利息費用是相當穩定的支出，高負債比可能讓公司盈利變得較為波動。公司舉債擴張業務，如果運作順利，盈利能力會優於不仰賴外來融資的時候。如果盈利的增長，在抵銷債務成本（利息）後還有剩餘，股東將因分得更多盈餘而獲益。但如果債務融資成本明顯超過相關投資的報酬，公司就會出現財務困難，嚴重的話，甚至可能破產，讓股東血本無歸。負債權益比也受到產業性質影響，資本密集型產業負債往往較重，像汽車廠商的負債權益比通常高於 2，而個人電腦公司則可能低於 0.5。

相關名詞／
- Acid-Test Ratio 速動比率
- Leverage 槓桿
- Shareholders' Equity 股東權益
- Debt-to-Capital Ratio 負債資本比
- Long-Term Debt 長期負債

Debt-to-Capital Ratio | 負債資本比

什麼是「負債資本比」？

公司財務槓桿的一項指標，由負債除以總資本得出。計算這個
比率時，分析師對負債的定義各不相同，較嚴格的以計息債務
（interest-bearing debt）為準，較寬鬆的則將不計息的應付帳款，
以及所有其他債務都算進去。總資本為負債加股東權益。

$$負債資本比 = \frac{負債}{（股東權益＋負債）}$$

Investopedia 的解釋

公司的運作靠負債與股本融資，負債資本比反映公司的融資方
式，也是公司財務穩健程度的指標之一。負債資本比愈高，公司
仰賴債務融資的程度愈高。公司的負債資本比若是明顯高於同
業，通常意味著公司財務風險較高，景氣轉差時，沉重的利息成
本，可能會讓公司陷入無力償債的困境。因為這並非通用會計準
則（GAAP）有指定計算方法的財務指標，實際的計算方式各不
相同，分析時必須注意該比率的具體定義。

相關名詞／

- Acid-Test Ratio 速動比率
- Debt/Equity Ratio 負債權益比
- Long-Term Debt 長期負債
- Capital Structure 資本結構
- Leverage 槓桿

Defined-Benefit Plan | 確定給付退休金計畫

什麼是「確定給付退休金計畫」？

雇主管理的一種退休金計畫，雇員的退休給付按某一種公式計算，考量的因素包括歷年薪資水準，以及雇用時間。資產管理與投資風險，全部都由雇主承擔。對雇員動用退休金的時間與方式，有一定的限制，並設有違反規定的罰則。符合相關稅制的也稱為 qualified benefit plan，不合的則稱為 nonqualified benefit plan。

Investopedia 的解釋

確定給付退休金計畫的特別之處，在於雇員的退休給付是按特定公式確定的，而其他類型計畫的給付，則多少取決於投資表現。因此，確定給付計畫的投資報酬若不如預期，雇主可能必須從公司盈餘中增撥款項進退休金帳戶中。符合相關稅規的確定給付計畫，可享有額外的賦稅優惠。

相關名詞／
- Defined-Contribution Plan 確定提撥退休金計畫
- Mutual Fund 共同基金
- Tax Deferred 延後課稅
- Inflation 通貨膨脹
- Net Worth 淨值

Defined-Contribution Plan | 確定提撥退休金計畫

什麼是「確定提撥退休金計畫」？

一種退休金計畫，雇主每年為退休金帳戶提撥特定數額的款項（例如，雇員薪資的某個百分比），但不保證雇員的實際退休給付。對雇

員動用退休金的時間與方式有一定限制，並設有違反規定的罰則。

Investopedia 的解釋

顧名思義，確認提撥計畫的提撥金額是確定的，給付則不確定。雇員退休時，實際上能領到多少退休金，很受退休金資產的投資表現影響。

相關名詞／
- 401(k) Plan 401(k)退休儲蓄計畫
- Defined-Benefit Plan 確定給付退休金計畫
- Individual Retirement Account (IRA) 個人退休帳戶
- Qualified Retirement Plan 合資格退休金計畫
- Roth IRA 羅斯個人退休帳戶

Deflation｜通貨緊縮

什麼是「通貨緊縮」？

指物價普遍下跌，通常是因為貨幣或信貸供給萎縮，也可以是政府支出、個人消費，或是企業投資減少造成的。通貨緊縮是通貨膨脹的相反現象，通縮期間的經濟需求減弱，往往導致更多人失業，可能會讓經濟陷入衰退，甚至是蕭條。

Investopedia 的解釋

物價如果持續下滑，往往會造成一種惡性循環：企業盈利下跌、工廠停產、就業與所得萎縮，無力償債的企業與個人愈來愈多。為了對抗通縮，中央銀行可動用貨幣政策增加貨幣供給，刻意刺激物價上漲。物價上漲是經濟持續復甦必要的潤滑劑，因為這有助於企業增加盈利，並舒緩受薪者與債務人承受的壓力。

相關名詞／
* Consumer Price Index (CPI) 消費者物價指數
* Hyperinflation 惡性通貨膨脹
* Inflation 通貨膨脹
* Monetary Policy 貨幣政策
* Stagflation 滯脹

Deleverage | 去槓桿

什麼是「去槓桿」？

企業致力降低財務槓桿。企業去槓桿的最佳辦法，是償還資產負債表上的債務。負債過重的企業若未能及時去槓桿，可能會有明顯的信用違約風險。

Investopedia 的解釋

急於擴張業務的公司，常陷入過度負債的困境：一旦業務擴張後業績不如預期，沉重的利息成本可能令公司財務風險大增。在這種情況下，企業往往只能努力償還負債，降低財務槓桿。公司如果致力去槓桿，往往意味著成長將明顯放緩，青睞成長股的投資人，應特別留意相關現象。

相關名詞／
* Capital 資本
* Leverage Ratio 槓桿比率
* Unlevered Beta 去槓桿貝他係數
* Debt/Equity Ratio 負債權益比
* Leveraged Buyout (LBO) 槓桿收購

Delta | 德爾他

什麼是「德爾他」？

德爾他值是衡量標的資產價格每一單位的變動，會導致選擇權價格多大幅度的變動，也稱為對沖比率（hedge ratio）。

Investopedia 的解釋

舉例來說，如果某個股的某檔買權的德爾他值是 0.7，就意味著該個股價格每上漲 1 元，買權的價格會上漲 0.7 元。賣權的德爾他值則是負數，因為標的資產價格上漲，賣權的價值會下滑。因此，若某個股某檔賣權的德爾他值是負 0.7，則意味著該個股價格每上漲 1 元，賣權的價格會下跌 0.7 元。價內買權與價內賣權接近到期時，德爾他值會分別接近1和負1。

相關名詞／
- Call Option 買權
- Delta Hedging 德爾他避險
- Derivative 衍生工具
- Gamma 伽瑪
- Put Option 賣權

Delta Hedging | 德爾他避險

什麼是「德爾他避險」？

一種選擇權避險操作，根據選擇權的德爾他值做多或做空標的資產，以對沖標的資產價格波動造成的風險。例如，持有某個股的買權，可視該買權的德爾他值，做空若干數量的標的股票，就可以對沖該個股價格下滑導致的風險。德爾他值是衡量標的資產價格每一單位的變動，會導致選擇權價格多大幅度的變動，也稱為對沖比率。

Investopedia 的解釋

舉例來說，某檔買權的對沖比率為 40，意味著標的股票每上漲 1 元，該買權的價格將上漲 0.4 元。一般來說，對沖比率較高的選擇權，買進要比賣出划算，因為高德爾他值，加上較低的時間價值損失，意味著較高的槓桿。

相關名詞／
- Call Option 買權
- Delta 德爾他
- Hedge 對沖
- Common Stock 普通股
- Gamma 伽瑪

Demand | 需求

什麼是「需求」？

按經濟學理論，商品的需求有兩個要件：消費者有購買的意願，而且有付款的能力。根據需求法則，如果其他因素不變，商品的價格下滑，需求量就會上升。

Investopedia 的解釋

一項商品的市場需求，是指在特定價格下，所有消費者對該商品的總需求量。對企業來說，了解市場需求是非常重要的事，因為低估需求會浪費商機，而高估則會導致庫存滯銷、虧損累累。因此，許多企業動用不少預算進行市場調查，希望能準確估計消費者的需求。

相關名詞／
- Inelastic 缺乏彈性
- Law of Supply 供給法則
- Market Value 市值
- Law of Demand 需求法則
- Market Economy 市場經濟

Depreciation｜（1）折舊；（2）貶值

什麼是 Depreciation？

（1）折舊是會計上將有形資產的成本，在使用壽命內分攤為費用的作業。折舊是一項非現金支出，會降低公司按通用會計準則計算的盈利，計算經營現金流（operating cash flow）時，必須加回淨利中。

（2）指某一貨幣相對其他貨幣的貶值。

Investopedia 的解釋

（1）折舊源自權責發生制會計原則：固定資產在使用壽命內為公司貢獻收入，成本因此應按合理方式，換算成與這些收入相配的費用，分期算進損益表中。舉例來說，公司購置了一套價值100 萬元的設備，預期使用壽命為 10 年，假設採用直線折舊法，則公司在未來 10 年中，應每年為該資產認列 10 萬元的折舊費用，以配對該設備為公司貢獻的收入。

（2）在 1998 年的危機中，俄羅斯盧布一天貶值 25%，是貨幣貶值的戲劇性案例之一。

相關名詞／
- Accrual Accounting 權責發生制
- Amortization （1）分期償還；（2）攤銷
- Asset 資產
- Book Value 帳面值
- Tangible Asset 有形資產

Derivative | 衍生工具

什麼是「衍生工具」？

又稱衍生商品，是一種金融合約，從一項或多項標的資產衍生出來，有不少衍生工具就像一般證券那樣，可在交易所買賣。衍生工具的價值受標的資產的價格走勢影響甚大。，而標的資產可以是股票、債券、大宗商品、貨幣、利率，甚至是市場指數。許多衍生工具以高槓桿見稱。

Investopedia 的解釋

期貨、遠期合約、選擇權、交換（swaps），是最常見的幾種衍生工具類型。因為衍生工具是一種合約，幾乎所有的東西都能成為標的資產，在現實中，甚至有基於氣候數據（例如，某地區某段時間的降雨量或晴天日數）的衍生商品。衍生工具既可用來避險，也可用在投機上。舉一個避險的例子：某位歐洲投資人以美元在某美國以外的交易所，購進某檔美國個股，持股期間將承受美元貶值的風險。為了對沖這個風險，該投資人可透過外匯期貨交易，鎖定某一美元匯率，就不必擔心日後售股時會蒙受匯兌損失。

相關名詞／
- Credit Derivative 信用衍生商品
- Hedge 對沖
- Stock Option 股票選擇權
- Forward Contract 遠期合約
- Option 選擇權

Diluted Earnings per Share (Diluted EPS) |

稀釋後每股盈餘

什麼是「稀釋後每股盈餘」？

上市公司盈利能力的一項指標，是假設公司發行在外的所有可轉換債券或優先股、股票選擇權（通常主要是發行給員工），以及認股權證同時行使權利，使得公司發行更多普通股後的每股盈餘。除非公司並未發行任何可轉換為普通股的證券（相對罕見的情況），稀釋後的每股盈餘，一定低於基本每股盈餘。

Investopedia 的解釋

每股盈餘由股東應占溢利（attributable profit）除以發行在外總股數得出。認股權證、股票選擇權、可轉換債券或優先股，都可能讓公司發行更多普通股，因而稀釋了每股盈餘，這對股東來說，自然不是件好事。不過，稀釋後每股盈餘是較保守的指標，因為它假設所有可轉換為普通股的證券同時行使權利，而這實際上不太可能發生。不過如果公司表現出色，這些證券的確會陸續行使權利。稀釋後每股盈餘若大幅低於基本每股盈餘，就代表現有股東的權益可能遭明顯稀釋，這幾乎是所有分析師與投資人不樂見的情況。

相關名詞／

- Dilution 稀釋
- Earnings per Share (EPS) 每股盈餘
- Outstanding Shares 發行在外股份
- Earnings 盈餘
- Fully Diluted Shares 完全稀釋的發行股數

Dilution | 稀釋

什麼是「稀釋」？

公司發行可轉換為普通股的證券（像是可轉換債券）若行使權利，公司就必須發行更多普通股，現有股東每股可分到的盈餘會遭攤薄，就是所謂的稀釋作用。

Investopedia 的解釋

公司發行在外的股數增加，每股的權益通常會遭稀釋。

相關名詞／
- Convertible Bond 可轉換債券
- Convertible Preferred Stock 可轉換優先股
- Diluted Earnings per Share (Diluted EPS) 稀釋後每股盈餘
- Outstanding Shares 發行在外股份
- Shareholders' Equity 股東權益

Discount Broker | 折扣經紀商

什麼是「折扣經紀商」？

相對於提供完整服務的經紀商（full-service broker），折扣經紀商為客戶提供基本的證券買賣服務，收取較低的手續費，但不提供投資建議。

Investopedia 的解釋

過去股市的投資人一般都是富有人家，因為只有他們才負擔得起經紀商的手續費。但美國自 1970 年代中期起，放寬對證券經紀業的管制，競爭加劇下，股票買賣手續費變得非常便宜。網路世

代的來臨，更讓網路折扣券商數目爆增。不過投資人必須注意，折扣經紀商並不提供個人化的投資建議。拜折扣經紀商所賜，現在幾乎所有人都有能力參與股票投資。對那些想自己做研究，或是只想小額投資的人來說，折扣經紀商是非常好的選擇。

相關名詞／
- Broker-Dealer 經紀自營商
- Market Maker 造市商
- National Association of Securities Dealers (NASD) 全美證券交易商協會
- Securities and Exchange Commission (SEC) 美國證券交易委員會
- Stock Market 股票市場

D

Discount Rate | （1）貼現率；（2）折現率

什麼是 Discount Rate ？

（1）合格的金融機構，向央行借入短期資金的利率。央行一般會要求借款機構提供合格的擔保品，像是政府公債等。

（2）泛指將未來現金流折算為現值的利率。

Investopedia 的解釋

（1）一般來說，商業銀行不願意透過央行的貼現窗籌措短期資金，會盡可能以其他方式（如同業拆借）融通。在美國，貼現率與聯邦資金利率，是聯準會控制的兩項利率。

（2）假設你 1 年後將收到 1000 美元，為計算這筆錢的現值，你必須選定某一利率（通常用無風險利率，但不一定）為折現率。假若適用的折現率是 10％，1 年後的 1000 美元，在今天則值 909.09 美元〔1000／(1+10％)〕。

相關名詞／
- Federal Funds Rate 聯邦資金利率
- Federal Open Market Committee (FOMC) 聯邦公開市場委員會
- Interest Rate 利率
- Monetary Policy 貨幣政策
- Prime Rate 基本放款利率

Discounted Cash Flow (DCF) | 現金流折現法

什麼是「現金流折現法」？

現金流折現法用來估算一項投資、一家公司，或是一項資產的價值，基本概念是將未來的現金流折算為現值。常見的實際做法，是預測未來的自由現金流，然後用加權平均資金成本（WACC）折算為現值，藉此評估一項投資是否划得來。如果按 DCF 算出來的現值，大於該項投資的現行成本，則這項投資很可能就是值得執行的。

$$DCF = 負債資本比 = \frac{CF_1}{(1+r)^1} + \frac{CF_2}{(1+r)^2} + \cdots + \frac{CF_n}{(1+r)^n}$$

$$CF = 現金流$$
$$r = 折現率（加權平均資金成本）$$

Investopedia 的解釋

DCF 分析實際使用的現金流與折現率，有許多不同的版本。雖然計算相當繁複，但目的很簡單：估計未來的現金流，然後以反映金錢的時間價值以及投資風險的折現率折算為現值。DCF 模型相當有用，但也有明顯的缺點。DCF 不過是相當機械化的估值工具，因此「輸入垃圾就會得到垃圾」。某些數項小幅變動，估算出來的投資價值就可能大不相同。因為超過一定年期後，現金流

很難合理估計，DCF分析通常不會無限期估計未來的現金流，而是採用所謂的「終值法」（terminal value approach）簡化計算，例如，10年之後的現金流，假設以某一速度持續成長。

相關名詞／
- Cash Flow 現金流
- Free Cash Flow (FCF) 自由現金流
- Net Present Value (NPV) 淨現值
- Cash Flow Statement 現金流量表
- Internal Rate of Return (IRR) 內部報酬率

D

Diversification ｜ 分散投資

什麼是「分散投資」？

強調風險控管的一種投資策略，將資金分散配置在多種資產上，像是股票、債券、貴金屬與現金，以求各資產的非系統風險（非總體政經因素造成的風險）能相互抵銷。這些資產報酬率的相關程度必須較低，表現才能有互補效果。

Investopedia 的解釋

研究發現，就股票資產組合而言，要降低風險，分散投資 25 到 30 檔個股，是最符合成本效益的做法。進一步增加個股的數目，可提高分散投資的程度，但已不符合成本效益。投資海外證券有助於提高分散投資的效益，因為海外資產的報酬率，跟本地資產的相關程度通常較低。舉例來說，美國經濟放緩未必會影響日本經濟，因此，當美國的資產表現差勁時，日本資產可能仍有不錯的報酬。一般人通常沒有足夠的資金可以適當地分散投資，但共同基金提供了相對便宜的分散投資途徑，這可能是共同基金大受歡迎的原因之一。

相關名詞／
- Asset Allocation 資產配置
- Correlation 相關係數
- Modern Portfolio Theory (MPT) 現代投資組合理論
- Mutual Fund 共同基金
- Systematic Risk 系統風險

Dividend｜股息

什麼是「股息」？

（1）也稱為股利，指公司稅後盈餘派發給股東的部分。股息通常以每股獲配發的金額講述，但也可以每股股息對股票市價的百分比表述，後者就是所謂的股息殖利率。

（2）指共同基金把投資收益與已實現的資本利得，強制配發給基金投資人。

Investopedia 的解釋

（1）股息可以用現金、股票，或是某種資產的形式派發給股東。許多穩健的公司有穩定的配息紀錄，它們的股價或許沒有漲很多，但股東可從股息得到一些補償。成長型公司通常很少配息，因為它們通常把盈利再投資在業務上，以維持較高的成長率。

（2）共同基金持有的資產，會產生利息與股息收益，基金將這些收益透過配息，發放給基金投資人。

相關名詞／
- Dividend Discount Model (DDM) 股息折現模型
- Dividend Yield 股息殖利率
- Ex-Date 除息日
- Ex-Dividend 除息
- Record Date 股權登記日

Dividend Discount Model (DDM) | 股息折現模型

什麼是「股息折現模型」？

一種股票估值方法，假設股票的價值，等於未來所有股息的折現值。若據此計算出來的股票價值高於股票現價，可能就代表該股股價被低估了。計算方式如下：

$$股票價值 = \frac{每股股息}{（折現率 - 股息成長率）}$$

Investopedia 的解釋

這個模型實際應用中有許多變體，但無論如何，不能用在不派發股息的公司。

相關名詞／
- Discount Rate（1）貼現率；（2）折現率
- Dividend Payout Ratio 股息發放率
- Gordon Growth Model 戈登成長模型
- Dividend 股息
- Dividend Yield 股息殖利率

Dividend Payout Ratio | 股息發放率

什麼是「股息發放率」？

公司盈餘用於派發股息的百分比。

$$股息發放率 = \frac{每股股息}{每股盈餘}$$

Investopedia 的解釋

股息發放率能反映股息獲盈利支持的程度。比較成熟的公司，股息發放率通常比較高。英國較常用的類似比率是股息保障倍數（dividend cover），由每股盈餘除以每股股息得出。

相關名詞／
- Dividend 股息
- Ex-Dividend 除息
- Earnings per Share (EPS) 每股盈餘
- Record Date 股權登記日
- Ex-Date 除息日

Dividend Reinvestment Plan (DRIP)｜

股息再投資計畫

什麼是「股息再投資計畫」？

上市公司提供給投資人的股息再投資途徑，股東可在配息日以現金股息購進公司股票，可能會涉及買進零股（fractional shares）。

Investopedia 的解釋

股息再投資方案往往是增進投資價值的好辦法，大多數方案免收手續費，而且可以明顯的折扣（相對於當前市價）買進股票。在美國，這種方案大多不接受低於 10 美元的再投資。這個詞有時縮寫為 DRP。

相關名詞／
- Common Stock 普通股
- Dividend 股息
- Dollar-Cost Averaging (DCA) 定期定額法
- Compounding 複利
- Dividend Yield 股息殖利率

Dividend Yield｜股息殖利率

什麼是「股息殖利率」？

股息報酬率的指標，以公司一年派發的股息除以股價得出。倘若

股價跟一年前相同（資本利得為零），則股息殖利率就是一年來
該個股提供的投資報酬率。計算方式如下：

$$股息殖利率 = \frac{年度的每股股息}{股價}$$

Investopedia 的解釋

股息殖利率反映投資人每 1 元的股票投資，獲得多少現金進帳；
就是「每分錢」（bang for the buck）的投資收益。投資人若是對
資產組合的現金收益有一定的最低要求，可考慮投資那些股息殖
利率相對較高較穩定的個股。例如，ABC 與 XYZ 兩家公司，一年
都派發每股 1 元的現金股息，但前者股價目前是 20 元，後者則是
40 元。依此推算，ABC 的股息殖利率為 5％，XYZ 則只有 2.5％。
因此，若其他因素都相同，照理來說，渴求現金收益的投資人應
投資 ABC 公司，而不是 XYZ。

相關名詞／
- Current Yield 當期收益率
- Dividend 股息
- Return on Assets (ROA) 資產報酬率
- Return on Investment (ROI) 投資報酬率
- Yield 殖利率

Dollar-Cost Averaging (DCA) ｜ 定期定額法

什麼是「定期定額法」？

一種投資策略，不管資產的價格如何波動，定期動用固定金額
購入，通常應用在基金投資上。採用定期定額法投資基金或個
股時，買進的價格高低不一，平均成本較為穩定。英文也稱為

constant dollar plan。

Investopedia 的解釋

如果以定期定額法投資個股,股價高時買進的股數較少,股價低時買進的股數較多。相對於大額的單筆投資,定期定額法降低了在錯誤時點進場的風險。舉例來說,某投資人每月花 100 美元購買 XYZ 公司的股票:1 月時 XYZ 股價為 33 美元,因此買進了 3 股;2 月時股價為 25 美元,因此買進了 4 股;3 月時股價為 20 美元,因此買進了 5 股。3 個月下來,該投資人共買進了 12 股,平均成本是每股 25 美元。在英國,定期定額法稱為 pound-cost averaging。

相關名詞╱
- Common Stock 普通股
- Compounding 複利
- Dividend Reinvestment Plan (DRIP) 股息再投資計畫
- Mutual Fund 共同基金
- Net Asset Value (NAV) 資產淨值

Dow Jones Industrial Average (DJIA) | 道瓊工業指數

什麼是「道瓊工業指數」?

美股的一項主要指標,一般視為反映美國績優股的價格走勢。成份股為在紐約證交所與那斯達克掛牌的 30 檔個股,是以價格加權(price-weighted)方式計算的股價指數。高股價股票的價值變動,對價格加權指數有較大的影響。道瓊工業指數是查爾斯‧道(Charles Dow)在 1896 年創設的。

Investopedia 的解釋

道瓊工業指數英文簡稱「the Dow」,是世界上歷史最悠久、

最受矚目的主要股價指數。成份股包括奇異（GE）、迪士尼（Disney）、艾克森美孚（Exxon）以及微軟（Microsoft）。當美國的電視新聞報導「股市今天上漲」時，一般指的就是道瓊工業指數。

相關名詞／
- Benchmark 基準
- Nasdaq 那斯達克
- New York Stock Exchange (NYSE) 紐約證交所
- Standard & Poor's 500 Index (S&P 500) 標準普爾五百指數
- Stock Market 股票市場

Downtrend | 下跌趨勢

什麼是「下跌趨勢」？

金融資產的價格總方向呈現下跌的狀態。比較精確的定義是，價格高點與低點都日益下移的走勢。如圖中所示，低點 3 較低點 1 更低，而高點 4 則低於高點 2。如果價格升到超過高點 4，這個下跌趨勢就視為告一段落了。

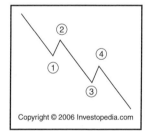

Copyright © 2006 Investopedia.com

Investopedia 的解釋

下跌趨勢可令投資的價值急劇萎縮，許多交易員因此致力規避這種走勢。下跌趨勢可持續數分鐘、數天、數週、數月，甚至是數年，因此及早識別這種走勢，是非常重要的。下跌趨勢一旦形成（高點持續下移），針對建立新的多頭部位，交易員必須非常審慎。

相關名詞／

- Average Directional Index (ADX) 平均動向指標
- Business Cycle 景氣循環
- Uptrend 上升趨勢
- Bear Market 空頭市場
- Trend Analysis 趨勢分析

Due Diligence (DD) | （1）盡職調查；（2）應有的謹慎

什麼是 Due Diligence ?

（1）就一項可能成事的投資做出調查或審計，目的是核實重要事項。

（2）這個詞一般的意思，是正常人在簽定合約或進行交易前「應有的謹慎」，也就是說，應先查證重要事項。

Investopedia 的解釋

（1）重大的交易，像是企業併購，通常必須先進行盡職調查，是否成交則視調查結果而定。通常，調查工作包括審核所有相關的財務紀錄，以及投資者認為重要的所有資料。資產的賣方也可能會對買方進行調查，調查內容包括買方付款的能力，以及交易完成後可能影響買賣雙方的事項。

（2）審慎查核是為了避免倉促交易對買賣雙方可能造成的不必要之傷害。

相關名詞／

- 10-K 企業年度報告
- Balance Sheet 資產負債表
- Technical Analysis 技術分析
- Accrual Accounting 權責發生制
- Generally Accepted Accounting Principles (GAAP) 通用會計準則

Duration | 存續期

什麼是「存續期」?

存續期反映債券價格對利率變動的敏感程度,以年為單位。利率上升,意味著債券價格下滑,而利率下跌,則意味著債券價格上漲。存續期越長,債券價格對利率的變動愈敏感,也就是說利率風險愈高(利率跌時價格漲幅較大,利率升時價格跌得較厲害)。

Investopedia 的解釋

存續期的計算相當複雜,涉及現值、殖利率、票面利率、到期日,以及是否設有贖回條款。但投資人不必擔心計算困難,因為債券與債券基金較全面的資訊系統,都提供現成的存續期數據。許多非專業投資人誤以為債券與債券基金沒有風險,但其實債券的價值受兩項主要風險的影響:(1)信用風險,也就是違約風險;以及(2)利率風險,也就是利率變動影響債券價值的風險。存續期是反映利率風險的指標。短、中、長期債券基金各有不同的存續期,例如,Vanguard 短、中、長期債券指數基金的存續期,就分別約為3、6、11年。

相關名詞/
- Accrual Accounting 權責發生制
- Basis Point (BPS) 基點
- Zero-Coupon Bond 零息債券
- Bond 債券
- Modified Duration 修正存續期

E

光陰虛擲在貨幣市場……

巴菲特
投資
建議

$1

copyright JackGuinan

「我想他不是那個巴菲特。」

Earnings ｜ 盈餘

什麼是「盈餘」？

又稱盈利、獲利、利潤，公司在某段時間內收入扣除成本與費用後的結餘，通常以季度或年度基礎公布。講盈餘時，通常是指稅後淨利。在某種程度上，盈利紀錄與相關因素可反映公司的長期盈利能力，因此，盈利表現是決定股價的關鍵因素。

Investopedia 的解釋

盈餘代表公司的盈利能力，因此，很可能是公司財報上最受注意的指標。公司公布的季度與年度盈利，一般會被拿來跟公司自身的財測，以及分析師的預測相比，在大多數情況下，當盈利不如預期時，公司股價會下滑；當盈利超越預期時，股價會上揚。

相關名詞／
- Balance Sheet 資產負債表
- Earnings before Interest, Taxes, Depreciation, and Amortization (EBITDA) 息稅折舊攤銷前利潤
- Earnings per Share (EPS) 每股盈餘
- Net Income （1）淨利；（2）所得淨額
- Pro Forma 擬制／試算／備考

Earnings before Interest, Taxes, Depreciation, and Amortization (EBITDA) ｜ 息稅折舊攤銷前利潤

什麼是 EBITDA ？

公司的一項盈利指標，計算公式如下：

EBITDA ＝營收－費用（剔除稅項、利息、折舊與攤銷）

EBITDA 剔除了公司融資模式與會計政策對盈利的影響，因此可用於分析、比較不同公司與產業的盈利表現。不過，因為通用會計準則並沒有規定 EBITDA 該如何計算，公司對這項指標應包含哪些項目，有較大的自主空間，有時可能會改變計算標準。

Investopedia 的解釋

EBITDA 是從 1980 年代的槓桿收購（LBO）熱潮期間開始廣為人知，當時它主要用來評估企業的償債能力。後來，這項指標在某些資本密集型產業很流行，這些業者擁有昂貴的固定資產，必須分多年攤提折舊費用。目前，許多企業都會公布 EBITDA，科技業尤其喜歡強調這項指標，雖然 EBITDA 對分析這些公司的表現，未必有多大的意義。許多人誤以為 EBITDA 代表公司的現金盈利，但其實這項指標雖然能反映公司的盈利能力，但並不是評估公司現金流的好指標。EBITDA 並未考慮公司維持營運資金與汰換老舊設備的現金需求，這兩者都可能不容小覷。EBITDA 往往成了企業美化盈利表現的會計花招，投資人不應該只看這項數據，應綜合分析公司的績效指標，發掘可能遭 EBITDA 掩蓋的真相。

相關名詞／
• Amortization （1）分期償還；（2）攤銷
• Depreciation （1）折舊；（2）貶值
• Generally Accepted Accounting Principles (GAAP) 通用會計準則
• Net Income （1）淨利；（2）所得淨額
• Operating Income 營業利潤

Earnings per Share (EPS) | 每股盈餘

什麼是「每股盈餘」?

關鍵的盈利指標,反映公司發行在外的普通股每股應得的盈餘,
公式如下:

$$每股盈餘 = \frac{(淨利-優先股股息)}{普通股發行在外股數均值}$$

計算每股盈餘時,按照會計準則,發行股數應以報告期間的加權
平均值為準,因為期間股數可能會有變動。不過有些數據提供者
為簡化計算,有時會以報告期末的股數為計算基礎。每股盈餘按
規定應公布兩個版本:基本的 EPS 及稀釋後的 EPS;後者是假定
公司發行的可轉換債券或優先股,以及認購權證行使權利,令公
司發行股數增加後的每股盈餘。

Investopedia 的解釋

一般認為,每股盈餘是決定公司股價最重要的指標,也是計算股
票本益比的關鍵數據。假設某家公司上年度淨利為 2500 萬元,
優先股股息為 100 萬元,上半年度發行在外的普通股為 1000 萬
股,下半年度則為 1500 萬股。該公司普通股股東應占溢利為
2400 萬元(淨利減優先股股息),而上年度的加權平均股數為
1250 萬股(1000 萬股 ×0.5 + 1500 萬股 ×0.5),因此,上年度
每股盈餘就是 1.92 元(2400 萬元/1250 萬股)。許多人在分析
每股盈餘時,常忘了一個重要的因素:公司是動用多少股東資金
創造出這樣的盈利的?假設兩家公司的 EPS 相同,則占用較少股
東資金的一家營運效率較佳,理論上,就是比較優質的公司。投
資人在分析每股盈餘時,也應該注意公司的帳面盈利是否遭到扭

曲。財務分析的原則是不應倚賴單一指標，而應綜合所有重要指標進行全面分析。

相關名詞／

- Diluted Earnings per Share (Diluted EPS) 稀釋後每股盈餘
- Earnings 盈餘
- Price-Earnings Ratio (P/E Ratio) 本益比
- Outstanding Shares 發行在外股份
- Weighted Average 加權平均值

Economic Profit (or Loss)｜經濟利潤（或虧損）

什麼是「經濟利潤（或虧損）」？

經濟利潤等於收入減去相關投入的機會成本，有時也稱為經濟附加價值（EVA）。

Investopedia 的解釋

人們一般講利潤是指「會計盈利」（accounting profit），就是按照會計準則計算的盈餘。經濟利潤跟會計盈利不同，涉及經濟學上的機會成本概念。機會成本是指投入的營運資源所犧牲的報酬。會計盈利很好的公司，經濟利潤可能很低。舉例來說，你經營一家公司，某年投入 10 萬元，營收 12 萬元，會計盈利就是 2 萬元。但因經營這家公司，而犧牲了在另一家公司受聘可賺取的 45000 元，因此，按照經濟利潤的概念計算，你的生意其實虧損了 25000 元（20000 − 45000）。

相關名詞／

- Economic Value Added (EVA) 經濟附加價值
- Opportunity Cost 機會成本
- Revenue 營業收入
- Economies of Scale 規模經濟
- Profit Margin 淨利率

Economic Value Added (EVA) | 經濟附加價值

什麼是「經濟附加價值」？

經濟附加價值等於公司的稅後營業淨利（NOPAT）減去資金成本，也稱為經濟利潤，是評估公司盈利能力的一個指標。公式如下：經濟附加價值＝稅後營業淨利－（資本×資本成本）。

Investopedia 的解釋

這個概念由管理顧問公司 Stern Stewart & Co. 所創，用來評估一家公司賺取經濟利潤的能力。

相關名詞／
- Equity 股權／權益／股票
- Market Value 市值
- Net Operating Profit After Tax (NOPAT) 稅後營業淨利
- Return on Equity (ROE) 股東權益報酬率
- Return on Net Assets (RONA) 淨資產報酬率

E

Economies of Scale | 規模經濟

什麼是「規模經濟」？

也稱為規模效益，是指生產效率隨著產出規模擴大而提升的現象。達到規模經濟的公司，可藉著增加產量，降低產品的平均單位成本，因為固定成本可分攤到更多的產出上。

規模經濟可分兩種：（1）外部規模經濟（external economies），單位成本主要取決於產業的整體規模；（2）內部規模經濟（internal economies），單位成本取決於公司本身的規模。

Investopedia 的解釋

規模經濟有利於大型企業大規模生產，擴大市場版圖。對較傳統的中小型企業而言，生意規模相對是受限的。產出超過某一水準時，平均單位成本會不降反升，這種現象稱為規模不經濟（diseconomies of scale）。

相關名詞／
- Economic Profit 經濟利潤
- Law of Demand 需求法則
- Market Economy 市場經濟
- Economic Value Added (EVA) 經濟附加價值
- Law of Supply 供給法則

Effective Annual Interest Rate | 實際年利率

什麼是「實際年利率」？

也稱為有效年利率，以 1 年 2 次或 2 次以上的次數複利計息時的實際年利率。計算公式如下：

$$實際年利率 = (1 + \frac{i}{n})^n - 1$$

$$i = 名義年利率$$
$$n = 複利次數$$

Investopedia 的解釋

名義年利率若為 10％，1 年計息 1 次的話，1000 元 1 年後連本帶息是 1100 元。但如果利息是每月複利計算，則 1000 元 1 年後連本帶息是 1104.7 元，實際年利率為 10.47％。實際年利率就反映複利效果的年利率。

相關名詞／
- Annual Percentage Yield (APY) 年收益率
- Coupon 票息
- Interest Rate 利率
- Compounding 複利
- Fixed-Income Security 固定收益證券

Efficient Frontier | 效率前緣

E

什麼是「效率前緣」？

風險─報酬圖上連接最佳投資組合（optimal portfolios）的一條線，線上的投資組合，反映不同的分散投資策略，從最保守的全現金組合，到最進取的全股票組合都包含在內。

Investopedia 的解釋

效率前緣上的投資組合會稱為「最佳」，是因為在特定風險水準下，這是預期報酬率最高的投資組合。

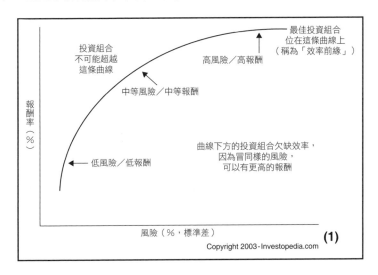

最佳投資組合
位在這條曲線上
（稱為「效率前緣」）

投資組合
不可能超越
這條曲線

高風險／高報酬

中等風險／中等報酬

報酬率（％）

曲線下方的投資組合欠缺效率，
因為冒同樣的風險，
可以有更高的報酬

低風險／低報酬

風險（％，標準差）

(1)

Copyright 2003 - Investopedia.com

相關名詞／
- Asset Allocation 資產配置
- Diversification 分散投資
- Modern Portfolio Theory (MPT) 現代投資組合理論
- Risk 風險
- Risk-Return Trade-Off 風險與報酬的取捨

Efficiency Ratio | 效率比

什麼是「效率比」？

反映銀行經營效率的費用比率。銀行業者的計算方法可能各有不同，主要有四種算法：

（1）效率比＝非利息費用／（總營收－利息費用）；

（2）效率比＝非利息費用／提撥放款損失準備前的淨利息收益；

（3）效率比＝非利息費用／總營收；

（4）效率比＝營業費用／（手續費收入＋淨利息收益*）。

* 為經調整的淨利息收益，反映了免稅利息所得的「稅前值」

　（tax-equivalent value）

無論是採用哪一種計算方式，比率變大意味著銀行營業費用占收入的百分比上升；對銀行與股東而言，比率變小是好事。此外，也稱為間接成本負擔（overhead burden）或間接成本效率比（overhead efficiency ratio）。

Investopedia 的解釋

不管使用哪一種算法，效率比的目的，是評估金融機構的間接成本結構。銀行業跟其他成熟產業一樣，存活下來的業者致力維持低成本。效率比反映銀行的營運效率及盈利水準。

相關名詞／
- Cash and Cash Equivalents 現金及約當現金
- Expense Ratio 操作費用比率
- Net Income（1）淨利；（2）所得淨額
- Net Operating Income (NOI) 營業淨利
- Operating Expense 營業費用

Efficient Market Hypothesis (EMH) ｜ 效率市場假說

E

什麼是「效率市場假說」？

一種關於金融市場的理論，認為股票市場的效率，使得股價隨時都反映了所有相關資訊，因此投資人不可能「打敗大盤」。這個理論認為，股票總是以公平價值在交易所買賣，投資人不可能買到價值遭低估的股票，也不可能以偏高的價格賣出股票。因此，投資人不可能透過揣測最佳進出場時點，以取得超越大盤的報酬率，賺取較高報酬的唯一辦法，是進行風險較高的投資。

Investopedia 的解釋

雖然獲譽為現代金融理論的一大支柱，效率市場假說有很大的爭議。支持者認為，試圖透過基本分析或技術分析，尋找價值遭低估的股票或預測市場趨勢，是毫無意義的。但批評者像巴菲特的投資表現長期超越大盤，似乎已經有力駁斥了效率市場假說。批評者舉出一些戲劇性的市場波動事例，像是 1987 年的股市崩盤（道瓊工業指數一天崩跌逾 20％），以及 2008 年底的股市崩跌，認為這顯示股價的確可以大幅偏離公平價值。

相關名詞／
- Bear Market 空頭市場
- Business Cycle 景氣循環
- Recession 經濟衰退
- Bull Market 多頭市場
- Inflation 通貨膨脹

Electronic Communication Network (ECN) |

電子通訊網路

什麼是「電子通訊網路」？

一種電子交易系統，可讓交易所或場外交易（OTC）造市商輸入的買賣單全部或部分成交，不必有第三方介入。

Investopedia 的解釋

ECN 將主要交易所與個人交易者連結起來，讓用戶不必經由經紀人，就可以直接交易。

相關名詞／
- Broker-Dealer 經紀自營商
- Over the Counter (OTC) 場外交易
- Stock Market 股票市場
- Market Maker 造市商
- Nasdaq 那斯達克

Enterprise Value (EV) | 企業價值

什麼是「企業價值」？

一種股票市值以外的公司估值方式，等於公司普通股的市值加上負債額、少數股東權益及優先股的價值，減去現金及約當現金。

Investopedia 的解釋

企業價值可視為收購一家公司理論上的代價，因為收購方必須承擔公司的負債，但可取得現金資產。企業價值跟簡單的股票市值有明顯的不同，將負債與現金資產納入考量，許多人認為能更準確反映公司的價值。

相關名詞／
- Book Value 帳面值
- Fair Value 公平價值
- Total Enterprise Value (TEV) 總企業價值
- Cash and Cash Equivalents 現金及約當現金
- Market Value 市值

E

Equilibrium | 均衡

什麼是「均衡」？

市場供給與需求的數量相同，商品價格因而持穩的狀態。一般來說，當商品供給過剩時，價格會下滑，刺激需求量上升；當供需平衡時，均衡狀態就會出現。

Investopedia 的解釋

商品的供給與需求相等時，價格就處於穩定的均衡水準。當大盤指數進入盤整期、價格僅窄幅波動時，市場可說是處於供需勢均力敵的均衡狀態。

相關名詞／
- Demand 需求
- Market Economy 市場經濟
- Technical Analysis 技術分析
- Efficient Market Hypothesis (EMH) 效率市場假說
- Quantitative Analysis 量化分析

Equity｜股權／權益／股票

什麼是 Equity ？

（1）股票或其他代表所有者權益的證券。

（2）公司資產負債表上的股東權益，代表股東貢獻的資本，以及公司的保留餘盈。

（3）保證金交易帳戶中，證券價值超過券商融資的部分。

（4）房地產市值超過房貸餘額的部分，也就是房貸戶若賣掉房產、還清貸款後所能得到的金額。

（5）就投資策略而言，是指股票資產，與固定收益證券（債券），以及現金合稱三大資產類別。投資人透過適當的資產配置，建構風險與報酬符合自己需要的投資組合。

Investopedia 的解釋

這個詞的確切意思，必須視上下文理解。一般可理解為所有者權益，也就是資產價值超過相關債務的部分。例如，一輛汽車或一間房子若是已付清車貸或房貸，則所有者權益等於資產的市值（因為相關債務已還清）。股票稱為 equity ，是因為它代表的是公司所有者（就是股東）的權益。

相關名詞／
- Asset 資產
- Common Stock 普通股
- Shareholders' Equity 股東權益
- Balance Sheet 資產負債表
- Private Equity 私募股權

Equity Multiplier | 權益乘數

什麼是「權益乘數」？

公司財務槓桿的一項指標，等於總資產除以股東權益。跟其他負債比率一樣，權益乘數反映公司仰賴債務為資產融資的程度；也稱為財務槓桿比率（financial leverage ratio）或槓桿比率（leverage ratio）。

Investopedia 的解釋

換句話說，權益乘數顯示的，是每 1 元的股東資金支撐著多少資產。權益乘數愈大，意味著財務槓桿愈高，也就是說，公司仰賴債務融資的程度愈高。

相關名詞／
- Asset 資產
- Debt/Equity Ratio 負債權益比
- Shareholders' Equity 股東權益
- Current Ratio 流動比率
- Leverage 槓桿

E

Equity Risk Premium | 股票風險溢酬

什麼是「股票風險溢酬」？

意指就個股或大盤而言，股票投資報酬率超過無風險報酬率的部分。股票風險溢酬，是對投資人承擔股票投資相對較高風險的補償。這項風險溢酬會隨著個股以至股市整體風險的變動而改變。風險越高，風險溢酬越大；也稱為股票溢酬（equity premium）。

Investopedia 的解釋

風險溢酬源自風險與報酬的取捨，投資人對風險較高的資產，有較高的報酬要求。在美國金融市場，無風險報酬率通常以較長期美國公債的殖利率為代表，因為一般認為，美國公債是沒有違約風險的。相對而言，股票投資的保障要低得多，公司業績衰退，甚至是破產，都是常有的事。如果某個股某年的報酬率為15％，同期無風險報酬率為7％，則該個股當年的風險溢酬為8個百分點。

相關名詞／
- Equity 股權／權益／股票
- Premium（1）選擇權權利金；（2）溢價；（3）保費
- Risk 風險
- Gordon Growth Model 戈登成長模型
- Risk-Return Trade-Off 風險與報酬的取捨

Euro LIBOR | 倫敦銀行同業歐元拆款利率

什麼是「倫敦銀行同業歐元拆款利率」？

歐元的倫敦銀行同業拆款利率，代表銀行業者之間的歐元短期拆借利率。這個利率每天由倫敦數家大銀行定價一次，不過盤中會持續波動。倫敦銀行同業市場是銀行業者很重要的短期融通管道，流動性不足的銀行，可透過這個市場，向流動性過剩的同業借入資金。

Investopedia 的解釋

這項利率的計算基礎，是16家銀行的歐元拆借利率，經英國銀行公會（British Bankers' Association）對外公布。這項利率主要用以讓「歐元前時期」之交換契約 (SWAP contract) 效力得以延續，然而實際上該利率並不常用。

相關名詞／
- Debt 債務
- Interest Rate 利率
- Money Market 貨幣市場
- London Interbank Offered Rate (LIBOR) 倫敦銀行同業拆款利率
- Singapore Interbank Offered Rate (SIBOR) 新加坡銀行同業拆款利率

Exchange-Traded Fund (ETF) | 指數股票型基金

E

什麼是「指數股票型基金」？

就像個股一樣在交易所掛牌買賣的指數型基金，追蹤某一市場指數、大宗商品，或是一籃子資產的價格走勢。在市場交易時段內，ETF 的價格就像一般股票那樣，隨買賣雙方的力量消長而波動。

Investopedia 的解釋

因為交易方式就跟一般股票一樣，ETF 並不會像開放型共同基金那樣每日公布資產淨值（NAV）。投資人可藉由 ETF，享有指數基金提供的分散投資便利，以及個股的操作彈性，像是拋空、融資買進，以及買賣零股。另一個好處是 ETF 的費用比率，一般明顯比大多數共同基金來得低。買賣 ETF 時，投資人就像買賣個股那樣支付經紀佣金。最知名的 ETF，是追綜標準普爾五百指數的標準普爾存託憑證（SPDR），股票代碼是 SPY。

相關名詞／
- Closed-End Fund 封閉式基金
- Expense Ratio 操作費用比率
- Spiders (SPDR) 標準普爾存託憑證
- Diversification 分散投資
- Index Fund 指數基金

Ex-Date｜除息日

什麼是「除息日」?

上市公司宣布配發股息後,會定出一個除息日,從那天起,買入該股的投資人不能獲得日前宣布的股息,該筆股息歸股票賣方所有。英文也稱為 ex-dividend date。

Investopedia 的解釋

除息日通常是股權登記日(record date)往前推 2 個交易日。股票資料表上,除息日會以 x 標示。

相關名詞／
- Dividend 股息
- Preferred Stock 優先股
- Yield 殖利率
- Ex-Dividend 除息
- Record Date 股權登記日

Ex-Dividend｜除息

什麼是「除息」?

上市公司宣布配發股息後,會定出一個除息日,從那天起,買入該股的投資人,不能獲得日前宣布的股息,該筆股息歸股票賣方所有,這就是除息的意思。

Investopedia 的解釋

派發現金股息,意味著資產從公司轉移到股東手中,公司的價值會因此下降。因為從除息日當天起,新買進股票的投資人已無法拿到股息,除息日當天的股價,理論上應較上一天下跌,幅度就是每股的股息。

相關名詞／
- Dividend 股息
- Ex-Date 除息日
- Preferred Stock 優先股
- Record Date 股權登記日
- Stock 股票

Exercise | 行使權利

什麼是「行使權利」？

也稱為履約，指選擇權、認股權證、可轉換債券，或是優先股等金融合約的持有人，行使合約賦予的權利，例如，以特定價格認購某公司的普通股。

Investopedia 的解釋

投資人行使股票買權，是以履約價（必定是低於當前市價，否則沒有履約的價值）買進標的股票。如果是行使股票賣權，則是以高於股票市價的履約價賣出標的股票。

E

相關名詞／
- Call Option 買權
- Expiration Date 到期日
- Put Option 賣權
- Strike Price 履約價
- Warrant 認股權證

Expected Return | 預期報酬率

什麼是「預期報酬率」？

投資人期望一項投資能提供的報酬率。投資風險愈大，投資人期望或要求的報酬率愈高。資本資產定價模型（CAPM）就根據證券的系統風險指標「貝他值」，來計算出該證券的預期報酬率。

$$預期報酬率 = \sum_{i=1}^{n} 機率_i \times 報酬率_i$$

Investopedia 的解釋

預期報酬率也可以根據投資結果的機率分布（probability distribution）計算。例如，假設某項投資有 50％的機率取得 10％的報酬率、25％的機率賺得 20％，以及 25％的機率虧損 10％，則該投資的預期報酬率為 7.5％（10％×0.5 + 20％×0.25 − 10％×0.25）。這只是預期報酬率，實際結果要事後才會知道。

相關名詞／
- Coefficient of Variation (CV) 變異係數
- Return on Assets (ROA) 資產報酬率
- Total Return 總報酬率
- Equity Risk Premium 股票風險溢酬
- Return on Equity (ROE) 股東權益報酬率

Expense Ratio | 操作費用比率

什麼是「操作費用比率」？

操作費用是指基金公司經營一檔共同基金的費用支出，操作費用比率是以基金一年的經營費用，除以該年度基金的平均資產淨值得出。操作費用從基金資產中支出，會降低基金投資人的報酬率；也稱為管理費用比率（management expense ratio，MER）。

Investopedia 的解釋

不同類型的基金操作費用比率差別很大。操作費用最大的部分，是支付給基金經理人或顧問的服務費，其他項目包括記錄保存、託管服務、賦稅、法律、會計，以及審計費。部分基金還有稱為「12b-1 費用」的行銷支出，也算進操作費用中。基金的交易費

用，就是買賣標的證券的開銷，並不算進操作費用中。另外，像是申購及贖回手續費，則是基金投資人直接支付的，並不是操作費用的一部分。

相關名詞／
- Exchange-Traded Fund (ETF) 指數股票型基金
- Internal Rate of Return (IRR) 內部報酬率　• Mutual Fund 共同基金
- Operating Expense 營業費用　　　　　• Turnover Ratio 基金周轉率

E

Expiration Date | 到期日

什麼是「到期日」？
指選擇權或期貨合約的到期日，合約權利到期不行使就作廢了。

Investopedia 的解釋
美國在交易所掛牌的股票選擇權，到期日都是到期月份的第 3 個星期五；當天若為假期，就提前至星期四。

相關名詞／
- Common Stock 普通股　　　　　• Maturity 到期
- Option 選擇權　　　　　　　　• Stock Option 股票選擇權
- Strike Price 履約價

「最近我發現，
雖然我的快樂並非跟股市相連，
但我的痛苦卻跟股市底部連在一起。」

copyright JackGuinan

F

「我的營業員跟我說，我應
該買進並持有。」

「我應該跟你的營業員談談，
我的那位是叫我買進並祈禱。」

copyright JackGuinan

Face Value | 面值

什麼是「面值」?

證券發行時的名義值或面額,就是股票憑證上顯示的面額,或是債券的面值;後者指的就是債券到期時,債務人應償還的本金(美國的債券通常以1000美元為面值);也稱為 par value 或 par。

Investopedia 的解釋

一般債券的本金,是到期一次償還的,因此,面值就是到期時,發行人應向債券持有人償還的本金。不過債券的價格,在次級市場會隨利率變動:市場利率高於票面利率時,債券的價格低於面值(英文稱為 below par),利率低於票面利率時,則高於面值(英文稱為 above par)。

相關名詞/
- Bond 債券
- Market Value 市值
- Premium (1)選擇權權利金;(2)溢價;(3)保費
- Fair Value 公平價值
- Par Value (1)債券面值;(2)股票面額

Fair Value | 公平價值

什麼是「公平價值」?

(1)企業併購時,為合併兩家公司的財務報表,對被收購公司的所有資產與負債估計的價值,稱為公平價值。

(2)在期貨市場,是指期貨合約的均衡價值,基礎為現貨價,根據期貨到期前的資金成本,以及因持有期貨(非現股)而犧牲的股息調整得出。

Investopedia 的解釋

電視上提及期貨時講「公平價值」，通常是講股價指數期貨的價格與現貨指數的關係。股指期價格高於公平價值，意味著交易者押注現貨指數將走高，股指期價格低於公平價值時，則意味著交易者預期現貨指數走跌。

相關名詞／
- Ask 賣方報價
- Market Value 市值
- Premium （1）選擇權權利金；（2）溢價；（3）保費
- Face Value 面值
- Par Value （1）債券面值；（2）股票面額

Fannie Mae - Federal National Mortgage Association
(FNMA) ｜ 房利美

什麼是「房利美」？

1938 年創立的機構，1968 年經美國國會立法，成為一家政府資助企業（GSE），目的是創造房屋抵押貸款的次級市場，促進房貸資金的流通，藉此提高美國中低階層的購屋能力與房屋自有比率。房利美是一家上市公司，正式名稱為聯邦國民抵押貸款協會（FNMA），因陷入嚴重財困，2008 年 9 月，與同業房地美（Freddie Mac）同遭美國政府接管。

Investopedia 的解釋

房利美購入符合融資標準的房貸，由此取得可用來發行房貸擔保證券（MBS）的資產。該公司也為符合標準的房貸提供擔保，協助金融機構發行「房利美的 MBS」（代表相關房貸獲房利美

擔保）。房利美發行或擔保的 MBS 市場極大，買家包括退休基金、保險公司，以及外國政府。為促進美國民眾自置房產，房利美也持有鉅額的房貸資產（包括房貸及 MBS），稱為「保留投資組合」（retained portfolio）。房利美為運作融資而大量發行債券，市場稱為「機構債」（agency debt）。房利美與它的「小兄弟」房地美，每年共購買或擔保美國 40％～60％ 的新房貸，確切比重要視市場狀況與消費者趨勢而定。

相關名詞／
• Freddie Mac - Federal Home Loan Mortgage Corp. (FHLMC) 房地美
• Ginnie Mae - Government National Mortgage Association (GNMA) 吉利美
• Mortgage 房地產抵押貸款
• Subprime Loan 次級貸款
• Subprime Meltdown 次貸崩盤

F

Federal Funds Rate ｜ 聯邦資金利率

什麼是「聯邦資金利率」？

美國商業銀行存放在聯邦儲備銀行的準備金，稱為聯邦資金（Fed funds），銀行以這些資金進行短期拆借，利率稱為聯邦資金利率，也稱為「隔夜拆款利率」（overnight funds rate）。英文一般簡稱為 Fed funds rate。

Investopedia 的解釋

新聞報導指聯邦準備理事會調升或調降利率時，一般講的就是聯邦資金利率。其實，聯準會聯邦公開市場委員會（FOMC）調整的，是這項利率的央行目標水準，因為實際利率是由銀行之間的

拆借決定的。不過，因為央行可透過公開市場操作影響、甚至是控制這項利率，聯邦資金利率通常緊貼聯準會的目標水準。

相關名詞／
- Discount Rate（1）貼現率；（2）折現率
- Federal Open Market Committee (FOMC) 聯邦公開市場委員會
- Fiscal Policy 財政政策
- Interest Rate 利率
- Monetary Policy 貨幣政策

Federal Open Market Committee (FOMC) |

聯邦公開市場委員會

什麼是「聯邦公開市場委員會」？

在美國聯邦準備理事會轄下，負責制定貨幣政策方向的委員會。FOMC 由聯準會的 7 位理事，以及 5 位聯邦準備銀行的總裁組成，其中紐約聯邦準備銀行總裁是常任委員，另外 4 位是輪任性質，每次任期為1年。

Investopedia 的解釋

FOMC 每年定期開會 8 次，議定政策利率的水準，例如，聯邦資金利率與貼現率，並決定是否透過公開市場操作（買賣政府公債）增加或減少貨幣供給。例如，央行若要收緊貨幣供給，可向商業銀行出售政府公債，如此一來，銀行體系中的流動資金就會減少。FOMC的會議不對外公開（結果在會議結束後公布，會議紀錄隔一段時間後公布），市場非常關注會議結果，事前的揣測常會左右市場走勢。

相關名詞／
- Discount Rate（1）貼現率；（2）折現率
- Fiscal Policy 財政政策
- Federal Funds Rate 聯邦資金利率
- Monetary Policy 貨幣政策
- Prime Rate 基本放款利率

Financial Industry Regulatory Authority (FINRA)

美國金融業監管局

什麼是「美國金融業監管局」？

美國證券業的自律管理組織（SRO），並非政府的監管機關。FINRA 由紐約證交所的監管委員會，與全美證券交易商協會（NASD）合併組成，目的在於避免重複監管，並節省成本。這個組織管理的對象，包括證券經紀商、自營商，以及投資大眾之間的事宜。

Investopedia 的解釋

FINRA 原名證券業監管局（Securities Industry Regulatory Authority），簡稱 SIRA，但有人埋怨這個簡稱唸起來太像阿拉伯名詞 Sirah：伊斯蘭教先知穆罕默德的傳記。

相關名詞／
- Broker-Dealer 經紀自營商
- National Association of Securities Dealers (NASD) 全美證券交易商協會
- New York Stock Exchange (NYSE) 紐約證交所
- Securities and Exchange Commission (SEC) 美國證券交易委員會
- Series 7 「系列7」執照

First In, First Out (FIFO) | 先進先出法

什麼是「先進先出法」?

會計上為庫存估值的一種方式,假設公司賣掉或用掉的貨物,是存放最久的。也可應用在資產管理上,為賣出的證券定出成本。

Investopedia 的解釋

為了避稅的目的,先進先出法假設保留在存貨中的資產,與最近購買或生產的資產相符。因為這樣的假設,某些時候的避稅策略,也會應用先進先出法,來進行資產管理與價值評估。

相關名詞╱
- Asset 資產
- Asset Turnover 資產週轉率
- Generally Accepted Accounting Principles (GAAP) 通用會計準則
- Inventory 庫存
- Inventory Turnover 庫存週轉率

Fiscal Policy | 財政政策

什麼是「財政政策」?

政府藉調整稅收與財政支出,以影響總體經濟狀況的政策。

Investopedia 的解釋

1980 年代起,有相當長一段時間內,多數西方國家傾向奉行限制公共支出的財政政策。

相關名詞╱
- Efficient Market Hypothesis (EMH) 效率市場假說
- Interest Rate 利率
- Macroeconomics 總體經濟學
- Microeconomics 個體經濟學
- Monetary Policy 貨幣政策

Fixed Annuity | 定額年金

什麼是「定額年金」？

一種金融合約，保險公司定期定額支付款項給購買年金的客戶，通常會付到客戶過世為止。保險公司會同時擔保盈餘與本金。

Investopedia 的解釋

定額年金很適合尋求穩定投資收益的人，尤是退休者。

相關名詞／
- Annuity 年金
- Income Statement 損益表
- Mutual Fund 共同基金
- Defined-Benefit Plan 確定給付退休金計畫
- Individual Retirement Account (IRA) 個人退休帳戶

F

Fixed-Income Security | 固定收益證券

什麼是「固定收益證券」？

按固定的利率定期收取利息、到期時收回本金的證券。因為收益事先就已經固定了，便稱為固定收益證券。浮動利率證券的收益，則是基於某一短期的市場利率計算，無法事先確知。

Investopedia 的解釋

美國政府發行的固定利率公債，就是一種固定收益證券，票面利率若為5％，就表示每1000美元的債券，每年可領得50美元的利息，到期時取回1000美元的本金。固定收益證券的風險相對較低，因此，投資報酬率通常也比較低。

相關名詞／
- Annuity 年金
- Interest Rate 利率
- Bond 債券
- Yield 殖利率
- Coupon 票息

Float | 自由流通量

什麼是「自由流通量」？

上市公司由大眾持有、可自由交易流通的股份總數，由公司發行在外的總股數，減去交易受限制的股份（restricted shares）數目得出。又稱為公眾流通量，英文亦作 free float。

Investopedia 的解釋

舉例來說，某家公司發行在外的總股數有 1000 萬股，但自由流通量可能只有 700 萬股。自由流通量太低的公司，股價波動通常比較劇烈。

相關名詞／
- Dilution 稀釋
- Outstanding Shares 發行在外股份
- Volatility 波動性
- Market Capitalization 市值
- Shareholders' Equity 股東權益

Forex (FX) | 外匯市場

什麼是「外匯市場」？

各國貨幣相互交換的市場。外匯市場是世界上規模最大、流動性最高的金融市場，日均交易額估計高達數兆美元。

Investopedia 的解釋

國際外匯市場並沒有統一的交易所,屬於場外交易(OTC)的形式。國際匯市每週5天、每天24小時運作,交易主要集中於國際金融中心,像是倫敦、紐約、東京、法蘭克福、香港、新加坡、巴黎及雪梨等地。匯市是以交易額計全球最大的市場,不管是個人、企業,還是政府,都可以參與買賣。

相關名詞／

- Arbitrage 套利
- Currency Swap 貨幣交換
- Over the Counter (OTC) 場外交易
- Currency Forward 遠期外匯合約
- Euro LIBOR 倫敦銀行同業歐元拆款利率

F

Forward Contract | 遠期合約

什麼是「遠期合約」?

承諾以當前約定的條件,在未來進行交易的合約,會指明買賣的商品或金融工具種類、價格,以及交割結算的日期。

Investopedia 的解釋

遠期合約與期貨不同,交易條件是為買賣雙方量身定做的,而期貨則是在交易所買賣的標準化合約。舉例來說,在秋季收成前,農夫可尋求交易對手簽訂遠期合約,「鎖定」本季穀物收成的售價。

相關名詞／

- Cash and Cash Equivalents (CCE) 現金及約當現金
- Money Market 貨幣市場
- Currency Forward 遠期外匯合約
- Commodity 大宗商品
- Derivative 衍生工具

Forward Price to Earnings (Forward P/E) | 預估本益比

什麼是「預估本益比」？

以每股盈餘預估值計算的本益比，可用未來 12 個月，或是下一會計年度的預估每股盈餘為計算基礎。獲利預估值不如已公布的歷史盈利數據來得可靠，但多少可反映出公司的業績前景，因此，預估本益比還是有可取之處。它還有另一個名稱，叫「未來本益比」，英文亦作 estimated P/E 或 forecast P/E。

$$預估本益比 = \frac{股票市價}{每股盈餘預估值}$$

Investopedia 的解釋

如果預料公司盈利將會成長，預估本益比會低於按照已公布每股盈餘計算的歷史本益比。預估本益比是股票評價的重要指標，可用來比較不同個股的昂貴程度。

相關名詞／
- Earnings 盈餘
- Gearing Ratio 槓桿比率
- Price/Earnings to Growth Ratio (PEG Ratio) PEG值
- Earnings per Share (EPS) 每股盈餘
- Price-Earnings Ratio (P/E Ratio) 本益比

Freddie Mac - Federal Home Loan Mortgage Corp. (FHLMC) | 房地美

什麼是「房地美」？

1970 年經美國國會立法成立的一家政府資助企業，是私人投資者持有的一家上市公司，經營宗旨是促進房貸資金的流通，藉此提

高美國中產階級的房屋自有率。房地美購入符合其融資標準的房貸，由此取得可用來發行房貸擔保證券的資產。該公司也為符合標準的房貸提供擔保，協助金融機構發行「房地美的 MBS」（代表相關房貸獲房地美擔保）。法人投資者及外國政府，是這類 MBS 的主要投資人。房地美的正式名稱，是聯邦住宅抵押貸款公司（FHLMC），因為陷入嚴重財困，2008 年 9 月，與同業房利美同遭美國政府接管。

Investopedia 的解釋

房地美與房利美（媒體常簡稱為「兩房」）的經營方式招致一些批評，因為兩者的 GSE 地位，讓債務融資成本明顯低於非 GSE 公司。兩公司充分利用融資優勢，大量發行市場稱為「機構債」的債券，購入並持有鉅額的房貸資產，也就是兩者的「保留投資組合」。兩房的經營模式，一般認為，是造成 2008 年美國房貸市場崩盤與金融危機的一個重要因素。

相關名詞／
- Fannie Mae - Federal National Mortgage Association (FNMA) 房利美
- Ginnie Mae - Government National Mortgage Association (GNMA) 吉利美
- Mortgage 房地產抵押貸款
- Real Estate Investment Trust (REIT) 不動產投資信託
- Subprime Meltdown 次貸崩盤

Free Cash Flow (FCF) | 自由現金流

什麼是「自由現金流」？

公司營運績效指標之一，等於營業現金流減去資本支出。自由現

金流代表公司在某段時間內，由營業活動產生的現金，支應資本支出（以維持必要的資本資產）後，還剩下多少。自由現金流很重要，因為現金充裕的公司，才能把握機會提升股東價值。現金不足的話，企業很難開發新產品、進行收購、支付股息，或是削減債務。

自由現金流＝淨利＋折舊與攤銷－

（營運資金期末值－期初值）－資本支出

Investopedia 的解釋

部分人士認為，華爾街過度偏重盈利數據，忽略公司賺取真實財富的能力。盈利可動用許多會計伎倆加以美化，但現金流量難以做假。部分投資人因此認為，自由現金流更能反映公司的成長與盈利潛力。不過必須注意的是，自由現金流為負數不一定是壞事，因為這可能只是反映公司正在積極投資；如果新投資未來產生強勁的收益，公司業績將可更上層樓。

相關名詞／
- Cash Flow Statement 現金流量表
- Free Cash Flow to Equity (FCFE) 股權自由現金流
- Free Cash Flow Yield 自由現金流收益率
- Operating Cash Flow (OCF) 營業現金流
- Operating Cash Flow (OCF) Ratio 營業現金流對流動負債比

Free Cash Flow to Equity (FCFE) | 股權自由現金流

什麼是「股權自由現金流」？

股權自由現金流反映公司在某段時間內支付所有費用、支應資本

支出、償債（及增加借款）後，還有多少現金可以支付股東。

股權自由現金流＝ 淨利－淨資本支出－

（營運資金期末值－期初值）＋新舉債額－償債額

Investopedia 的解釋

股權自由現金流是分析師用來為公司評價的一項指標，這種評價法隨著股息折現模型（DDM）的效用因日益遭受質疑而逐漸流行。

相關名詞／
- Cash Flow 現金流
- Discounted Cash Flow (DCF) 現金流折現法
- Dividend Discount Model (DDM) 股息折現模型
- Free Cash Flow (FCF) 自由現金流
- Free Cash Flow Yield 自由現金流收益率

F

Free Cash Flow Yield | 自由現金流收益率

什麼是「自由現金流收益率」？

以自由現金流為計算基礎的股票收益率，公式如下：

$$自由現金流收益率＝\frac{年度每股自由現金流}{股票市價}$$

Investopedia 的解釋

自由現金流收益率跟盈餘收益率相似，不過，後者是以按照通用會計準則計算的年度每股盈餘，除以股票市價得出。一般來說，公司的自由現金流收益率愈低，股票的投資吸引力也愈低，因為投資人都希望能以較低的代價，賺取較高的收益。自由現金流把

公司的資本支出與經常性費用均納入考量，一些投資人便認為，它比每股盈餘更能反映公司的績效，因此，在評估個股投資吸引力時，相對地要更重視自由現金流收益率。

相關名詞／
• Cash Flow Statement 現金流量表
• Earnings per Share (EPS) 每股盈餘
• Free Cash Flow (FCF) 自由現金流
• Free Cash Flow to Equity (FCFE) 股權自由現金流
• Yield 殖利率

Front-End Load｜申購手續費

什麼是「申購手續費」？

投資人認購共同基金時，向基金公司支付的手續費，又稱認購費。基金以外的金融商品，例如某些保單，也可能會收取類似的手續費。

Investopedia 的解釋

申購手續費是彌補基金公司在銷售基金上的行政費用，以及像是投資顧問與銷售代理等基金中介的服務費，因此不屬於基金的營運費用。有人認為申購手續費，可算是投資人因獲得基金中介協助，選擇了合適的基金，而付出的代價。基金投資績效顯示，收申購手續費的基金，表現並沒有比不收這項費用的基金更出色。一般來說，基金若是名列401（k）退休儲蓄計畫的投資選項，投資人可享有免手續費的優惠。

相關名詞／
- Closed-End Fund 封閉式基金
- Mutual Fund 共同基金
- No-Load Fund 免收銷售費的基金
- Load Fund 收取銷售費的基金
- Net Asset Value (NAV) 資產淨值

Fully Diluted Shares | 完全稀釋的股數

什麼是「完全稀釋的股數」？

公司發行在外，有權轉換或認購普通股的證券（例如，可轉換債券或優先股、股票選擇權，以及認股權證）全部行使權利時，公司增發新股後發行在外的總股數。按照會計準則，公司在公布基本每股盈餘時，一般必須公布按照完全稀釋股數計算的每股盈餘，就是稀釋後的每股盈餘，以便讓投資人了解潛在的稀釋效果。

Investopedia 的解釋

投資人應小心注意完全稀釋的股數，因為如果潛在的稀釋效果非常大，現有股東的權益未來亦可能遭明顯稀釋，公司股價也可能會因此下挫。例如，假設 XYZ 公司的股價是 5 美元，發行了 100萬股及 100 萬個選擇權（假設每一個選擇權可以買 1 股）。若所有的投資人都決定行使選擇權，就會有兩百萬股，股價可能會因此稀釋到 2.5 美元。

相關名詞／
- Convertible Bond 可轉換債券
- Convertible Preferred Stock 可轉換優先股
- Diluted Earnings per Share (Diluted EPS) 稀釋後每股盈餘
- Float 自由流通量
- Outstanding Shares 發行在外股份

F

Fundamental Analysis | 基本分析

什麼是「基本分析」?

以基本面因素為基礎,試圖準確估計證券內在價值的分析法。進行基本分析時,分析師會研究可能影響證券價值的所有因素,包括總體經濟因素(經濟與產業的整體狀況),以及個別因素,像是公司的財務狀況與管理層質素等。基本分析的目標是得出一個估值,讓投資人可跟證券的市價相比,藉此了解市價是偏高還是偏低。與基本分析相對的,是技術分析。

Investopedia 的解釋

許多分析師應用基本分析法為股票評價,不過幾乎所有證券都適用這類分析法。例如,投資人可用基本分析為一檔債券評價:分析總體經濟狀況與利率走向,以及信用評等變動的可能。應用在股票上時,基本分析考量的因素包括營收、盈利、成長潛力、股東權益報酬率、利潤率,以及所有其他相關因素。換句話說,分析師必須深入研究公司的財務報表。股神巴菲特是著名的基本分析法奉行者。

相關名詞/
- Balance Sheet 資產負債表
- Income Statement 損益表
- Intrinsic Value 內在價值
- Quantitative Analysis 量化分析
- Technical Analysis 技術分析

Future Value (FV) ｜ 未來值

什麼是「未來值」？

一筆資金按照某種利率或收益率增長，經過一段時間後的價值。
未來值有兩種計算方式：（1）單利的情況：未來值＝期初值 ×
〔1 ＋ (r×n)〕，r 代表利率，n 為年數；（2）複利的情況：未來
值＝期初值 ×(1 ＋ r)^n。

Investopedia 的解釋

舉例來說，1000 元投資 5 年，利率為 10％：（1）單利計算的
話，5 年後的價值為 1500 元；（2）每年複利計算，5 年後的價值
為 1610.51 元。

相關名詞／
- Compounding 複利
- Discount Rate （1）貼現率；（2）折現率
- Inflation 通貨膨脹
- Present Value (PV) 現值
- Time Value of Money 資金的時間價值

F

Futures ｜ 期貨

什麼是「期貨」？

一種金融合約，買方承諾以當前約定的價格，在未來某一時間買
進某項標的資產，例如某項大宗商品或金融商品，賣方則承諾依
約定條件賣出該項資產。為了方便在交易所買賣，期貨是標準化
的合約，每張合約代表多少標的資產，以及資產的品質，都有明
確的標準規定。部分期貨合約是可以要求以實物交割的，部分則

以現金結算。相對於現貨交易,期貨買賣的其中一個特點,是可以運用相當高的槓桿。期貨交易可以用來避險,也可以當作投機。以玉米期貨為例,種植者透過期貨交易鎖定玉米售價,是出於避險的目的,而以押注玉米價格走勢來做多或做空期貨的交易者,則是出於投機的目的。

Investopedia 的解釋

期貨跟選擇權的主要差別,是期貨必須履行合約義務,而選擇權則是授予買方買進或賣出標的資產的權利,條件不利時,可以選擇不履約。現實中,多數期貨交易者並不會持有到合約期滿,到期前只要進行等值的反向交易,就可以結清頭寸,就像股票交易中賣出手上持股,就可以結清部位一樣。

相關名詞/

- Commodity 大宗商品
- Leverage 槓桿
- Short (or Short Position) 空頭
- Hedge 對沖
- Option 選擇權

Futures Contract | 期貨合約

什麼是「期貨合約」?

一種金融合約,買方承諾以當前約定的價格,在未來某一段時間買進某標的資產,例如某項大宗商品或金融商品,賣方承諾依約定條件賣出該資產。為了方便在交易所買賣,期貨是標準化合約,每張合約代表多少標的資產,以及資產的品質,都有明確的標準規定。部分期貨合約可以要求以實物交割,部分則以現金結算。

Investopedia 的解釋

基本上，英文的 futures contract 與 futures，指的都是期貨合約，例如，oil futures 與 oil futures contract，都是指原油期貨合約。比較細微的差別是，futures 一詞可用來指整體期貨市場，而 futures contract 則是很明確地指期貨合約。

相關名詞／
- Commodity 大宗商品
- Forward Contract 遠期合約
- Hedge 對沖
- Derivative 衍生工具
- Futures 期貨

F

copyright JackGuinan

「記住，這個圖顯示的虧損，並不代表你的實際損失。」

G

「我為自己的投資組合購入買權，
市場上漲就能賺錢；萬一市場不漲，
我還準備了花與巧克力送我太太。」

Gamma | 伽瑪

什麼是「伽瑪」？

是選擇權的德爾他值對標的資產價格敏感度的指標，用來衡量標的資產價格每一單位的變動會導致德爾他值多大幅度的變動。

Investopedia 的解釋

就數學而言，伽瑪是德爾他的一階導數。當選擇權處於價平附近時，伽瑪值相當大；當選擇權處於深價內或深價外狀態時，伽瑪值相當小。

相關名詞／
- Alpha 阿爾法
- Delta 德爾他
- Stock Option 股票選擇權
- Beta 貝他係數
- In the Money 價內

G

Gearing Ratio | 槓桿比率

什麼是「槓桿比率」？

反映公司財務槓桿的比率，比較負債與股東權益的規模，反映公司仰賴債務融資的程度。

Investopedia 的解釋

槓桿比率較高的公司，財務風險通常也較高。跟大多數比率一樣，槓桿比率是否過高，最好是跟條件差不多的同業相比後再下結論。槓桿比率的常見例子，包括負債權益比（總負債／股東權益）、利息保障倍數（息稅前利潤／總利息支出）、權益資產

比（股東權益／總資產），以及負債比率（總負債／總資產）。高槓桿企業遇上景氣衰退時，會顯得格外脆弱，因為不管營收多糟，公司仍然必須照常向債權人還本付息。堅實的股東權益可支持公司度過難關，可說是企業財力的體現。

相關名詞／
- Business Cycle 景氣循環
- Debt/Equity Ratio 負債權益比
- Leverage 槓桿
- Debt Ratio 負債比率
- Equity 股權／權益／股票

Generally Accepted Accounting Principles (GAAP) |

通用會計準則

什麼是「通用會計準則」？

企業編制財務報表時必須遵循的會計原則、標準與程序。GAAP 包括會計政策委員會制定的會計準則，以及記錄與報告會計資料的常規與慣例。

Investopedia 的解釋

GAAP 將企業編制財務報表的方式標準化，方便投資人分析、比較各公司的經營績效。GAAP 規管的內容很廣，包括營收的認定、資產負債表項目的分類，以及發行股數的計算方法。企業的財務報表必須遵循 GAAP 編制，投資人如果碰上不是按照 GAAP 製作的報表，務必要小心！但話說回來，GAAP 也不過是一套指南，有心扭曲財務資訊的會計師，仍能找到不少漏洞可鑽。因此，即使報表是按照GAAP編制的，投資人對相關數據，仍應保持合理的懷疑。

相關名詞／
- Accrual Accounting 權責發生制
- Cash Flow Statement 現金流量表
- First In, First Out (FIFO) 先進先出法
- Balance Sheet 資產負債表
- Income Statement 損益表

Ginnie Mae - Government National Mortgage Association (GNMA)｜吉利美

什麼是「吉利美」？

正式名稱是政府國民抵押貸款協會（GNMA），是美國住宅與都市發展部（HUD）旗下的公營企業。吉利美有兩大經營目標：（1）維持政府擔保房貸的流動性，提供房貸擔保的政府單位，包括聯邦住宅管理局（FHA）、退伍軍人管理局（VA），以及農村住宅管理局（RHA）；（2）吸引投資人的資金入市，讓金融機構有能力發放更多房貸。吉利美擔保的房貸擔保證券（房貸擔保證券），多數以 FHA 擔保的房貸為證券化標的，這些房貸的借款人，多數為首次購屋者與低收入家庭。

Investopedia 的解釋

吉利美並不購入房貸，也不發行、銷售或購入 MBS。該公司的業務，是為符合資格的發行者（例如，房貸銀行、存貸機構，以及商業銀行），以合格房貸發行的 MBS 提供擔保，保證這些 MBS 的投資人，可按時收回利息與本金。合格房貸是指由 FHA 與 RHA 等單位擔保的房貸。投資人購入吉利美擔保的 MBS，並不在乎標的房貸是哪一家機構發放的，只知道那項 MBS 是吉利美擔保的，就像政府公債那樣，獲得美國政府的完整信用保證。

吉利美並非一家上市公司，這一點跟房利美、房地美，以及沙利美（Sallie Mae，美國最大的學生貸款公司）不同。

相關名詞／
- Fannie Mae - Federal National Mortgage Association (FNMA) 房利美
- Freddie Mac - Federal Home Loan Mortgage Corp. (FHLMC) 房地美
- Mortgage 房地產抵押貸款
- Mortgage-Backed Security (MBS) 房貸擔保證券
- Securitization 證券化

Glass-Steagall Act | 葛拉斯—史提格爾法

什麼是「葛拉斯—史提格爾法」？

美國國會 1933 年通過的法案，設立聯邦存款保險公司（FDIC），禁止商業銀行從事投資銀行業務，銀行控股公司不得持有綜合券商。

Investopedia 的解釋

這項法案在大蕭條時期制定，主要目的是保護銀行存戶，讓他們免受證券交易的額外風險影響。1999 年，美國國會通過新法案，廢除了禁止商業銀行從事投資銀行業務的規定，此後，商業銀行與券商的區別已日益模糊。如今，無論是好是壞，許多美國銀行業者旗下有證券公司，並為客戶提供投資服務。

相關名詞／
- Bear Market 空頭市場
- Common Stock 普通股
- Underwriting（1）承銷；（2）核保
- Bear Market 空頭市場
- Investment Bank 投資銀行

Global Depositary Receipt (GDR) | 全球存託憑證

什麼是「全球存託憑證」？

（1）銀行業者發行的可轉讓憑證，每一張 GDR 代表特定數量的海外上市股票，透過銀行分行對全球投資人銷售。標的股票由國際銀行業者的海外分支持有。

（2）私人市場的一種籌資工具，以美元或其他外幣計價。

Investopedia 的解釋

（1）GDR 跟美國存託憑證非常相似。

（2）若是籌集歐元資金，就稱為 EDR。

相關名詞／
- American Depositary Receipt (ADR) 美國存託憑證
- American Stock Exchange (AMEX) 美國證交所
- Common Stock 普通股
- Exchange-Traded Fund (ETF) 指數股票型基金
- Mutual Fund 共同基金

G

Goodwill | 商譽

什麼是「商譽」？

資產負債表上資產方的一個項目。商譽通常因企業併購而出現：收購代價超過被收購公司帳面資產淨值的部分，就是商譽，通常視為代表被收購公司的無形資產。

Investopedia 的解釋

商譽並不是廠房或設備等實物資產，因此被視為是一項無形資

產，反映受歡迎的品牌、良好的客戶關係、忠心能幹的員工、專利，或是專有技術等無形資產的價值。

相關名詞／
- Balance Sheet 資產負債表
- Book Value 帳面值
- Generally Accepted Accounting Principles (GAAP) 通用會計準則
- Intangible Asset 無形資產
- Tangible Asset 有形資產

Gordon Growth Model | 戈登成長模型

什麼是「戈登成長模型」？
一種評估股票內在價值的方法，以穩定增長的未來股息為評價基礎。這類模型假設公司 1 年後的年度每股股息，將開始以某一個年增率穩定永續成長，然後將直到永遠的股息折算為現值，視為股票的內在價值。公式如下：

$$股票現價 = \frac{D}{(k-G)}$$

D＝1年後的年度每股股息；k＝股東要求的報酬率；G＝股息年增率

Investopedia 的解釋
因為這類模型簡單假設股息將以某個固定的成長率持續增加，一般只應用在中低成長率的成熟公司（或大盤指數）上。

相關名詞／
- Discount Rate（1）貼現率；（2）折現率
- Dividend Discount Model (DDM) 股息折現模型
- Intrinsic Value 內在價值
- Present Value (PV) 現值
- Required Rate of Return 要求報酬率

Government Security | 公債

什麼是「公債」？

地方或中央政府發行的債券，受國家的信用與課稅權力支持，違約風險因此非常低。

Investopedia 的解釋

美國公債主要有短期的國庫券、中期公債，以及長期公債。

相關名詞／
- Bond 債券
- Treasury Bill (T-Bill) 美國國庫券
- U.S. Treasury 美國財政部
- Risk-Free Rate of Return 無風險報酬率
- Treasury Bond (T-Bond) 美國長期公債

G

Gross Domestic Product (GDP) | 國內生產毛額

什麼是「國內生產毛額」？

一國境內出產的所有商品與服務總價值，通常以季度或年度為統計基礎，包括所有的民間消費、政府支出、企業投資，以及出口淨值。公式如下：

$$GDP = C + G + I + NX$$

C＝民間消費；G＝政府支出；I＝企業資本支出；NX＝總出口－總進口

Investopedia 的解釋

GDP 是廣受矚目的經濟指標，常用在評估一國的經濟狀態及生活水準。各界對 GDP 有不少批評，例如，有人指 GDP 未能反映很難經正常管道調查得知的地下經濟活動。也有人指出，GDP 並

非旨在反映物質福祉水平,而是一國生產力的指標。

相關名詞／
- Bear Market 空頭市場
- Bull Market 多頭市場
- Consumer Price Index (CPI) 消費者物價指數
- Inflation 通貨膨脹
- Nominal GDP 名目國內生產毛額

Gross Income | (1)總收入;(2)毛利

什麼是 Gross Income?

(1)就個人而言,是指未扣除所得稅與某些項目(如勞工保險費)前的收入毛額。

(2)就公司而言,是指營業收入減去銷貨成本。英文也稱為 gross margin 或 gross profit。

Investopedia 的解釋

(1)若有人問你每月總收入多少,指的就是這一稅前收入毛額。

(2)毛利是分析公司績效的重要指標,反映經營者在生產過程中使用勞工與原物料的效率。分析這個數據時應注意,不同產業的毛利水準可以差很多。

相關名詞／
- Cost of Goods Sold (COGS) 銷貨成本
- Income Statement 損益表
- Net Income (1)淨利;(2)所得淨額
- Operating Income 營業利潤
- Revenue 營業收入

Gross Margin | 毛利

什麼是「毛利」？

企業的利潤指標,等於營業收入減去銷貨成本後,再除以營業收入,以百分比表達。毛利代表公司的營收,在支應產品的直接生產成本後,剩下的百分比。毛利愈高,公司可用來支應間接成本、營業費用,以及債務利息的收入愈多。

$$毛利（\%）= \frac{（營業收入 - 銷貨成本）}{營業收入}$$

Investopedia 的解釋

如果某公司最近一季的毛利是 35%,就是說該公司當季每 1 元的收入,產生了 0.35 元的毛利。公司必須仰賴毛利,來支付銷售與行政費用、利息支出,甚至是股息。不同產業的毛利可以差很多,例如,軟體公司的毛利,通常比一般製造業公司來得高。

相關名詞／
- Gross Profit Margin 毛利率
- Operating Leverage 營業槓桿
- Return on Sales 銷售報酬率
- Net Income （1）淨利；（2）所得淨額
- Profit Margin 淨利率

G

Gross Profit Margin | 毛利率

什麼是「毛利率」？

公司財務體質的指標,代表營收扣減銷貨成本後所剩的百分比。毛利率是公司用來支付銷貨成本外的一切費用,以及累積盈餘的基礎。英文也稱為 Gross Margin。

$$毛利率 = \frac{（營業收入 - 銷貨成本）}{營業收入}$$

Investopedia 的解釋

舉例來說，某家公司上季度營收 2000 萬元，產品的直接生產成本是 1000 萬元，當季毛利率就是 50％，意味著每 1 元的營收，產生 0.5 元的毛利。業務性質相近的公司，適合以毛利率比較績效，經營效率較佳者，毛利率通常比較高。

相關名詞／

- Contribution Margin 邊際貢獻
- Gross Margin 毛利
- Revenue 營業收入
- Cost of Goods Sold (COGS) 銷貨成本
- Operating Income 營業利潤

Growth Stock | 成長股

什麼是「成長股」？

預估盈利成長速度將高於大盤平均水準的個股，也稱為「魅力股」（glamor stock）。

Investopedia 的解釋

成長股通常不派股息，因為處於成長階段的公司，多半會保留盈利，以支應公司的資本支出。許多科技股被視為成長股，這些業者大量投資在產品研發上，希望藉此維持高成長。成長股有時會因市場過度追捧，導致股價明顯偏高。

相關名詞／

- Equity 股權／權益／股票
- Price-Earnings Ratio (P/E Ratio) 本益比
- Value Stock 價值股
- Large Cap (Big Cap) 大型股
- Small Cap 小型股

copyright JackGuinan

「我知道你的投資報酬率很糟糕，
但我們的章程已經明確指出：本公司不接受客戶抱怨。」

H

copyright JackGuinan

「這是我先生，
在現金為王的世界裡，他是一名奴隸。」

Haircut｜（1）買賣價差；（2）折扣

什麼是 Haircut ？

（1）指造市商買賣一檔證券差價。

（2）評估法定資本、保證金，或是貸款擔保品是否充足時，將資產的市值打折計算，這樣的折扣，就是所謂的 haircut。

Investopedia 的解釋

（1）會稱為「剪髮」（haircut），據稱是因為造市商能賺取的買賣價差相當薄。

（2）當債務人以證券為貸款擔保品時，放款者一般會依市值打折計算，為該證券的價格可能下滑，預留緩衝空間。

相關名詞／
- Initial Public Offering (IPO) 首次公開發行
- Margin 保證金／利潤
- Market Value 市值
- Investment Bank 投資銀行
- Market Maker 造市商

H

Head and Shoulders Pattern｜頭肩頂形態

什麼是「頭肩頂形態」？

技術分析術語，指股價經歷以下走勢後形成的形態：（1）上漲，觸及某個高點後回落；（2）再度上漲，觸及較前高點更高的水準後回落；（3）再度上漲，但未能升逾第二個高點即拉回。第一及第三個高點，成了頭肩頂形態的肩部，中間的高點成了頭部。

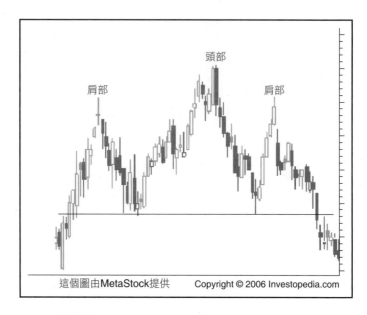

頭部

肩部

肩部

這個圖由MetaStock提供　Copyright © 2006 Investopedia.com

Investopedia 的解釋

技術分析師視頭肩頂形態為最可靠的趨勢反轉形態之一。

相關名詞／

- Bear Market 空頭市場
- Quantitative Analysis 量化分析
- Trend Analysis 趨勢分析
- Bull Market 多頭市場
- Technical Analysis 技術分析

Hedge | 對沖

什麼是「對沖」？

一種為了降低或抵銷價格波動風險的操作，又稱為避險，通常是在相關證券（例如，期貨或選擇權）上建立與現有倉位相反的倉位，藉此降低或消除市場價格波動導致的風險。

Investopedia 的解釋

舉例來說，某投資人持有一檔大型股，該股有期貨合約的交易。
為了避免未來一段時間股價如果下滑時蒙受損失，該投資人可賣
出該個股的期約，鎖定未來某個時間賣出股票的價格。如此一
來，投資人就能規避該股未來一段時間的跌價風險。

相關名詞／
- Delta 德爾他
- Derivative 衍生工具
- Naked Shorting 無券放空
- Delta Hedging 德爾他避險
- Hedge Fund 對沖基金

Hedge Fund | 對沖基金

什麼是「對沖基金」？

一種私人投資基金，操作方式非常有彈性，而且非常進取，使用
許多高階交易策略，例如，槓桿、多空並用、衍生工具，以及跨
國市場操作，目標是追求某一水準的絕對報酬。對沖基金大多數
以私人投資合夥的法律形式成立，對有限的投資人開放，要求非
常高的初始投資額。對沖基金投資的流動性相對較低，許多基金
要求投資人至少必須投資滿1年，才能要求贖回。

Investopedia 的解釋

跟共同基金不同的是，對沖基金基本上不受政府當局規管，因為
它們的目標客戶，是成熟且財力非常雄厚的投資人。美國的法規
要求，對沖基金的大多數投資人必須符合一定的資格：例如，年
收入必須達到某個門檻，而可供投資的淨資產值，至少要有100

H

萬美元。對沖基金可視為富豪的共同基金，它與共同基金相同的地方在於，兩者都是匯集投資人的資金，交由專業操盤人管理。不過，對沖基金的投資策略彈性遠高於共同基金。必須注意的是，對沖的本意是指避險操作，但大多數對沖基金的目標卻是冒大險、賺大錢。會叫做「對沖基金」，主要是歷史原因：第一檔這類基金，在空頭市場中試圖以作空規避跌價風險（共同基金一般不能以作空為主要交易策略）。現在的對沖基金，已經不是以「避險」為操作宗旨，其實，許多對沖基金經理會從事投機交易，使得這些基金的風險往往比大盤還高。

相關名詞／
- Absolute Return 絕對報酬
- Hedge 對沖
- Leverage 槓桿
- Risk 風險
- Short Sale 賣空

High-Yield Bond | 高收益債

什麼是「高收益債」？

也稱垃圾債，指信用評等低於投資級（investment grade）的債券，違約風險相對較高，以較高的收益率補償投資人。按照標準普爾與穆迪兩大信評公司的定義，投資級評等最低的一個級距（notch）分別是 BBB- 與 Baa3，因此從 BB+ 與 Ba1 起，就算是高收益債的信用評等。債券如果已經違約，評等為 D，而單 B 級評等已屬「非常投機」的級別，違約風險相當高。

Investopedia 的解釋

雖然有「垃圾債」的稱謂，世界各地投資人廣泛持有高收益債，

不過，大多數是透過共同基金，或是在交易所買賣的指數型基金投資這種債券。投資級債券與高收益債的利差波動不定，受總體經濟狀況、產業，以至個別發行人的相關因素影響。一般來說，高收益債收益率至少比投資級債券高 150 到 300 個基點。共同基金是投資高收益債的好方式，可以避免承擔過高的單一發行人違約風險。

相關名詞／
- Basis Point (BPS) 基點
- Interest Rate 利率
- Junk Bond 垃圾債券
- Coupon 票息
- Investment Grade 投資級評等

Historical Cost | 歷史成本

什麼是「歷史成本」？
會計上記錄資產價值的一種方式，資產按原始取得成本，記錄在資產負債表上。按照通用會計準則，美國企業以這種方式記錄某些資產。

Investopedia 的解釋
按照美國通用會計準則，以歷史成本記錄在帳上的資產，如果資產價值永久受損，公司必須適度減記，並認列減值損失；但這些資產的價值如果上升，則仍以歷史成本記錄在帳上。例如，某家公司 1925 年以 10 萬美元購置公司總部的土地與大樓，如今市值估計為 2000 萬美元，但該項資產在公司資產負債表上，仍以 10 萬美元的歷史成本記錄著。並不是所有資產都適用歷史成本會計

H

法，例如，公司出於交易目的持有的證券，就必須每季按照市值
重新計價。

相關名詞／
- Accrual Accounting 權責發生制
- Balance Sheet 資產負債表
- Dollar-Cost Averaging (DCA) 定期定額法
- First In, First Out (FIFO) 先進先出法
- Generally Accepted Accounting Principles (GAAP) 通用會計準則

Hostile Takeover | 敵意收購

什麼是「敵意收購」？

遭目標公司強烈抵制的收購嘗試。

Investopedia 的解釋

敵意收購容易落得兩敗俱傷，因為目標公司的員工除了士氣受挫
外，可能還會對收購方產生強烈敵意。

相關名詞／
- Leveraged Buyout (LBO) 槓桿收購
- Mergers and Acquisitions (M&A) 企業併購
- Takeover 收購
- Merger 合併
- Poison Pill 毒丸策略

Hyperinflation | 惡性通貨膨脹

什麼是「惡性通貨膨脹」？

極度快速，或是已經失控的通貨膨脹。惡性通膨並無公認的明確

數值定義，一般是指物價漲勢失控的狀態，單講「通貨膨脹」已不足以形容情況惡劣的程度。

Investopedia 的解釋

如果發生在經濟蕭條時期，惡性通膨通常是因為貨幣供給大幅增加，國內生產毛額的成長不足以支持這種增幅，貨幣供需因而失衡。政府如果無法有效因應，則物價將急漲，貨幣購買力就會急跌。若是發生於戰爭時期，惡性通膨通常是因為人們對貨幣失去信心，無法相信自己的購買力能經歷戰爭而維持不墜。在這種情況下，商品的賣方會提高賣價，以彌補自己承擔的貨幣貶值風險。歷史上最著名的其中一場惡性通膨，發生於 1922 年 1 月到 1923 年 11 月間的德國，根據某些估計，期間物價平均上漲 200 億倍，也就是說平均每 28 小時倍增一次。

相關名詞／
- Behavioral Finance 行為財務學
- Consumer Price Index (CPI) 消費者物價指數
- Deflation 通貨緊縮
- Inflation 通貨膨脹
- Stagflation 滯脹

H

I

copyright JackGuinan

「我投資的那家克隆公司，股票不斷不斷地分割。」

Illiquid | 流動性不足

什麼是「流動性不足」?

指資產不容易在市場上脫手套現。因為很難找到願意接手的投資人或投機客,流動性不足的資產往往要割價求售,才能順利賣出。在證券市場的常規交易中,如果某檔證券的流動性不足,買賣雙方的報價就會出現明顯的差距,交易難以撮合。

Investopedia 的解釋

房地產、汽車、骨董、非上市公司的股票,以及某些債務工具的流動性相對不足,往往需要較長的時間,或是提供較大的折扣才能賣出。在主要交易所掛牌買賣的大多數證券,像是股票、基金、債券與大宗商品,流動性通常很高,幾乎隨時可按公平市價買賣。流動性較低的證券風險較高,容易出現只有賣家、沒有買家的情況,尤其在市場動盪時,更是如此。

相關名詞／
- Intrinsic Value 內在價值
- Law of Supply 供給法則
- Marketable Securities 有價證券
- Law of Demand 需求法則
- Liquidity 流動性

I

Implied Volatility (IV) | 隱含波動性

什麼是「隱含波動性」?

選擇權價格隱含的波動性,就是按照已知的選擇權價格,反推出市場對標的資產價格波動性的預估值。英文通常簡稱為 vols。

Investopedia 的解釋

選擇權評價模型，像是布萊克-斯科爾斯模型，會以標的資產的價格波動性、資金的時間價值、選擇權的履約價，以及距離選擇權到期的時間，計算出選擇權的理論價值。根據市場上已知的選擇權價格，倒推出標的資產的價格波動性，就是所謂的隱含波動性。

相關名詞／
* Beta 貝他係數
* Black Scholes Model 布萊克—斯科爾斯模型
* Option 選擇權
* Stock Option 股票選擇權
* Volatility 波動性

In the Money ｜ 價內

什麼是「價內」？

選擇權有履約價值的狀態。對買權來說，是指履約價低於標的資產市價的狀態；對賣權而言，則是指履約價高於標的資產市價的狀態。處於價內的選擇權，稱為具內在價值。

Investopedia 的解釋

就買權而言，履約價低於標的資產的市價，意味著能以低於市價的價格買進標的資產，因此有履約的價值。對賣權來說，能以高於市價的價格賣出標的資產時，就有行使權利的價值。

相關名詞／
- Call Option 買權
- Premium （1）選擇權權利金；（2）溢價；（3）保費
- Put Option 賣權
- common stock 普通股
- Strike Price 履約價

Income Statement | 損益表

什麼是「損益表」？

記錄公司在特定會計期間收支概要的財務報表，通常以季度或年度報告的形式呈現，反映公司在營業與非營業活動中產生的收入與支出。損益表上的淨利與每股盈餘往往最受矚目。英文也稱為 profit and loss statement、P&L accounts，或是 statement of revenue and expense。

Investopedia 的解釋

損益表、資產負債表、現金流量表，合稱企業三大財務報表。損益表分成兩大部分：營業項目與非營業項目。營業項目反映公司主營業務的收支狀況，通常較受投資人與分析師關注。例如，一家運動用品廠商的損益表中，營業項目部分會記錄公司製造與銷售運動用品的收入與支出，而非營業項目則記錄不是主營業務產生的收支，例如，公司出售某廠房與一些生產設備的所得。

I

相關名詞／
- Accrual Accounting 權責發生制
- Generally Accepted Accounting Principles (GAAP) 通用會計準則
- Net Income （1）淨利；（2）所得淨額
- Profit Margin 淨利率
- Revenue 營業收入

Index | 指數

什麼是「指數」？

指數是以統計技術反映經濟或金融市場狀態的指標，例如消費者物價指數（CPI），是反映物價的一項經濟指標，而股價指數則是反映股票市場市值變動的指標。金融市場指數代表某一種證券組合，反映某一個市場或某部分市場的表現。各種指數各有計算方法，通常以某基準值（base value）為基礎，因此，指數在一段時間內的變動幅度，往往比實際數值來得重要。某些指數基金或指數股票型基金（ETF），會選定某些股市與債市指數為標的，照標的指數的成份，建構一個完全一樣的證券組合。

Investopedia 的解釋

標準普爾五百指數是全球最著名的股價指數之一，最常用於代表美股的整體表現。其他重要的指數，還包括 DJ Wilshire 5000（反映美股整體表現）、摩根士丹利資本國際（MSCI）EAFE 指數（代表歐洲、澳紐、遠東地區的股市表現），以及雷曼綜合債券指數（代表美國投資級債券的整體表現，該指數現已改稱「巴克萊資本綜合債券指數」）。嚴格來說，投資人不能直接購買某一指數，但可以買進追蹤相關指數表現的指數型共同基金或 ETF，以取得緊貼指數表現的投資報酬率。

相關名詞／
- Benchmark 基準
- Dow Jones Industrial Average (DJIA) 道瓊工業指數
- Index Fund 指數基金
- Index Futures 指數期貨
- Standard & Poor's 500 Index (S&P 500) 標準普爾五百指數

Index Fund | 指數基金

什麼是「指數基金」？

以緊貼標的指數（例如，標準普爾五百指數）表現為目標的一種共同基金，資產組合完全模仿標的指數的成份建構。指數基金的支持者認為，這類基金讓投資人享有分散投資的便利，而且資產組合不必時常調整，操作費用比率明顯低於一般共同基金。

Investopedia 的解釋

指數基金是典型的被動式管理基金，支持者認為這種基金的績效，優於大多數追求「打敗大盤」的積極型基金。指數基金最熱門的追蹤標的是標準普爾五百指數，但熱門的標的指數，還包括 Russell 2000（美國小型股指數）、DJ Wilshire 5000（反映美股整體表現）、摩根士丹利資本國際（MSCI）EAFE 指數（代表歐洲、澳紐與遠東地區的股市表現），以及巴克萊資本綜合債券指數（代表美國投資級債券的整體表現，之前稱為「雷曼綜合債券指數」）。指數基金的主要優點，是管理費用明顯較低，許多積極型基金的表現不如大盤，就是因為費用比率太高。

相關名詞／
- Benchmark 基準
- Expense Ratio 操作費用比率
- MSCI Emerging Markets Index 摩根士丹利資本國際新興市場指數
- Mutual Fund 共同基金
- Standard & Poor's 500 Index (S&P 500) 標準普爾五百指數

I

Index Futures | 指數期貨

什麼是「指數期貨」?

以股價指數或其他金融市場指數為標的的期貨合約,以股價指數期貨為主。各個指數期貨用來計算合約價值的倍數或有不同。

Investopedia 的解釋

就美國而言,標準普爾五百指數是其中一項交易最活躍的股指期合約。股票投資組合的經理人,若想規避某段時間股市下滑的風險,通常會使用標準普爾五百指數期貨進行避險。只要賣出一定數量的股指期,大盤如果真的下滑,期貨交易上的獲利,可彌補現貨持股上的虧損。不過如果大盤上漲,現貨持股的獲利將為期貨上的虧損抵銷,這是避險操作的代價。當然,股指期合約也可以用來投機,基金經理人可藉著期指期增加對某指數的曝險,變相提高投資組合的槓桿。

相關名詞/
- Bear Market 空頭市場
- Business Cycle 景氣循環
- Recession 經濟衰退
- Bull Market 多頭市場
- Inflation 通貨膨脹

Individual Retirement Account (IRA) | 個人退休帳戶

什麼是「個人退休帳戶」?

IRA 是美國民眾的個人退休儲蓄帳戶,有傳統型、羅斯型、SIMPLE,以及 SEP 這幾種類型。傳統型與羅斯型 IRA 是個人自

行設立的，只要不超過特定金額上限，自雇人士、獨資，或是合夥經營生意的人，甚至可以把全部所得投入這種帳戶中。視個人所得、報稅狀況，以及受雇主經營的退休金計畫保障的程度而定，民眾投入傳統型 IRA 的所得或許可延後納稅。投入羅斯型 IRA 的所得則不得延後納稅。SIMPLE 與 SEP 型 IRA，則是雇主設立的退休金計畫，雇員會投入個人的部分所得。

Investopedia 的解釋

從羅斯型 IRA 支取的款項是不必繳納所得稅的，除此之外，所有其他類型的 IRA 給付都是應稅所得。不過因為退休後個人所得通常不多，退休給付的適用稅率通常很低。視個人所得水準而定，IRA 可以是非常有效的節稅工具：年輕時將部分所得提撥 IRA，可享延後納稅的優惠，退休後所得減少，退休給付適用的稅率相當低，甚至可能免稅。

相關名詞／
- 401(k) Plan 401（k）退休儲蓄計畫
- Roth IRA 羅斯個人退休帳戶
- Traditional IRA 傳統個人退休帳戶
- Mutual Fund 共同基金
- Tax Deferred 延後課稅

I

Inelastic ｜ 缺乏彈性

什麼是「缺乏彈性」？

經濟學上形容某商品的供給（或需求）缺乏彈性，是指該商品的價格變動對供給量（或需求量）影響輕微，甚至毫無影響。

Investopedia 的解釋

如果價格變動對某商品的供給量（或需求量）完全沒有影響，該商品的供給（或需求）稱為完全沒有彈性（perfectly inelastic）。一些可救命的藥品，有需要的人大多願意不惜代價購買，這種藥品的需求彈性通常非常低，因為即使價格大幅上揚，需求量很可能大致維持不變。

相關名詞／
- Bear Market 空頭市場
- Demand 需求
- Inventory 庫存
- Bull Market 多頭市場
- Inflation 通貨膨脹

Inflation｜通貨膨脹

什麼是「通貨膨脹」？

商品與服務價格持續普遍上升的現象，貨幣的購買力因而持續萎縮。最常用來反映通膨率的指標，是消費者物價指數（CPI）的年增率。

Investopedia 的解釋

通貨膨脹會侵蝕貨幣的購買力。例如，如果通膨率是 2%，原本賣 100 元的一籃子消費品，1 年後會賣 102 元。大多數國家的央行以維持物價穩定為職責，通常希望通膨率不要超過 2%～3%。

相關名詞／
- Consumer Price Index (CPI) 消費者物價指數
- Deflation 通貨緊縮
- Hyperinflation 惡性通貨膨脹
- Stagflation 滯脹
- Treasury Inflation Protected Securities (TIPS) 抗通膨美國公債

Initial Public Offering (IPO) | 首次公開發行

什麼是「首次公開發行」？

指一家公司首次向公眾發行股票籌措資金，讓公司成為股票在交易所掛牌買賣的上市公司。首次公開發行的公司，通常是希望籌資擴充業務、規模較小的新興企業，但也可能是業務已相當成熟的大型私人公司。公司進行 IPO 時，通常會聘請投資銀行為財務顧問與承銷商，就籌資規模、股票定價，以及上市時機提供建議，並承銷新股，也稱為公開發行（public offering）。

Investopedia 的解釋

認購 IPO 股票可能得冒不小的風險，因為公司可供分析的業績紀錄不多，新股上市後的表現不容易預測。而且，許多進行 IPO 的公司正經歷某種過渡期，前景格外難以預測。

相關名詞／
- Equity 股權／權益／股票
- Private Equity 私募股權
- Underwriting（1）承銷；（2）核保
- Investment Bank 投資銀行
- Stock 股票

I

Intangible Asset | 無形資產

什麼是「無形資產」？

指公司的非實物資產，例如，智慧財產權（專利、商標、版權、專有技術等）、商譽，以及品牌價值。無形資產可分為無期限與有期限兩種，例如，公司的品牌就屬於無期限的類型，只要公

司持續經營，品牌大多會一直存在。但如果公司以合約的方式，取得另一家公司某項專利某些年的使用權，就是有期限的無形資產。

Investopedia 的解釋

無形資產的價值，並不像廠房與設備等有形資產那麼顯而易見，但對企業的長期績效來說，可以有極大的貢獻。例如，品牌對可口可樂這類公司就非常重要，消費者對品牌的認同，雖然並不是觸摸得到的有形資產，卻是公司維持強勁業績的關鍵憑藉。

相關名詞／
- Asset 資產
- Balance Sheet 資產負債表
- Generally Accepted Accounting Principles (GAAP) 通用會計準則
- Goodwill 商譽
- Tangible Asset 有形資產

Interbank Rate | 銀行同業拆款利率

什麼是「銀行同業拆款利率」？

銀行同業間短期拆借的利率。同業市場是銀行業者很重要的短期融通管道，流動性或法定準備金不足的銀行，可透過這個市場向流動性過剩的同業借入資金。拆款利率取決於市場資金供給是否充裕、央行的政策利率目標，以及借款期限等因素。

Investopedia 的解釋

為了確保銀行手頭有足夠的資金可以滿足客戶的提款需求，央行對銀行業者有一定的存款準備要求。銀行如果流動資金短絀，以

致達不到準備要求,可在同業市場向準備金過剩的業者借入短期資金應急,支付的利率就是同業拆款利率。這類利率最受矚目的應屬倫敦銀行同業拆款利率(LIBOR),以及美國的聯邦資金利率。

相關名詞╱
- Euro LIBOR 倫敦銀行同業歐元拆款利率
- Federal Funds Rate 聯邦資金利率
- Interest Rate 利率
- London Interbank Offered Rate (LIBOR) 倫敦銀行同業拆款利率
- Singapore Interbank Offered Rate (SIBOR) 新加坡銀行同業拆款利率

Interest Coverage Ratio ｜ 利息保障倍數

什麼是「利息保障倍數」?

是一項財務比率,反映公司支付利息費用的能力,數值愈大,代表公司付息的能力愈強。公式如下:

$$利息保障倍數 = \frac{息稅前利潤}{總利息支出}$$

I

Investopedia 的解釋

利息保障倍數愈低,公司付息的壓力愈重。若比率低於 1.5,公司付息的能力可能已有疑問;比率低於 1,代表公司的息稅前利潤已不夠付息,投資人更應提高警惕。

相關名詞╱
- Cash and Cash Equivalents 現金及約當現金
- Fixed-Income Security 固定收益證券
- Junk Bond 垃圾債券
- Debt 債務
- Interest Rate 利率

Interest Rate｜利率

什麼是「利率」？

一般來說，利率是指借用資金所付的代價，為了方便比較與計算，通常以年利率（1 年利息相當於本金的百分比）表達。當我們在銀行開戶存款時，實際上，是將錢借給銀行使用，因此，我們可獲得銀行按存款利率計算支付的利息。廣義來說，利率可視為一種租賃費率，租用的資產除了現金外，也可以是消費品、汽車或房地產。

Investopedia 的解釋

利率代表借用資金須付的價格，利息是補償放款者讓出資金使用權期間的損失（例如，犧牲作某種投資可得的收益）。利息的計算，可以有許多不同方式，以下舉個例子，來說明單利與複利的不同。借用 1000 元，年利率 6％，借用期為 8 個月。如果按單利計息，則利息為 $1000 \times (0.06 \times 8/12) = 40$ 元；如果按照每月複利計息，利息是 $1000 \times [(1+0.06/12)8-1] = 40.71$ 元。複利計息意味著，前期的利息也成了計息基礎，因此，利息會高於單利下的情況。在上例中，1000 元的本金，6％的年利率，8 個月的複利效果，是增加 0.71 元的利息。短期內，複利的效果或許顯得微不足道，但長期累積下去，複利與單利的差別極大。

相關名詞／
- Bond 債券
- Interest Rate Swap 利率交換
- Premium（1）選擇權權利金；（2）溢價；（3）保費
- Coupon 票息
- Money Market Account 貨幣市場帳戶

Interest Rate Swap | 利率交換

什麼是「利率交換」？

一種金融合約，交易雙方按照約定的本金，在約定時間內，交換按不同方式計算的利息。最基本的利率交換，是以固定利率交換浮動利率，最常用的浮動利率標的，是倫敦銀行同業拆款利率。公司進行利率交換，通常是為了管理利率曝險、鎖定，或是降低利息成本。利率交換也可以當作投機的工具，針對預期中的利率波動進行押注。

Investopedia 的解釋

利率交換是一種場外交易，合約條款彈性很大：交易對手可以不只兩位，交換的計息方式也可以有多種設定。許多公司進行利率交換，是因為可以與交易對手各取所需（按照自己希望的方式收取或支付利息），有時還可以藉此降低利息成本。以下舉個例子，來說明基本的利率交換方式。A 公司有一筆債務，按美元三個月期 LIBOR+2.5％的浮動利率付息，該公司預期 LIBOR 將上漲，希望鎖定利息成本。B 公司目前有一筆債務，按 9.5％的固定利率付息，希望轉換成以美元三個月期 LIBOR 為基準的浮動利息。兩公司簽訂一份利率交換合約，A 按約定的名義本金，以 10.0％的固定利率向 B 付息，B 則按照 LIBOR+2.0％的浮動利率向 A 付息。如此一來，A 兩筆 LIBOR 浮息一收一付，淨付出 0.5％，加上支付 B 的 10％固定利率，債務成本從浮息轉為 10.5％的固定利率。而 B 兩筆固定利率的利息一收一付，淨賺 0.5％的利差，加上支付 A 的 LIBOR+2.0％，債務成本從固定利率轉為 LIBOR+1.5％的浮息。

I

相關名詞／
- Bond 債券
- Interest Rate 利率
- Swap 交換交易
- Debt 債務
- Notional Value 名義值

Internal Rate of Return (IRR) | 內部報酬率

什麼是「內部報酬率」？

一項投資的全部現金流量，按照內部報酬率折算為現值，淨值
（流出與流入相抵）為零。在資本預算中，IRR 可視為一項投資
的預估報酬率，可用來比較各項投資的盈利潛力。如果其他因素
相差不多，IRR 最高者理論上應是盈利最豐厚的投資項目。IRR
有時稱為「經濟報酬率」（economic rate of return）。

Investopedia 的解釋

公司也可將投資項目的 IRR，與證券市場的預期報酬率相比。如
果所有可行項目的 IRR，都不如證券投資的預期報酬率，或許應
該考慮放棄這些項目，改將資金投入證券市場。

相關名詞／
- Discount Rate（1）貼現率；（2）折現率
- Discounted Cash Flow (DCF) 現金流折現法
- Interest Rate 利率
- Modified Internal Rate of Return (MIRR) 修正內部報酬率
- Present Value Interest Factor (PVIF) 現值利率因子

Intrinsic Value | 內在價值

什麼是「內在價值」?

(1)一家公司或一項資產的內在價值,是指該公司或資產本身固有的價值,理論上是資產所能產生的全部淨收益之現值,跟資產的市值可能有明顯差距。價值投資者以各種分析技術,考量所有的相關因素,估算出證券的內在價值,希望藉此找出價格遭市場明顯低估的證券。

(2)就選擇權而言,內在價值是指合約進入價內狀態產生的價值。買權的內在價值,等於標的資產的市價減去履約價,賣權的內在價值,等於履約價減去標的資產的市價。價外選擇權沒有履約的價值,內在價值是零,此時選擇權的市價反映的是選擇權的時間價值。

Investopedia 的解釋

(1)例如,價值投資者可能會採用基本分析法,對個股「質」(例如,業務模式、管理質素、目標市場因素)與「量」(財務報表分析,包括各種財務比率)的一面加以分析,估算出個股的內在價值,再跟市價相比,希望能發掘出股價明顯偏低的「價值股」。

(2)舉例來說,某個股目前市價為 25 元,履約價為 15 元的買權,內在價格為 10 元。

相關名詞/
- Book Value 帳面值
- Future Value (FV) 未來值
- Market Value 市值
- Fundamental Analysis 基本分析
- In the Money 價內

I

Inventory｜庫存

什麼是「庫存」？

公司貯存的原物料、半成品或成品。庫存是許多企業最重要的資產；庫存的週轉，是公司關鍵的收入及公司股東日後的盈餘來源。

Investopedia 的解釋

長時間持有巨額庫存，對企業來說通常不是好事，因為除了占用資金外，貨物的倉儲、損壞與價值下跌的代價，也可能相當可觀。不過，庫存過低也可能不是好事，企業可能因此無力承接大單，損失重要商機。及時制（just-in-time）庫存管理系統，有助於提高營運效率，降低庫存成本。

相關名詞／
- Accounts Payable (AP) 應付帳款
- Accounts Receivable (AR) 應收帳款
- Cash Conversion Cycle (CCC) 現金轉換循環
- First In, First Out (FIFO) 先進先出法
- Inventory Turnover 庫存週轉率

Inventory Turnover｜庫存週轉率

什麼是「庫存週轉率」？

營運績效比率之一，反映公司某段時間內庫存週轉（賣出後再補充）的次數。庫存週轉率可以某段時間內（季度或年度）的營收，除以期末庫存得出，但較準確的計算方式，應是以銷貨成本除以期內平均庫存。計算方式如下：

$$\frac{營收}{庫存} \quad 或 \quad \frac{銷貨成本}{期內平均庫存}$$

Investopedia 的解釋

營收反映產品的售價，銷貨成本反映成本價，而庫存也是按照成本記錄在帳上，因此理論上，以銷貨成本計算庫存週轉率較為合適。此外，為免受季節性或偶發因素影響，計算庫存週轉率時，宜取庫存平均值而非期末值。週轉率偏低，通常意味著產品滯銷或庫存過多，高週轉率則代表銷售暢旺，但也可能反映庫存補給出現困難。庫存過高通常對公司不利，因為除了占用資金外，貨物的倉儲、損壞與價值下跌的代價，也可能相當可觀。

相關名詞／
- Accrual Accounting 權責發生制
- Cost of Goods Sold (COGS) 銷貨成本
- Inventory 庫存
- Asset Turnover 資產週轉率
- Gross Profit Margin 毛利率

Inverted Yield Curve | 反轉的殖利率曲線

什麼是「反轉的殖利率曲線」？

也稱為負殖利率曲線（negative yield curve），是一種反常的利率狀態，信用品質相同的債券，年期較長的殖利率反而比年期較短的低。反轉的殖利率曲線相當罕見，不少分析師認為，這是經濟即將陷入衰退的預兆。殖利率曲線有時會出現部分反轉的現象，例如，只有部分中短期公債（五年期或十年期）的殖利率，高於三十年期公債。

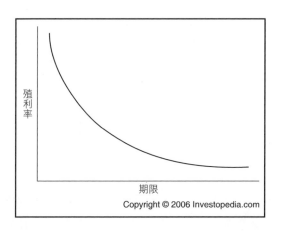

殖利率

期限

Copyright © 2006 Investopedia.com

Investopedia 的解釋

美國多次經濟衰退前曾發生殖利率曲線反轉的現象，因此許多人將其視為衰退的預兆。殖利率曲線反轉，意味著長債殖利率因需求強勁而下滑，預示未來利率將下跌。

相關名詞／

- Interest Rate 利率
- Treasury Bond (T-Bond) 美國長期公債
- Yield Curve 殖利率曲線
- Treasury Bill (T-Bill) 美國國庫券
- Treasury Note 美國中期公債

Investment Bank | 投資銀行

什麼是「投資銀行」？

金融中介業者，提供各種投資相關的服務，例如，承銷證券（扮演證券發行者與投資大眾之間的中介）、協助企業進行收購合併或業務重整，以及擔當法人客戶的經紀人。

Investopedia 的解釋

承銷證券前，投資銀行會為發行企業提供諮詢與輔導服務，證券發行後，通常還會擔任顧問的角色。

相關名詞／
- Capital 資本
- Initial Public Offering (IPO) 首次公開發行
- Private Equity 私募股權
- Syndicate 辛迪加／銀團
- Underwriting （1）承銷；（2）核保

Investment Grade ｜ 投資級評等

什麼是「投資級評等」？

債券的中高級信用評等，代表違約風險較低，適合求穩的投資人持有。信用評等低於投資級的債券，稱為垃圾債或高收益債，違約風險明顯較高。標準普爾的投資級評等，包括 AAA、AA、A 與 BBB 級，而穆迪則為 Aaa、Aa、A 與 Baa 級。兩者投資級評等的最後一個級距（notch），分別為 BBB- 與 Baa3，從 BB+ 與 Ba1 起，就屬於高收益債的信用評等。

I

Investopedia 的解釋

就美國而言，聯邦政府發行的公債信用品質最佳，市場公認是無違約風險的債券，因此，信用評等是針對市政債券、公司債與各種特殊債券（例如，房貸相關債券）而言。市政債與公司債基金的說明書，會敘述基金資產的「平均信用品質」，而獨立的投資研究報告，也會對此有所著墨。投資人必須注意的是，債券發

行人的評等，若從投資級降至垃圾級，發行的債券價格大多會下挫；這種情況發生在發債大戶身上時，影響尤其重大。因此，穩健至上的投資人應特別注意債券基金所投資的證券之信用品質。

相關名詞／
- Bond 債券
- Credit Rating 信用評等
- Junk Bond 垃圾債券
- Bond Rating 債券評等
- Fundamental Analysis 基本分析

Irrevocable Trust｜不可撤銷的信託

什麼是「不可撤銷的信託」？

除非受益人同意，否則不能變更或撤銷的信託。讓與人將資產移交這類信託後，實質上就放棄了對資產與該信託的全部所有權。與此相反的，是可撤銷的信託。

Investopedia 的解釋

成立不可撤銷信託，往往是出於遺產規畫與節稅考量，好處是讓與人實質放棄了資產的所有權，相關資產不再屬於讓與人的應稅財產，相關收益也不再屬於讓與人的應稅所得。雖然各地區的稅制各有不同，但在大多數情況下，若讓與人擔當受託人，就不能享有上述好處。這類信託可持有的資產，包括但不限於公司、金融資產、現金，以及壽險保單。

相關名詞／

- Annuity 年金
- Mutual Fund 共同基金
- Investment Bank 投資銀行
- Money Market Account 貨幣市場帳戶
- Private Equity 私募股權

I

copyright JackGuinan

「親愛的，好消息，沒跡象顯示有內線交易。」

January Barometer | 1月指標

什麼是「1月指標」?

市場有關股市走勢的一種說法:標準普爾五百指數 1 月的走勢,決定了股市全年的方向(以標準普爾五百指數為準)。換句話說,如果標準普爾五百指數 1 月收高,這個理論認為,美股當年餘下時間也將上漲。

Investopedia 的解釋

投資人如果相信這個理論,則只應在標準普爾五百指數 1 月收高的年度投資股票,其他年份則應離開市場。雖然 1 月指標以二十年時期計算,準確率超過 50%,但實際上很難靠這個指標取得優於大盤的報酬率,因為指標錯誤預測市場將上漲時導致的大幅損失,不只會抵銷掉預測準確時的貢獻,甚至還賠得更多。

相關名詞/
- Bull Market 多頭市場
- Business Cycle 景氣循環
- Index 指數
- New York Stock Exchange (NYSE) 紐約證交所
- Standard & Poor's 500 Index (S&P 500) 標準普爾五百指數

J

Jumbo Loan | 巨額房貸

什麼是「巨額房貸」?

指貸款額超過美國聯邦住宅事業監督局(OFHEO)所定標準的房貸。因為不符監管機關所定的標準,房利美或房地美不能購買或擔保這種房貸,也不能將它證券化。合格房貸的金額上限,當局會每年檢討修訂。英文也稱為 jumbo mortgage。

Investopedia 的解釋

巨額房貸常由房利美與房地美以外的機構證券化,衍生的證券信用風險,高於兩房擔保或發行的房貸證券,因此,必須提供較高的收益率,以補償投資人。不過,這項利差過去幾年間已見縮窄。

相關名詞／
- Debt 債務
- Interest Rate 利率
- Real Estate Investment Trust (REIT) 不動產投資信託
- Debt Financing 債務融資
- Mortgage 房地產抵押貸款

Junior Security | 次順位證券

什麼是「次順位證券」?

泛指對發行人的資產與所得的求償次序,排在其他證券之後的證券。

Investopedia 的解釋

當發行人破產時,優先債會比次順位債優先獲得償付,而優先股也會比普通股優先獲得償付。只有當所有債權人獲得償付後,剩下的資產才屬於普通股股東的。

相關名詞／
- Bankruptcy 破產
- Common Stock 普通股
- Subordinated Debt 次順位債
- Bond 債券
- Preferred Stock 優先股

Junk Bond | 垃圾債券

什麼是「垃圾債券」?

也稱為高收益債（high-yield bond）或投機債（speculative bond），指信用評等低於投資級（investment grade）的債券，違約風險相對較高，以較高的收益率補償投資人。按照標準普爾與穆迪兩大信評公司的定義，投資級評等最低的一個級距，分別是 BBB- 與 Baa3，因此，從 BB+ 與 Ba1 起，即屬於垃圾債的信用評等。

Investopedia 的解釋

購買這類債券，往往出於投機的目的。垃圾債的殖利率往往比公債高至少3到4個百分點，實際利差視信貸市場狀況而定。

相關名詞／

- Bond Rating 債券評等
- Investment Grade 投資級評等
- Yield 殖利率
- Credit Rating 信用評等
- Risk 風險

「我的投資組合平穩得很，
不穩的是我的理專。」

copyright JackGuinan

K

copyright JackGuinan

「好消息是，你們還是嬰兒時，
我們就為你們啟動了教育投資計畫。
壞消息是，我們不知道自己在做些什麼。」

Keogh Plan | 基奧退休金計畫

什麼是「基奧退休金計畫」？

美國自雇人士（包括未成立公司的企業主）適用的退休金計畫，投入這類退休金帳戶的所得，在法定上限內可享延後課稅的優惠。基奧計畫可以是確定給付型或確定提撥型，但大多數是確定提撥型。計畫類型包括：（1）貨幣購買計畫（money-purchase plans），雇主按雇員薪資的固定百分比提撥款項，高所得人士所樂用；（2）確定給付型，年度最低給付額相當高；以及（3）盈利分享計畫（profit-sharing plans），提撥款項視年度盈利而定，比較有彈性。基奧計畫可投資的證券，跟401（k）計畫與個人退休帳戶（IRA）一樣，包括股票、債券、存款單以及年金，也稱為HR（10）計畫。

Investopedia 的解釋

基奧退休金計畫由美國國會於 1962 年立法創設，由眾議員尤金・基奧（Eugene Keogh）積極促成。跟其他合格退休金計畫一樣，基奧退休金帳戶中的錢，最早可從 59.5 歲開始提取，最晚必須自 70.5 歲開始提取。相對於簡易式雇員退休金計畫（SEP plans），基奧計畫的行政事務較為繁瑣，維護成本較高，但因為可提撥金額上限較高，因此很受高所得自雇人士歡迎。

相關名詞／
- 401(k) Plan 401（k）退休儲蓄計畫
- Defined-Benefit Plan 確定給付退休金計畫
- Defined-Contribution Plan 確定提撥退休金計畫
- Individual Retirement Account (IRA) 個人退休帳戶
- Qualified Retirement Plan 合資格退休金計畫

K

Knock-In Option | 觸及生效選擇權

什麼是「觸及生效選擇權」？

設有生效條件的選擇權，到期前標的資產的價格必須觸及約定水準，選擇權才會生效，也稱為入局選擇權，或是生效選擇權。

Investopedia 的解釋

嚴格來說，在標的資產觸及約定的生效價前，這種合約還不算是選擇權。如果標的資產在合約期限內，一直未曾觸及生效價，則合約作廢。這是一種障礙選擇權（barrier option），可以是向下觸及生效型（down-and-in），或是向上觸及生效型（up-and-in）。

相關名詞／

- Derivative 衍生工具
- Plain Vanilla 陽春型
- Triple Witching 三巫日
- Expiration Date 到期日
- Stock Option 股票選擇權

L

copyright JackGuinan

「你們的經紀人雖然經驗豐富，
提供研究報告，收費又便宜，但他有這個東西嗎？！」

Large Cap (Big Cap) | 大型股

什麼是「大型股」？

投資圈稱呼市值特大個股的名詞，美國的門檻約為 100 億美元。市值等於股票市價乘以公司發行在外的總股數。

Investopedia 的解釋

大型股為股市中的巨無霸，美股的例子有沃爾瑪、微軟與艾克森美孚。市場用來區分大、中、小型股的市值門檻只是約數，會隨時間推移而改變，而且市場人士使用的確切定義也不盡相同。

相關名詞／
- Asset Allocation 資產配置
- Market Capitalization 市值
- Mid Cap 中型股
- Standard & Poor's 500 Index (S&P 500) 標準普爾五百指數
- Small Cap 小型股

Law of Demand | 需求法則

什麼是「需求法則」？

個體經濟學的一項法則：假設其他因素不變，商品的價格上升，消費者對該商品的需求量會減少；價格下跌，則需求量會上升。

L

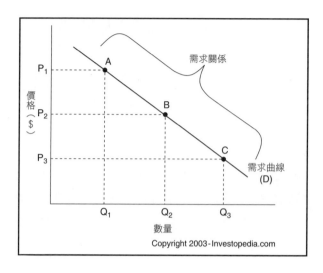

Copyright 2003-Investopedia.com

Investopedia 的解釋

需求法則概括了價格變動對消費行為的影響。舉例來說，根據需求法則，披薩減價時，消費者會多買一些，加價時則少買一些。

相關名詞／
- Consumer Price Index (CPI) 消費者物價指數
- Demand 需求
- Law of Supply 供給法則
- Macroeconomics 總體經濟學
- Market Economy 市場經濟

Law of Diminishing Marginal Utility |

邊際效用遞減法則

什麼是「邊際效用遞減法則」？

經濟學的一項定律，指在其他條件不變下，在一定期間內，一個人消費某項商品，每增加一個單位的消費量，得到的效用會逐漸減少。

Investopedia 的解釋

「吃到飽」自助餐廳的經營模式，其實就應用了邊際效用遞減法則：經營者以「無限量供應美食」招攬顧客，但很明白消費者每增加一盤食物的消費量，所得到的滿足會愈來愈少。許多消費者明白這個道理，但往往還是會忍不住吃過量。舉例來說，你吃自助餐時，第一盤食物讓你非常滿足，以十分為限，滿足感是十。吃第二盤時，你肚子已經不餓了，滿足感降至七。吃完第二盤其實已相當飽，但你還是拿了第三盤，這一盤的滿足感只剩下三。如果繼續吃下去，你會吃到感覺很不舒服，也就是吃到食物的邊際效用，變成負值的地步。

相關名詞／
- Efficiency Ratio 效率比
- Market Economy 市場經濟
- Technical Analysis 技術分析
- Fundamental Analysis 基本分析
- Quantitative Analysis 量化分析

L

Law of Supply | 供給法則

什麼是「供給法則」？

個體經濟學的一項法則：假設其他因素不變，商品的價格上升，供給量會增加；價格下跌，則供給量會減少。

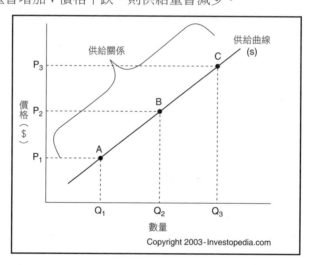

Investopedia 的解釋

當商品的價格上升時，供應商會致力增加銷量，以盡可能擴大盈利。

相關名詞／
- Economies of Scale 規模經濟
- Macroeconomics 總體經濟學
- Technical Analysis 技術分析
- Law of Demand 需求法則
- Quantitative Analysis 量化分析

Lehman Aggregate Bond Index | 雷曼綜合債券指數

什麼是「雷曼綜合債券指數」？

美國投資級債券的綜合指標指數。雷曼兄弟破產後，指數編纂業務為巴克萊集團收購，因此，這個指數已改稱為巴克萊資本綜合債券指數（Barclays Capital Aggregate Bond Index）。此一指數的成份債券期限超過一年，包括聯邦政府公債、機構債、房貸擔保證券、資產擔保證券，以及公司債。

Investopedia 的解釋

這個指數被視為美國投資級債券的最佳指標，是一些債券指數基金的標的指數，這類基金有一些是以 ETF 的形式，像個股一樣在交易所掛牌買賣。

相關名詞／
- Bond 債券
- Index 指數
- Mortgage-Backed Securities (MBS) 房貸擔保證券
- Corporate Bond 公司債
- Index Fund 指數基金

Letter of Credit | 信用狀

什麼是「信用狀」？

銀行簽發的一種保證函，向貿易中的賣方保證，買方應付的貨款將如期支付。如果買方違約不付款，銀行將承擔支付責任。

L

Investopedia 的解釋

信用狀是國際貿易中用來擔保貨款支付的重要工具。在國際貿易中，進口商與出口商可能遠隔重洋，難以了解彼此的信用，而且兩國法規也可能大不相同，為了解決其中牽涉的信用風險，銀行以信用狀擔保買方將付款，另外，也會確保貨物付運後，賣方才獲得付款。

相關名詞／
- Accounts Receivable (AR) 應收帳款
- Accounts Payable (AP) 應付帳款
- Cash and Cash Equivalents 現金及約當現金
- Debt 債務
- Money Market 貨幣市場

Leverage | 槓桿

什麼是「槓桿」？

（1）就金融交易而言，槓桿是指應用衍生工具，或是保證金交易，放大每單位本金牽涉的資產規模，希望藉此提高投資報酬率。

（2）就公司的資本結構而言，槓桿是指公司資產仰賴債務融資的程度，負債越重的公司，槓桿比率越高。

Investopedia 的解釋

（1）槓桿可透過融資交易、買賣選擇權或期貨等金融合約創造出來。舉例來說，假設你有 1000 美元可投資，可以買進 10 股微軟的現股，也可以買進 5 張微軟的買權（每張可認購 100 股微

軟）。兩者的投資總額都是 1000 美元，前者只控制著 10 股微軟，後者則牽涉 500 股微軟，這就是選擇權創造的槓桿作用。

（2）高槓桿公司是以小本錢做大生意：股東出資外，更多的是靠借錢擴大投資。舉例來說，一家公司創立時，股東出資 500 萬元，如果不靠債務融資，可動用的就只是這 500 萬，業務規模相對受限。假設公司借入 2000 萬元，公司可動用的總資本就增加四倍，共達 2500 萬元。槓桿是投資人與企業把生意做大的重要工具，但因為債務的利息相對固定，而且非付不可，公司的財務風險會因而增加：生意順遂時，盈利會因槓桿而放大，生意不景時，虧損也會因槓桿而放大。槓桿過高，意味著過度負債，利息費用相當沉重，績效下挫時，公司容易出現慘重虧損，甚至可能因無力償債而破產。

相關名詞／
- Debt Ratio 負債比率
- Leveraged Buyout (LBO) 槓桿收購
- Operating Leverage 營業槓桿
- Deleverage 去槓桿
- Margin 保證金／利潤

Leverage Ratio | 槓桿比率

什麼是「槓桿比率」？

（1）一種財務比率，反映公司仰賴債務融資的程度或償債的能力。常用的槓桿比率有好幾個，用於計算的因子包括債務、股東權益、資產以及利息費用。

（2）反映公司成本結構（固定成本與變動成本之輕重）的一種

L

比率,可藉此估算產量變動對營業利潤的影響。成本結構取決於產業特質與公司之個別因素。亦稱為營業槓桿比率。

Investopedia 的解釋

(1)最廣為人知的槓桿比率,是負債權益比(debt-to-equity ratio)。一家公司若有 1000 萬元的負債,以及 2000 萬元的股東權益,負債權益比就是0.5(1000萬/2000萬)。

(2)固定成本較重的公司,在產量超過可收回固定成本的門檻後,額外的產出(假設銷路無虞)可迅速增加營業利潤。這是因為產品的變動成本較輕,在固定成本打平後,每單位額外產出可貢獻的利潤頗高。相反,若產品的變動成本很高,每單位產品的利潤貢獻就相對微薄,營業利潤難以隨產出增加而快速增長。

相關名詞／
- Debt Financing 債務融資
- Debt Ratio 負債比率
- Deleverage 去槓桿
- Leverage 槓桿
- Operating Leverage 營業槓桿

Leveraged Buyout (LBO) | 槓桿收購

什麼是「槓桿收購」?

主要是仰賴債務融資的收購方式。收購方以被收購公司的資產為抵押(也可能會押上收購方的資產),以發債或貸款的方式,借錢支付大部分收購代價。槓桿收購是以小本錢進行大收購的併購方式。

Investopedia 的解釋

槓桿收購仰賴債務融資的程度往往高達 90％，也就是說，收購方只出 10％的本錢。因為槓桿比率非常高，為這種收購而發行的債券，通常達不到投資級評等，因此，必須支付較高利率的垃圾債。槓桿收購曾有不光彩的記錄，1980 年代，有多宗備受矚目的收購，最終導致被收購公司破產。這主要是因為負債過於沉重，以致完成收購後，公司的經營現金流量不足以支付債務利息。有時候，一家公司的經營績效出色，資產可能會被發起敵意收購的公司，當作槓桿收購的借貸抵押品。部分批評者因此認為，槓桿收購是極為無情的一種掠奪行為。

相關名詞／
- Debt Financing 債務融資
- Leveraged Loan 槓桿貸款
- Takeover 收購
- Leverage 槓桿
- Merger 合併

Leveraged Loan | 槓桿貸款

什麼是「槓桿貸款」？

發放給負債本已不輕的債務人之貸款。因為違約風險較高，槓桿貸款的利率也相對較高。

Investopedia 的解釋

槓桿貸款常用來為槓桿收購融資。

L

相關名詞／

- Debt 債務
- Leverage 槓桿
- Margin 保證金／利潤
- Debt Financing 債務融資
- Leveraged Buyout (LBO) 槓桿收購

Liability | 負債

什麼是「負債」？

企業經營過程中產生的債務與支付義務。負債透過轉移經濟利益（例如，現金、商品或服務）償付。

Investopedia 的解釋

負債通常記錄在資產負債表上的右邊，包括貸款、應付帳款、抵押貸款、遞延收入，以及應付費用等。負債是公司營運的關鍵環節，因為這是公司重要的融資來源，進行大額採購或投資，往往需要一定程度的債務融資。廠商間的交易以賒帳方式進行，貨款登記在應付帳款上，定期結帳，也有助於提升交易效率。一年內必須償付的稱為流動負債，期限較長的稱為長期負債。在商業與會計以外，這個詞泛指所有欠別人的錢或商品，例如欠政府的財產稅，就是屋主的一項負債。

相關名詞／

- Asset 資產
- Balance Sheet 資產負債表
- Debt 債務
- Accounts Payable (AP) 應付帳款
- Current Liabilities 流動負債

Liar Loan | 騙子貸款

什麼是「騙子貸款」？

無須提供收入證明的房貸之俗稱。包括所謂的 SISA 貸款，也就是貸款人在申請表上自填收入與資產價值，不需要提供證明的貸款。另外，還有所謂的 NINA 貸款，就是貸款人根本不需要申報收入與資產價值的貸款。這種貸款模式，衍生了借貸雙方許多不道德的行為，也稱為掠奪式貸款（predatory loans）。

Investopedia 的解釋

這類貸款的本意，是讓一些收入來源較特別（例如，小費、食物券與社會福利，或是自雇人士），不方便提供資產或收入證明（例如，所得稅申報紀錄）的人士，也能申辦房貸。會稱為騙子貸款，是因為許多借款人與房貸經紀人藉此誇大所得與資產值，以取得更大額的房貸。許多騙子貸款歸入另類 A 房貸（Alt-A mortgage）類別，信用品質被視為介於正常房貸與次級房貸之間。

相關名詞／
- Debt 債務
- Mortgage 房地產抵押貸款
- Subprime Meltdown 次貸崩盤
- Interest Rate 利率
- Subprime 次級貸款

L

Limit Order | 限價單

什麼是「限價單」？

一種交易指令，限定交易執行的價格。限價買單的指定價，是交易可執行的最高價，限價賣單的指定價，則是交易可執行的最低價。限價單也可以指定有效期限。與限價單相對的，是市價單。

Investopedia 的解釋

限價單可讓投資人確保證券的買賣價，不比指定的價格差。這種指令適用於交投較稀疏，或是價格較波動的個股。

相關名詞／
- Ask 賣方報價
- Market Order 市價單
- Stop-Limit Order 限價停損單
- Bid 買方出價
- Stop Order 停止單

Liquidity | 流動性

什麼是「流動性」？

（1）指資產在市場上轉換為現金的難易程度。高流動性的資產成交活躍，可快速變現。流動性不足的資產若想快速變現，則往往得割價求售，而且還不一定賣得出去。

（2）流動性也是現金的意思。新聞報導指央行為市場挹注流動性，通常是指央行向金融機構放款，滿足後者的短期融通需求，或是向金融機構購入合格證券（一般以公債為主），將資金注入市場。

Investopedia 的解釋

貨幣市場基金及績優股,都是高流動性資產的例子,房地產與古董的流動性則明顯較低。

相關名詞／
- Illiquid 流動性不足
- Cash and Cash Equivalents 現金及約當現金
- Liquidity Ratios 流動性比率
- Short Squeeze 軋空
- Volume 成交量

Liquidity Ratios ｜ 流動性比率

什麼是「流動性比率」?

一種財務比率,用來評估企業償付短期債務的能力。流動性比率越高,一般代表公司償債能力越強。

Investopedia 的解釋

常用的流動性比率,包括流動比率、速動比率,以及營業現金流對流動負債比。分析師的具體計算方式可能各不相同,例如,有些分析師可能以現金及約當現金,除以流動負債為準,因為他們認為,現金及約當現金是流動性最高的資產,是緊急情況下最有可能派上用場的資產。這個比率反映債務人償還短債的能力,因此,對債權人來說非常重要。分析師常以這個比率,協助研判一家公司能否持續經營下去。

L

相關名詞／
- Acid-Test Ratio 速動比率
- Cash and Cash Equivalents 現金及約當現金
- Current Ratio 流動比率
- Liquidity 流動性
- Operating Cash Flow (OCF) Ratio 營業現金流對流動負債比

Listed | 上市

什麼是「上市」？

指證券在某交易所掛牌買賣。普通股在交易所掛牌買賣的公司，稱為上市公司，必須符合交易所的一些規定，才能維持上市的地位。

Investopedia 的解釋

交易所不時會有新證券掛牌上市。有時候，某些公司會因無法符合交易所的上市條件，而遭除牌下市，等到符合規定後，才能重新上市。公司一般希望能在紐約證交所或那斯達克等主要交易所上市，因為在這些交易所掛牌一般較受矚目，而且流動性較佳。

相關名詞／
- Common Stock 普通股
- Marketable Securities 有價證券
- Nasdaq 那斯達克
- New York Stock Exchange (NYSE) 紐約證交所
- Stock Market 股票市場

Load Fund | 收取銷售費的基金

什麼是「收取銷售費的基金」？

收取銷售費的共同基金。基金投資人支付銷售費，理論上，是補償基金銷售中介（經紀、理財專員、投資顧問等）提供服務，協助挑選合適的基金。

Investopedia 的解釋

銷售費可分為認購時支付的申購手續費（front-end load）、贖回時支付的贖回手續費（back-end load），以及持有期間支付的平攤手續費（level-load）。免收銷售費的基金稱為 no-load fund。銷售費是基金外收的費用，不算進基金的操作費用中。研究發現，是否收取銷售費，跟基金的績效並沒有明顯的關聯。

相關名詞／
- Breakpoint 折扣臨界點
- Mutual Fund 共同基金
- No-Load Fund 免收銷售費的基金
- Front-End Load 申購手續費
- Net Asset Value (NAV) 資產淨值

London Interbank Offered Rate (LIBOR) |

倫敦銀行同業拆款利率

什麼是「倫敦銀行同業拆款利率」？

銀行業者在倫敦同業市場相互拆借短期資金的利率。LIBOR 每日定價一次（盤中會持續波動），計算基礎是多家大銀行的拆借

L

利率，經英國銀行公會（British Bankers' Association）對外公布。
LIBOR利率可短至1天，長至1年。

Investopedia 的解釋

LIBOR 是全球最廣泛應用的短期利率基準。跨國企業往往以
LIBOR 加若干基點的利率，取得浮動利率信貸；信用品質愈強的
公司，加碼的幅度愈小。仰賴 LIBOR 為參考利率的國家，包括美
國、加拿大、瑞士，以及英國。

相關名詞／
- Euro LIBOR 倫敦銀行同業歐元拆款利率
- Interest Rate 利率
- Interbank Rate 銀行同業拆款利率
- Singapore Interbank Offered Rate (SIBOR) 新加坡銀行同業拆款利率
- Swap 交換交易

Long (or Long Position) | 多頭

什麼是「多頭」？

（1）指買進金融商品，例如，股票、大宗商品或貨幣，期望資
產升值的投資人。

（2）就選擇權而言，多頭是指買進選擇權合約。

與多頭相對的是空頭（short）。

Investopedia 的解釋

（1）例如，某位投資人若持有麥當勞的股票，則稱為「作多麥
當勞股票」或「持有麥當勞多頭部位」。

（2）作多選擇權，是指買進買權或賣權。買進買權的投資人有

權,但沒義務按履約價,在約定期限內買進某數量的標的資產;
買進賣權則是有權按履約價賣出標的資產。

相關名詞／
- Call Option 買權
- Futures 期貨
- Short (or Short Position) 空頭
- Commodity 大宗商品
- Put Option 賣權

Long Squeeze | 軋多

什麼是「軋多」?

指某個股價格驟跌引發進一步的賣壓,迫使持股者拋售該股,以
避免慘重的損失。這個現象大多出現在流動性較低的小型股上,
少數堅定的賣家,加上恐慌性賣盤,就可能在短時間內製造出過
度的跌幅。

Investopedia 的解釋

空頭有時可在短時間內主導某個股的交投,促使股價急跌。軋多
並不常見,因為一旦股價跌到偏低水準,價值投資人就會進場承
接,撐起股價。基本面穩健的公司股價急跌,投資人會視為「價
值股」;相反,公司股價若急漲,投資人會認為風險愈來愈高。

相關名詞／
- Demand 需求
- Long (or Long Position) 多頭
- Short Squeeze 軋空
- Fundamental Analysis 基本分析
- Short (or Short Position) 空頭

L

Long-Term Debt | 長期負債

什麼是「長期負債」？

指期限超過一年的貸款與其他債務。在英國，長期負債也稱為長期貸款。

Investopedia 的解釋

例如，一年或更久後才到期的債券，就是長期負債。公司發行的商業本票並非長期負債，因為一年內就必須償還了。

相關名詞／
- Bond 債券
- Commercial Paper 商業本票
- Long-Term Debt to Capitalization Ratio 長期負債對資本比
- Treasury Bond (T-Bond) 美國長期公債
- Yield to Maturity (YTM) 到期殖利率

Long-Term Debt to Capitalization Ratio |

長期負債對資本比

什麼是「長期負債對資本比」？

企業財務槓桿比率之一，等於公司的長期負債除以總資本。

$$長期負債對資本比 = \frac{長債}{（長債＋優先股＋股東權益）}$$

Investopedia 的解釋

這是類似負債權益比（debt-to-equity ratio）的一個比率，反映企業的長期負債，占資本總額的比重。投資人可透過這個比率，了

解公司仰賴債務融資的程度，與同業相比，更能了解一家公司的
債務風險。一般來說，仰賴債務融資程度較高的公司，財務風險
也較高。

相關名詞／
- Capital Structure 資本結構
- Long-Term Debt 長期負債
- Shareholders' Equity 股東權益
- Leverage 槓桿
- Preferred Stock 優先股

L

M

copyright JackGuinan

「美元在海外或許已失寵，但在家裡仍是很受歡迎的。」

Macroeconomics | 總體經濟學

什麼是「總體經濟學」？

經濟學的一個分支，研究總體經濟現象，例如，失業、國民所得、成長率、國內生產毛額、通膨，以及物價之變動，又稱為宏觀經濟學。

Investopedia 的解釋

總體經濟學關注的，是整體經濟趨勢與波動，經濟學的另一分支「個體經濟學」，則致力研究影響企業與消費者個別行為的因素。總體與個體因素常互相影響，例如，一家公司有多少勞工可選用，就受到本國的整體失業率影響。

相關名詞／
- Gross Domestic Product (GDP) 國內生產毛額
- Market Economy 市場經濟
- Microeconomics 個體經濟學
- Systematic Risk 系統風險
- Unsystematic Risk 非系統風險

Maintenance Margin | 維持保證金

什麼是「維持保證金」？

保證金帳戶必須維持的最低保證金水準。按照紐約證交所與那斯達克的規定，投資人如果透過保證金帳戶購買證券，必須維持不低於帳戶中證券總市值 25％的保證金。投資人得注意的是，這是交易所的最低要求，許多券商要求的維持保證金較高，例如，

M

30％～40％。英文也稱為 minimum maintenance 或 maintenance requirement。

Investopedia 的解釋

根據美國聯邦準備理事會的 T 規定，投資人進行保證金交易時，必須維持某一定水準的保證金。首先，保證金帳戶中現金與證券總值若低於 2000 美元，經紀商不得提供融資。第二，每筆交易的原始保證金，至少得有 50％。第三，保證金不得跌破所持證券總市值的25％。一旦跌破，投資人將接獲保證金追繳通知。

相關名詞／
- Leverage 槓桿
- Margin Account 保證金帳戶
- Regulation T (Reg T) T規定
- Margin 保證金／利潤
- Margin Call 追繳保證金

Managerial Accounting | 管理會計

什麼是「管理會計」？

按經營者的管理需要而蒐集、分析、整理出來的會計資料，一般僅供內部使用，也稱為成本會計（cost accounting）。

Investopedia 的解釋

管理會計與財務會計（financial accounting）的差別，在於前者旨在協助經營者做決策，後者則是按通用會計準則編制報表，供外部人士了解公司財務狀況。

相關名詞／
- Accrual Accounting 權責發生制
- Earnings 盈餘
- Generally Accepted Accounting Principles (GAAP) 通用會計準則
- Off-Balance-Sheet Financing 帳外融資
- Operating Leverage 營業槓桿

Margin｜保證金／利潤

什麼是「保證金／利潤」？

（1）指借錢購買證券，這稱為融資買進（buying on margin）。

（2）保證金帳戶中，投資人提供作擔保品的資產值，換算成帳戶所持證券或金融商品市值的百分比。

（3）Margin 也是利潤的意思，就是產品售價超過成本的部分。

（4）浮動利率房貸（ARM）的利率，超過調整指數利率（adjustment-index rate）的部分，可視為放款機構賺取的利差。

Investopedia 的解釋

（1）融資交易的風險相當大，因為盈利與虧損都在槓桿作用下放大了。換句話說，雖然有快速賺大錢的機會，但操作失利可能很快就血本無歸。此外，投資人也必須注意融資的利息成本。

（2）舉例來說，投資人進行期貨交易時，就必須維持帳戶保證金在某個水準，具體金額視合約的市值而定。

（3）毛利（gross profit margin）是常用的利潤指標，等於銷售收入減銷貨成本（就是產品的直接製造成本）。

（4）例如，如果調整指數利率為6%，而浮動利率房貸的利率為8%，利差就是2個百分點。

M

相關名詞／
- Leverage 槓桿
- Maintenance Margin 維持保證金
- Margin Account 保證金帳戶
- Margin Call 追繳保證金
- New York Stock Exchange (NYSE) 紐約證交所

Margin Account | 保證金帳戶

什麼是「保證金帳戶」？

經紀商提供給投資人使用的融資交易帳戶。經紀商借錢給投資人買進證券，貸款以投資人投入的現金，或是持有的證券為擔保品。當投資人購入的證券價格下滑時，若保證金（即擔保品的市值）跌破某一門檻，經紀商會要求投資人增繳保證金，或是賣出部分證券，以維持符合規定的保證金水準。

Investopedia 的解釋

融資交易風險相當大，因為盈利與虧損都在槓桿作用下放大了。投資人也必須注意融資的利息成本。

相關名詞／
- Debt 債務
- Interest Rate 利率
- Leverage 槓桿
- Maintenance Margin 維持保證金
- Margin Call 追繳保證金

Margin Call | 追繳保證金

什麼是「追繳保證金」？

指經紀商向投資人發出增繳保證金的通知。這是因為投資人保證金帳戶中所持的金融資產市值跌破某個水準，以致帳戶的擔保品（證券加現金）價值已低於交易所，或是經紀商的最低要求。英文也稱為 fed call、maintenance call，或是 house call。

Investopedia 的解釋

交易所或經紀商要求保證金不得低於所謂的維持保證金（maintenance margin），一旦跌破這個水準，投資人就必須增繳保證金，或是賣掉帳戶中的部分金融資產。

相關名詞／
- Leverage 槓桿
- Margin 保證金／利潤
- Minimum Margin 最低保證金
- Liquidity 流動性
- Market Value 市值

Mark to Market (MTM) | 按市值計價

什麼是「按市值計價」？

（1）在會計上，這是指將資產的帳面值更新為最新市值，例如，企業出於交易目的持有的證券，就必須按市值計價，未實現的盈虧反映在損益表上。投資人進行某些金融交易時，帳戶也會按市價逐日核算。

M

（2）就共同基金而言，按市值計價是指基金的單位資產淨值
（NAV），是根據資產最新市價計算的。

Investopedia 的解釋

（1）期貨交易的帳戶，會逐日按合約的市值核算，以確保保證
金維持在規定水準之上。倘若合約價值下跌，以致帳戶保證金不
足，投資人會接獲補繳保證金的通知。
（2）每日金融市場收盤後，共同基金就會按計值計價，算出最
新的單位資產淨值，作為投資人認購或贖回的價格基礎。

相關名詞／
- Book Value 帳面值
- Margin Call 追繳保證金
- Net Asset Value (NAV) 資產淨值
- Maintenance Margin 維持保證金
- Market Value 市值

Market Capitalization | 市值

什麼是「市值」？

指上市公司普通股的總市值，等於公司最新股價，乘以公司發行
在外的總股數。投資圈通常以市值，而非營業額或資產總值，來
衡量一家公司的規模。英文常簡稱為 market cap。

Investopedia 的解釋

例如，某公司最新股價為 100 元，發行在外的總股數為 3500 萬
股，公司的市值就是 35 億元（100 元 ×3500 萬）。股票投資人
或股票型共同基金進行資產配置時，公司市值是一項基本的考量
因素，跟個股的風險與報酬率有關。這個詞不應與公司的「總資

本額」（capitalization）混淆，後者是財務會計用語，指一家公司的股東權益加上長期負債，代表公司可用的長期資金總額。上市公司可按市值大小，分為大型股、中型股與小型股。美股的標準大致如下：大型股市值不低於 100 億美元，中型股 20 到 100 億美元，小型股不超過 20 億美元。

相關名詞／
- Asset Allocation 資產配置
- Large Cap (Big Cap) 大型股
- Small Cap 小型股
- Index 指數
- Mid Cap 中型股

Market Economy | 市場經濟

什麼是「市場經濟」？

一種經濟體制模式，個體的經濟決策、商品與服務的價格，建基在民眾與企業間的互動，政府干預或中央計畫的成分很少。與市場經濟相對的是中央計畫經濟，也就是政府主導經濟活動的模式。

Investopedia 的解釋

市場經濟模式假設供給與需求之類的市場力量，是決定國民福祉最可靠的因素。在市場經濟體制下，政府很少透過像是管制物價、實施生產配額、補助產業等手段干預經濟。現在，已開發國家大多採用某種混合式的經濟體制，但大家仍稱為市場經濟，因為市場仍是經濟的主導力量，政府的干預，大多是出於穩定局面的目的。雖然市場經濟是當今世界的主流選擇，但各方論者對政

M

府在市場經濟體制下應扮演的角色，仍然議論紛紛。

相關名詞／
- Common Stock 普通股
- Corporate Bond 公司債
- Gross Domestic Product (GDP) 國內生產毛額
- Inflation 通貨膨脹
- Law of Demand 需求法則

Market Maker | 造市商

什麼是「造市商」？

一種經紀自營商，持有一定數量的某些證券，同時提供買方與賣方報價，以促進這些證券的交易。投資人若接受造市商的賣方報價買進某證券，造市商會把手頭的證券賣出，然後嘗試買回同量的證券，以補充庫存。交投活躍時，交易會在數秒內完成。造市商也是一種自營商：為自己的帳戶買賣證券，以求獲利。

Investopedia 的解釋

那斯達克是採用造市商運作模式的好例子，共有超過 500 家造市商，為在那斯達克掛牌的股票提供造市服務。造市商必須為證券提供買方與賣方報價，有助於促進市場流動性與運作效率。

相關名詞／
- Ask 賣方報價
- Bid 買方出價
- Broker-Dealer 經紀自營商
- Electronic Communication Network (ECN) 電子通訊網路
- Over the Counter (OTC) 場外交易

Market Order | 市價單

什麼是「市價單」?

要求經紀商按照當下市價,即時買進或賣出證券的交易指令,有時也稱為「不設限指令」(unrestricted order)。

Investopedia 的解釋

市價單是無論價格、但求成交的交易指令,手續費通常較低,因為經紀商沒有太多的工作負擔。使用市價單時,應注意證券的流動性,如果某檔個股日均成交量相當低,最低的賣方報價可能明顯高於上一筆成交價,投資人以市價單買進的代價,可能明顯高於預期。以市價單買賣交投活躍的個股,會安全得多。

相關名詞／
- Bid-Ask Spread 買賣價差
- Stock 股票
- Stop-Loss Order 停損單
- Limit Order 限價單
- Stop Order 停止單

Market Risk Premium | 市場風險溢酬

什麼是「市場風險溢酬」?

股市預期報酬率超過無風險報酬率的部分,代表承擔股票投資風險預計能賺取的額外報酬。

Investopedia 的解釋

在資本資產定價模型(CAPM)中,市場風險溢酬等於證券市場線(SML)的斜率。

M

相關名詞／
- Beta 貝他係數
- Risk 風險
- Unsystematic Risk 非系統風險
- Relative Strength Index (RSI) 相對強弱指數
- Systematic Risk 系統風險

Market Value｜市值

什麼是「市值」？

（1）資產按市價計算的價值。例如，股票或債券按當前市場成交價計算，得出的價值就是相關證券的市值。

（2）公司的普通股市值加債務市值，有時也稱為「總市值」。

Investopedia 的解釋

證券的市值，跟票面值或帳面值往往有所差異，因為市價反映市場對未來的預期。採用基本分析法的投資人，根據某種評價方式，考慮所有相關因素後，得出一個理論上的合理價，然跟證券的市價相比較，以研判證券市價是偏高還是偏低。

相關名詞／
- Book Value 帳面值
- Fair Value 公平價值
- Market Capitalization 市值
- Face Value 面值
- Intrinsic Value 內在價值

Marketable Securities | 有價證券

什麼是「有價證券」？

可快速以合理價格轉換為現金的證券，包括在交易所掛牌買賣的股票，以及在場外市場交投活躍的固定收益證券。有價證券流動性頗強，容易變現。

Investopedia 的解釋

上市公司的股票、政府公債、商業本票、銀行承兌匯票，以及其他貨幣市場商品，都是有價證券的例子。

相關名詞／
- Common Stock 普通股
- Illiquid 流動性不足
- Liquidity 流動性
- Listed 上市
- Nonmarginal Securities 不可融資買進的證券

Maturity | 到期

什麼是「到期」？

（1）就債券而言，是指發行人應償還本金的日子。這個詞也指期限，就是從債券發行日到還本日的時間長度。

（2）指有固定期限之金融合約之到期日。

Investopedia 的解釋

舉例來說，十年期公債的期限為十年，就是從發行日至到期還本，是十年的時間。

M

相關名詞／
- Bond 債券
- Interest Rate 利率
- Long-Term Debt 長期負債
- Par Value （1）債券面值；（2）股票面額
- Yield to Maturity (YTM) 到期殖利率

Merger | 合併

什麼是「合併」？

兩家或以上的公司併為一體，就是合併。合併常以換股形式進行，就是被併公司的股東，按照某一換股比率，取得合併後存續公司的股票。

Investopedia 的解釋

合併通常是一種合意收購，就是被併公司樂於接受併購方案。敵意收購則是指遭到目標公司強烈抵制的收購嘗試。

相關名詞／
- Dilution 稀釋
- Leverage 槓桿
- Leveraged Buyout (LBO) 槓桿收購
- Mergers and Acquisitions (M&A) 企業併購
- Takeover 收購

Mergers and Acquisitions (M&A) | 企業併購

什麼是「企業併購」？

指企業之間的合併與收購。一般來說，合併是指兩家公司組成一家新公司，而收購則是指一家公司將另一家公司收歸旗下，並未產生新的公司。不過，合併通常是一種合意收購，就是被併公司樂於接受併購方案。

Investopedia 的解釋

1999 年，JDS Fitel Inc. 與 Uniphase Corp. 合併組成 JDS Uniphase，就是大型合併的一個例子。2004 年，宏利金融公司（Manulife Financial）收購恆康金融服務（John Hancock Financial Services），則是大型收購案的一個例子。M&A 也指投資銀行等金融業者內部負責企業併購相關業務的部門。

相關名詞／

- Dilution 稀釋
- Mezzanine Financing 夾層融資
- Poison Pill 毒丸策略
- Leverage 槓桿
- Merger 合併

Mezzanine Financing | 夾層融資

什麼是「夾層融資」？

一種企業融資方式，兼具債務與股權融資的一些特徵，通常用來支援公司業務擴張的資金需求。基本上，夾層融資是一種債權資本，債權人通常獲得將債權轉換為股權的權利。夾層融資的求償位階低於銀行

M

貸款或是創投公司提供的貸款。因為通常來說，夾層融資是債權人在未進行充分盡職調查的情況下提供的，而且借款公司一般並不提供擔保品，這種資本要求的報酬率通常很高，可達20%～30%。

Investopedia 的解釋

夾層融資對借款企業有一定的好處：這種資本往往被視為類似股東資金，因此有助於企業爭取標準的銀行貸款。為了取得夾層融資，企業通常必須在業內建立一定的地位與聲譽，例如，擁有知名產品、盈利紀錄，以及可行的業務擴張計畫（例如收購，以及首次公開發行規畫）。

相關名詞／
- Capital Structure 資本結構
- Coefficient of Variation (CV) 變異係數
- Due Diligence (DD) (1)盡職調查；(2)應有的謹慎
- Initial Public Offering (IPO) 首次公開發行
- Subordinated Debt 次順位債
- Venture Capital 創業投資

Microeconomics｜個體經濟學

什麼是「個體經濟學」？

經濟學的一個分支，研究消費者與企業的個別市場行為，目的是了解個體的經濟決策過程。個體經濟學專注研究商品買家與賣家的互動，以及影響決策的因素，尤其是個別商品的供給與需求，以及決定價格與產量的因素。

Investopedia 的解釋

經濟學可分個體與總體兩大分支。個體經濟學專注研究供給與需求的基本理論，以及企業的生產與定價決策。自己創業，希望了解商品的供需與價格原理的人，會認為個體經濟學相當有用。總體經濟學，顧名思義，關注的是總體經濟趨勢，研究像是失業與通膨等總體現象，有助於了解經濟大局。兩者結合起來，是非常有力的理論工具。

相關名詞／
- Fundamental Analysis 基本分析
- Gross Domestic Product (GDP) 國內生產毛額
- Macroeconomics 總體經濟學
- Quantitative Analysis 量化分析
- Technical Analysis 技術分析

Mid Cap | 中型股

什麼是「中型股」？

就美股而言，是指市值在 20 到 100 億美元之間的個股。市值等於最新股價乘以公司發行在外的總股數。英文的 mid cap，是 middle capitalization 的簡稱。

Investopedia 的解釋

顧名思義，中型股是市值介於大型股與小型股的個股。必須注意的是，大、中、小型股的市值門檻只是約數，投資人使用的定義可能略有差異。

M

相關名詞／
- Asset Allocation 資產配置
- Large Cap (Big Cap) 大型股
- Small Cap 小型股
- Growth Stock 成長股
- Market Capitalization 市值

Minimum Margin｜最低保證金

什麼是「最低保證金」？

指投資人利用保證金帳戶買進或拋空金融資產前，必須先存進帳戶的原始保證金。例如，按紐約證交所與那斯達克的規定，投資人最少必須存入價值 2000 美元的現金或證券，才能開始進行保證金交易。投資人必須注意的是，這是交易所的最低要求，部分券商要求的最低保證金可能較高。

Investopedia 的解釋

根據美國聯邦準備理事會的 T 規定，投資人進行保證金交易時，必須維持某個水準的保證金。首先，保證金帳戶中現金與證券總值如果低於 2000 美元，經紀商不得提供融資。第二，每筆交易的原始保證金至少要有 50%。第三，保證金不得跌破所持證券總市值的25%。一旦跌破，投資人將接獲保證金追繳通知。

相關名詞／
- Leverage 槓桿
- Maintenance Margin 維持保證金
- Margin Account 保證金帳戶
- Margin Call 追繳保證金
- Regulation T (Reg T) T規定

Minority Interest | 少數股東權益

什麼是「少數股東權益」？

（1）在一家公司中持股低於 50％，而且未能控制該公司的經營管理，就屬於少數股東。

（2）在一家公司的合併資產負債表上，少數股東權益是一項非流動負債，代表集團非百分百持股子公司中的少數股東權益。

Investopedia 的解釋

（1）A 公司若持有 B 公司的少數股權，對 B 公司的經營管理有重大影響（但未達有效控制的程度），則 B 公司視為 A 公司的聯營公司（associated company），在 A 公司的合併報表上，以權益法（equity method）處理。權益法不會把聯營公司的各個會計科目，合併進主要股東的對應科目內，股東的損益表，只反映聯營公司貢獻的盈利或虧損。若 A 公司持有 B 公司的少數股權，對 B 公司的經營管理沒有影響力，則 B 公司在會計上，視為 A 公司一項普通投資處理，資產負債表上會記錄這筆投資的價值，而損益表則會記錄 B 公司派發的股息。

（2）若 A 公司持有 B 公司 90％的股權，而 B 公司的資產總值為 1 億元，則 A 公司的合併資產負債表上，會有一筆 1000 萬元、代表 B 公司少數股東權益的非流動負債。

相關名詞／

- Balance Sheet 資產負債表
- Long-Term Debt 長期負債
- Shareholders' Equity 股東權益
- Dividend 股息
- Net Operating Income (NOI) 營業淨利

M

Modern Portfolio Theory (MPT) |
現代投資組合理論

什麼是「現代投資組合理論」？

一種投資理論，強調要追求較高的報酬率，就無法避免承擔風險，並說明如何建構最佳投資組合，即在特定風險水準上，預期報酬率最高的投資組合；也稱為投資組合理論（portfolio theory），或是投資組合管理理論（portfolio management theory）。

Investopedia 的解釋

這項理論展示如何在風險─報酬圖上，劃出一條連接最佳投資組合的效率前緣線（efficient frontier）。這個理論在 1952 年由哈利・馬可維茲（Harry Markowitz）發表在 *the Journal of Finance* 的論文〈投資組合選擇〉（Portfolio Selection）中首先提出。建構投資組合的四個步驟，為（1）證券評價、（2）資產配置、（3）優化投資組合，以及（4）績效測量。

相關名詞／
- Asset Allocation 資產配置
- Correlation 相關係數
- Efficient Market Hypothesis (EMH) 效率市場假說
- Mutual Fund 共同基金
- Risk 風險

Modified Duration | 修正存續期

什麼是「修正存續期」?

存續期衡量債券價格對利率變動的敏感程度,修正存續期是基於麥考雷存續期(Macaulay Duration)計算出來的,公式如下:

$$修正存續期 = \frac{麥考雷存續期}{(1 + \dfrac{到期殖利率}{n})}$$

n = 每年付息次數

Investopedia 的解釋

修正存續期代表利率每變動 100 個基點(1 個百分點),債券價格會改變的百分比。例如,某檔債券的修正存續期為五年,利率若上漲 100 個基點,債券的價格會下滑 5%。

相關名詞／
- Basis Point (BPS) 基點
- Coupon 票息
- Interest Rates 利率
- Bond 債券
- Duration 存續期

Modified Internal Rate of Return (MIRR) |

修正內部報酬率

什麼是「修正內部報酬率」?

標準的內部報酬率(IRR)計算方法,假設投資項目產生的現金流,再投資的報酬率是 IRR,這個假設在許多情況下,是不切實

M

際的。修正內部報酬率對 IRR 的計算方法加以修正，假設投資項目產生的現金流，再投資的報酬率，是公司的資本成本。

Investopedia 的解釋

許多時候運用 IRR 計算，淨現值是正的（表示良好的投資項目），但如果用的是 MIRR 的方式，也可能翻轉成不良投資（淨現值為負）。理論上，MIRR 較能準確反映一個投資項目的預估報酬率。

相關名詞／
- Discounted Cash Flow (DCF) 現金流折現法
- Internal Rate of Return (IRR) 內部報酬率
- Net Present Value (NPV) 淨現值
- Payback Period 還本期

Momentum｜動能

什麼是「動能」？

動能是指證券價格上漲或下跌趨勢的強弱，常結合成交量一起分析。例如，同樣的漲幅，成交量較大，通常視為上漲動能較強。

Investopedia 的解釋

動能交易者（momentum trader），基本上是希望捕捉市場的短期波動，乘勢而為：上漲動能強勁時及時作多，下跌動能充沛時適時作空。這種操作方式，往往忽略了基本面因素，而且必須準確掌握市場方向，風險相當高，不適合投資新手。

相關名詞／
- Downtrend 下跌趨勢
- Moving Average Convergence Divergence (MACD) 平滑異同移動平均線
- Swing Trading 短線波段操作
- Trend Analysis 趨勢分析
- Uptrend 上升趨勢

Monetary Policy | 貨幣政策

什麼是「貨幣政策」？

調控貨幣供給規模與利率水準，希望藉此維持物價穩定，並促成充分就業的政策範疇。負責執行貨幣政策的通常是中央銀行，實行聯繫匯率的經濟體，則由貨幣發行局（currency board）負責。

Investopedia 的解釋

執掌美國貨幣政策的，是聯邦準備理事會。

相關名詞／
- Discount Rate （1）貼現率；（2）折現率
- Federal Funds Rate 聯邦資金利率
- Federal Open Market Committee (FOMC) 聯邦公開市場委員會
- Interest Rate 利率
- Required Rate of Return 要求報酬率

Money Market | 貨幣市場

什麼是「貨幣市場」？

流動性很高的短期金融資產進行交易之處。貨幣市場是參與者

M

進行短期資金拆借的地方，借款期限以 1 年為限，可短至隔天償還。貨幣市場工具包括可轉讓存款單、銀行承兌匯票、國庫券、商業本票、短期市政債券、附買回合約，以及銀行同業拆借。

Investopedia 的解釋

貨幣市場的參與者很廣，例如，發行商業本票的公司，以及向銀行購買存款單的個人，都參與了貨幣市場的運作。因為貨幣市場工具期限短、流動性高，人們普通視貨幣市場，為存放資金的安全之處。但貨幣市場工具也是有風險的，例如商業本票，就有違約的風險。

相關名詞／

- Banker's Acceptance (BA) 銀行承兌匯票
- Commercial Paper 商業本票
- Money Market Account 貨幣市場帳戶
- Certificate of Deposit (CD) 存款單
- Liquidity 流動性

Money Market Account | 貨幣市場帳戶

什麼是「貨幣市場帳戶」？

一種儲蓄帳戶，利息通常較高。英文縮寫為 MMDA，代表貨幣市場活期帳戶（money market demand account），或是貨幣市場存款帳戶（money market deposit account）。

Investopedia 的解釋

通常，這類帳戶會限制存戶的交易次數，譬如 1 個月內不得超過 5 次。此外，存戶通常必須維持某一最低餘額，才能賺取較高的利息。部分銀行設有開戶時的最低存款要求，也可能要求帳戶餘

額不得低於某一金額。貨幣市場帳戶跟一般銀行儲蓄帳戶類似，但銀行通常會以較高的利率，補償存戶所受到的各種限制。

相關名詞／
- Annual Percentage Yield (APY) 年收益率
- Interest Rate 利率
- Money Market 貨幣市場
- Cash and Cash Equivalents 現金及約當現金
- Liquidity 流動性

Money Supply | 貨幣供給

什麼是「貨幣供給」？

一個經濟體中的貨幣總存量，也就是流通在經濟體中的貨幣總額。貨幣的定義有窄有寬，一般認為包括現鈔、硬幣、活期存款，以及具貨幣特質的某些高流動性短期金融資產；也稱為貨幣總計數。

Investopedia 的解釋

貨幣供給通常由央行統計公布，按定義由窄至寬，分為 M0、M1、M2 與 M3 等。分析師關注貨幣供給的變動，希望從中了解通膨與經濟成長率可能受到的影響。

相關名詞／
- Cash and Cash Equivalents (CCE) 現金及約當現金
- Discount Rate （1）貼現率；（2）折現率
- Fiscal Policy 財政政策
- Inflation 通貨膨脹
- Monetary Policy 貨幣政策

M

Monopoly | 壟斷

什麼是「壟斷」？

又稱獨占，是指單一業者控制一種產品或服務的全部（或是接近全部）供給的現象。壟斷的關鍵在於缺乏競爭，常導致產品價格偏高、品質較差的情形。壟斷的嚴格定義，是單一公司獨占某商品的全部市場。

Investopedia 的解釋

壟斷是資本體制下的一種極端情況。絕大多數論者認為，一種商品若只有單一供應商，自由市場的功能無從發揮，因為廠商缺乏改善產品與服務，以滿足消費者需求的誘因。許多國家嘗試藉著反托拉斯法（antitrust laws），來防止出現壟斷。但政府也允許一些壟斷的情況，例如，授予廠商專利，其實等同允許特定時限的壟斷。專利制度的目的，是讓創新者有時間回收往往相當龐大的研發成本，理論上，是藉著允許壟斷來鼓勵創新。合法的壟斷也常出現在公用事業上，政府可能成立國營企業，壟斷淨水或電力的供給，也可能允許民間企業在特定條件下壟斷這種市場。

相關名詞／
- Efficient Market Hypothesis (EMH) 效率市場假說
- Law of Demand 需求法則
- Law of Supply 供給法則
- Market Economy 市場經濟
- Oligopoly 寡頭壟斷

Mortgage | 房地產抵押貸款

什麼是「房地產抵押貸款」？

以商用不動產或住宅為抵押的貸款，後者一般簡稱為房貸。借款人（房貸戶）必須在貸款期限內，逐漸還清貸款的本金與利息。這種貸款讓個人與企業只需支付某一百分比的頭期款（例如，物業價值的2至3成），就可購置房地產。

Investopedia 的解釋

房貸戶將自己的房屋抵押給銀行，一旦無力償還貸款，銀行有權終止房貸戶贖回房屋的權利，這就是所謂的「止贖」（foreclosure）。止贖後，銀行可迫使住戶搬走，將房子拍賣（就是所謂的「法拍」）以收回貸款。

相關名詞／
- Debt 債務
- Fannie Mae - Federal National Mortgage Association (FNMA) 房利美
- Interest Rate 利率
- Liability 負債
- Mortgage-Backed Security (MBS) 房貸擔保證券

Mortgage Forbearance Agreement | 房貸寬限協議

什麼是「房貸寬限協議」？

房貸借款人無法按時償還貸款時，與放款機構重新議定還款方式，換取放款機構暫不行使止贖權的協議。止贖（foreclosure）是指放款機構終止房貸戶贖回房屋的權利，止贖後，通常是將房屋拍賣以抵償貸款。房貸寬限協議，旨在協助因意外狀況（如暫時

M

失業或罹患疾病）而出現短暫財務困難的房貸戶，若房貸戶的還款能力永久受損，則寬限協議多數無法解決問題。

Investopedia 的解釋

浮動利率房貸（ARM）的利率重新設定後，每月還款額可能大幅增加，讓一些房貸戶無法按時還款，這類房貸戶通常會尋求與銀行達成房貸寬限協議。

相關名詞／
- Bankruptcy 破產
- Liability 負債
- Subprime Meltdown 次貸崩盤
- Credit Crunch 信貸緊縮
- Mortgage 房地產抵押貸款

Mortgage-Backed Securities (MBS) | 房貸擔保證券

什麼是「房貸擔保證券」？

一種資產擔保證券（ABS），由一籃子房地產抵押貸款提供擔保，該抵押貸款組合每月收到的還本付息款項，會轉交給 MBS 持有人。MBS 通常是指以住宅房貸為擔保品的證券（RMBS），以商用房地產貸款為擔保品的類型，稱為商用不動產貸款擔保證券（CMBS）。用來發行 MBS 的貸款，必須由合格的金融機構發放。在美國，兩大政府資助企業房利美與房地美，發行或擔保大量的 MBS，國營企業吉利美，則為用來發行 MBS 的房貸提供擔保。純粹由私營金融機構發行的 MBS，稱為「私營」（private-label）MBS。通常，MBS 會獲得信評公司，像是穆迪或標準普爾，授予最高或次高的信用評等。它也稱為「房貸相關證券」

（mortgage-related security）或「房貸轉付證券」（mortgage pass through）。

Investopedia 的解釋

MBS 是把房貸證券化的金融商品，銀行把房貸賣給發行 MBS 的機構，發行機構再把 MBS 賣給投資人，理論上，可促進房貸資金的流通，讓銀行有能力發放更多房貸，協助民眾自置房產。投資 MBS，可視為將資金借給了房貸戶。

相關名詞／
- Collateralized Mortgage Obligation (CMO) 房貸擔保憑證
- Credit Crunch 信貸緊縮
- Securitization 證券化
- Subprime Loan 次級貸款
- Subprime Meltdown 次貸崩盤

Moving Average (MA) ｜ 移動平均線

什麼是「移動平均線」？

一種常用的技術分析工具。移動平均線反映特定時段內的價格平均值，可反映短、中、長期的價格趨勢。「移動」是指每日計算移動平均值時，以最新的一個數值，取代最舊的一個。「平均」是為了避免價格短暫劇烈波動，扭曲線形。短天期移動平均線的起伏，會大於長天期。移動平均線常用來研判價格走勢的動能，以及潛在的支撐位與阻力位。

M

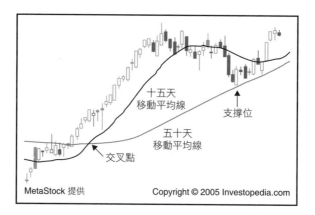

十五天
移動平均線

支撐位

五十天
移動平均線

交叉點

MetaStock 提供　　　　Copyright © 2005 Investopedia.com

Investopedia 的解釋

分析移動平均線的方法之一，是觀察短期線與長期線的交叉：短期線（像是十五天均線）向上穿越長期線（像是五十天均線），通常視為上漲動能確定、可以買進的訊號；短期線向下穿越長期線，則通常視為賣出訊號。

相關名詞／
• Moving Average Convergence Divergence (MACD) 平滑異同移動平均線
• Resistance 阻力位
• Simple Moving Average (SMA) 簡單移動平均線
• Support 支撐位
• Technical Analysis 技術分析

Moving Average Convergence Divergence (MACD) |

平滑異同移動平均線

什麼是「平滑異同移動平均線」？

一種技術分析工具，透過長短兩種天期的價格移動平均值，來

分析價格趨勢。一般以 26 天移動均值為長天期代表，短天期則選 12 天。移動均值採用平滑移動均值（EMA, exponential moving average）的方式計算，讓較為近期的價格，對移動均值有較大的影響。資產價格的 12 天 EMA，減去 26 天 EMA，就得出 MACD 值，在圖表上是一條環繞著零值波動的線。計算 MACD 值的 9 天 EMA，可畫出一條所謂的「訊號線」，有助於研判買進或賣出訊號。

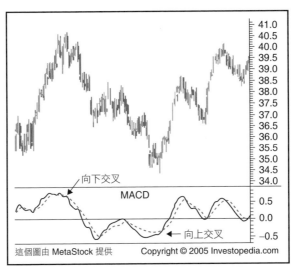

這個圖由 MetaStock 提供　　Copyright © 2005 Investopedia.com

Investopedia 的解釋

MACD 有三種常用分析方法：

（1）線條的交叉：如圖所示，當 MACD 線向下穿過訊號線是看跌訊號，意味著或許應該賣出。相反地，MACD 線向上穿越訊號線，則代表價格有上漲的動能。許多交易者為避免遭「假訊號」愚弄，會等待所謂的確認訊號出現後，才出手買賣。

M

（2）價格背離：價格走勢與 MACD 線背離，意味著當前價格趨勢，可能快告一段落了。

（3）MACD 值急漲：價格短期移動均值上揚，急速拋離長期移動均值時，MACD 線會快速上移，這是證券出現超買、可能快將拉回的跡象。此外，技術分析師也會關注 MACD 值是正數還是負數。MACD 值大於零，代表短期均值大於長期均值，意味著近期價格呈現上漲動能。MACD 值低於零，則意味著近期價格呈現下跌動能。如圖所示，零值線經常成了 MACD 值的支撐線或阻力線。

相關名詞／
- Fundamental Analysis 基本分析
- Quantitative Analysis 量化分析
- Technical Analysis 技術分析
- Moving Average (MA) 移動平均線
- Relative Strength Index (RSI) 相對強弱指數

MSCI Emerging Markets Index｜

摩根士丹利資本國際新興市場指數

什麼是「摩根士丹利資本國際新興市場指數」？

摩根士丹利資本國際公司（MSCI）編制的一項股價指數，旨在衡量全球新興市場股市的表現。該指數是按自由流通量加以調整的市值指數，涵蓋的新興經濟體，包括阿根廷、巴西、智利、中國、哥倫比亞、捷克、埃及、匈牙利、印度、印尼、以色列、約旦、韓國、馬來西亞、墨西哥、摩洛哥、巴基斯坦、秘魯、菲律賓、波蘭、俄羅斯、南非、台灣、泰國、土耳其與委內瑞拉。

Investopedia 的解釋

新興市場股票風險相對較高,因為這些市場有額外的政治、經濟與貨幣風險。安全至上的投資人,不適合投資新興市場股票。購買新興市場股票的投資人,必須願意為較高的潛在報酬率,承擔較高的風險。新興市場股價走勢,與已開發市場的相關程度較低,因此有助於投資人分散投資,降低資產組合的整體風險。

相關名詞/
• American Depositary Receipt (ADR) 美國存託憑證
• Correlation 相關係數
• Exchange-Traded Fund (ETF) 指數股票型基金
• Global Depositary Receipt (GDR) 全球存託憑證
• Index 指數

Multiple｜倍數

什麼是「倍數」?

泛指財務分析上的某些比率,以某項指標除以另一項指標得出,分子通常較分母大很多。倍數代表的意義,視其定義而定。

$$公式為：\frac{指標 A}{指標 B}$$

Investopedia 的解釋

股票評價最常用的一項倍數是本益比,等於公司股票市價除以每股盈餘(EPS)。例如,某公司股價現為 20 元,最新年度每股盈餘為 2 元,則本益比為 10 倍,代表投資人願為公司年度盈餘付出 10 倍的代價。本益比是高是低,通常是跟歷史平均水準,以及同業相比加以研判。另外,資產週轉率也是一種倍數,衡量一家企

M

業運用資產創造營收的效率，通常是以年度營業收入除以期間資產均值得出，代表每1元資產一年產生的營業額。

相關名詞／
- Earnings 盈餘
- Earnings per Share (EPS) 每股盈餘
- Forward Price to Earnings (Forward P/E) 預估本益比
- Price-Earnings Ratio (P/E Ratio) 本益比
- Price/Earnings to Growth Ratio (PEG Ratio) PEG值

Municipal Bond | 市政債券

什麼是「市政債券」？

美國的市政債券，是指州、自治市或郡政府，為地方資本支出融資所發行的債券。市政債的利息豁免聯邦所得稅，以及多數州及地方稅，購買本地市政債的投資人，一般可獲得最多賦稅減免。英文也稱為 muni-bonds 或 munies。

Investopedia 的解釋

地方政府可能為了建橋、修路或蓋學校，而發行市政債。市政債支付的利率，通常比條件相當的債券略低，但因為利息所得獲賦稅減免，投資人的稅後收益率一般不差。高所得人士尤其喜歡投資市政債。

相關名詞／
- Government Security 公債
- Tax Deferred 延後課稅
- Yield to Maturity (YTM) 到期殖利率
- Interest 利率
- Yield 殖利率

Mutual Fund | 共同基金

什麼是「共同基金」?

共同基金是集合大眾的資金,由專業的資產管理公司受託負責投資的一種方式。投資人共同承擔風險,共同分享投資收益。基金經理根據基金既定的目標與規範,將投資人的資金分散投資在各種資產上,例如,股票、債券,以及貨幣市場工具等。

Investopedia 的解釋

共同基金很受投資人歡迎,因為投資門檻通常相當低,一般投資人也能藉著購入基金,享受分散投資的便利,與專業資產管理的好處。共同基金也是流動性很高的資產,變現方便,但投資人必須向基金公司支付資產管理費,很多基金也收取認購費及贖回費,這會降低投資者的實質報酬率。共同基金一般是積極管理型的基金,即追求超越基準指數的回報,因此,一旦市場進入大空頭,許多基金即使表現優於大盤,投資者也往往虧損慘重。共同基金是開放式基金,投資人可按基金的單位資產淨值申購或贖回。單位資產淨值的英文縮寫為 NAVPS。

相關名詞／
- Closed-End Fund 封閉式基金
- Net Asset Value (NAV) 資產淨值
- Style 投資風格
- Diversification 分散投資
- Open-End Fund 開放式基金

M

N

copyright JackGuinan

「親愛的，我想我們該調高舉債上限了。」

Naked Shorting | 無券放空

什麼是「無券放空」？

無券放空是指在未確定可取得相關股票前，就下單拋空。在正常情況下，交易者必須先借得股票，或是確定可借得股票，然後才能下單放空。但因為相關規定存在一些漏洞，加上實體證券與電子交易系統間的一些差異，市場上仍會出現無券放空的情況。雖然無券放空的規模並沒有確切的統計，但市場人士認為，到期交割時未能交出股票的交易，大部分應該就是源自無券放空。

Investopedia 的解釋

無券放空可以成為一種漠視股票正常供需、操控股價的手段。2007 年美國證券交易委員會修訂管理放空交易的 SHO 規定（Regulation SHO），堵住一些經紀自營商可鑽的漏洞，加強防堵無券放空。這個規定要求業者公布清單，監控出現異常的「無券可交割」（fail to deliver）情況的個股。部分分析師認為，無券放空可讓看空者的觀點反映在股價上，或許有助市場保持平衡。

相關名詞／
- Margin 保證金／利潤
- Regulation T (Reg T) T規定
- Short Squeeze 軋空
- Option 選擇權
- Stock Option 股票選擇權

Nasdaq | 那斯達克

什麼是「那斯達克」？

那斯達克與紐約證交所，是美國兩大股票交易市場。那斯達克是

一種電腦化的店頭交易（OTC）體系，為超過 5000 檔個股提供買賣報價。該系統創立於 1971 年，是全球第一個電子化股票市場。在那斯達克掛牌的個股，一般以 4 至 5 個英文字母為股票代碼，從紐約證交所轉過來的個股，則可能只有 3 個字母。某些個股同時在兩大交易所上市，稱為雙掛牌個股（dually listed stocks）。

Investopedia 的解釋

Nasdaq 一詞，以往一般以全大寫的 NASDAQ 呈現，代表全美證券交易商協會自動報價系統（National Association of Securities Dealers Automated Quotation）的字首縮寫。這個縮寫現已不再使用，Nasdaq 本身已是一個專有名詞。那斯達克以坐擁眾多高科技股著稱，像是微軟、英特爾、戴爾與思科，都在該市場掛牌。

相關名詞／
- Electronic Communication Network (ECN) 電子通訊網路
- Financial Industry Regulatory Authority (FINRA) 美國金融業監管局
- National Association of Securities Dealers (NASD) 全美證券交易商協會
- Over the Counter (OTC) 場外交易
- Over-the-Counter Bulletin Board (OTCBB) 那斯達克場外交易系統

National Association of Securities Dealers (NASD)

全美證券交易商協會

什麼是「全美證券交易商協會」？

美國證券業的自律管理組織（SRO），負責那斯達克與場外交易市場的運作與監管。NASD 也負責投資專業人士的資格考試，例如，系列六十三、系列六與系列七執照考試。

Investopedia 的解釋

NASD 是那斯達克市場的監管機構，致力促使市場公平並有效運作。2007 年，NASD 與紐約證交所的監管委員會合併，組成美國金融業監管局。

相關名詞／
- Financial Industry Regulatory Authority (FINRA) 美國金融業監管局
- Nasdaq 那斯達克
- Over the Counter (OTC) 場外交易
- Over-the-Counter Bulletin Board (OTCBB) 那斯達克場外交易系統
- Series 7「系列七」執照

Net Asset Value (NAV) ｜ 資產淨值

什麼是「資產淨值」？

總資產減去總負債，就是資產淨值。就公司而言，資產淨值通常按資產與負債的帳面值計算得出。就基金而言，資產淨值代表共同基金的實際價值，等於基金所擁有的資產總值，減去所有的負債。

Investopedia 的解釋

共同基金的資產淨值每交易日計算一次，根據投資組合內的所有資產，包括股票、債券、現金、其他有價證券的收盤價，計算出基金的總資產市值，減去全部債務，得出資產淨值，再除以發行在外的總單位數，就得到基金的單位資產淨值，這是基金在該交易日的買賣價格。投資人認購或贖回基金，必須在第二天才得知交易價格。因為許多共同基金會將投資收益派發給投資人，單位資產淨值未能反映基金投資的全部報酬，必須將基金的配息一併

計算，才能得出準確的報酬率。指數股票型基金（ETF）與封閉型基金因為像個股一般交易，價格可以出現高於每股資產淨值的溢價情況，也可以出現低於資產淨值的折扣情況。不過，ETF 的價格，一般會相當貼近本身的每股資產淨值。

相關名詞／

- Book Value 帳面值
- Face Value 面值
- Notional Value 名義值
- Exchange-Traded Fund (ETF) 指數股票型基金
- Mutual Fund 共同基金

Net Income (NI) | （1）淨利；（2）所得淨額

什麼是 Net Income ？

（1）總收入減去全部應計費用與支出，包括折舊、利息與稅項，就是淨利，通常按季度或年度計算。淨利是企業重要的盈利指標，又稱為「底線」（bottom line），因為這是損益表上最底下一行的數字。計算每股盈餘時，淨利還要減去少數股東應占利潤與優先股股息，得出普通股股東應占溢利（profit attributable to shareholders），再除以發行在外的股數，才能得出每股盈餘。少數股東是指在集團子公司中持有少數股權的投資人。淨利的英文也稱為 net profit 或 net earnings。

（2）個人報稅時，所得總額減去免稅額與扣除額，就得出個人所得淨額，用來計算應納稅款。

Investopedia 的解釋

（1）計算淨利從營收開始，減去銷貨成本得出毛利，毛利減去

264

營業支出得出營業利潤，加計非營業盈虧，就是稅前盈利，再扣掉稅項，就是淨利了。跟其他會計指標一樣，淨利可能遭一些會計伎倆扭曲，如以過於寬鬆的標準認定收入，或是隱藏一些費用。分析公司的盈利能力時，不能只看淨利大小，還要研究利潤的質素。

（2）舉例來說，某人上年度所得總額為 50,000 美元，免稅額與扣除額共為 20,000 美元，當年用以計算應納稅款的所得淨額就是30,000 美元。

相關名詞／
- Cost of Goods Sold (COGS) 銷貨成本
- Gross Income （1）總收入；（2）毛利
- Operating Income 營業利潤
- Economic Profit 經濟利潤
- Income Statement 損益表

Net Long｜淨多頭部位

什麼是「淨多頭部位」？
指投資人在某證券、類股或資產類別上，持有的多頭部位大於空頭部位。資產價格上漲時，持有淨多頭部位的投資人可從中獲益。

Investopedia 的解釋
許多共同基金在拋空操作上受到嚴格限制，因此，通常是處於淨多頭狀態。事實上，絕大多數散戶投資人並不持有大額的空頭部位。換句話說，淨多頭是普遍的正常狀態。與淨多頭相反的，是淨空頭（net short）。

相關名詞／
- Delta 德爾他
- Long (or Long Position) 多頭
- Short (or Short Position) 空頭
- Hedge 對沖
- Overbought 超買

Net Operating Income (NOI)｜營業淨利

什麼是「營業淨利」？

企業某段時間內已扣除營業支出，但未扣除稅項與利息的盈利，也稱為息稅前利潤（EBIT）。

Investopedia 的解釋

許多分析師認為，利息支出反映公司的融資方式，跟營業績效無關，因此喜歡以這個指標衡量公司的營業利潤。

相關名詞／
- Minority Interest 少數股東權益
- Operating Income 營業利潤
- Net Income（1）淨利；（2）所得淨額
- Nonoperating Income 非營業利潤

Net Operating Profit After Tax (NOPAT)｜

稅後營業淨利

什麼是「稅後營業淨利」？

NOPAT 是公司稅後淨利的一個估計值，是估算公司若沒有負債，不需要支付利息費用時，營業利潤在扣除盈利稅後還有多少。這個指標常用來計算經濟附加價值（EVA）。

NOPAT ＝營業利潤 × （1－稅率）

注：營業利潤尚未扣除利息費用

Investopedia 的解釋

許多分析師認為，利息支出反映公司的融資方式，跟營業績效無關；NOPAT 剔除了公司利息費用的節稅效果，因此更能反映公司的營運績效。

相關名詞／

- Accrual Accounting 權責發生制
- Diluted Earnings per Share (Diluted EPS) 稀釋後每股盈餘
- Operating Expense 營業費用
- Balance Sheet 資產負債表
- Profitability Ratios 獲利能力比率

Net Present Value (NPV) ｜ 淨現值

什麼是「淨現值」？

某項資產或投資項目的現金流入量折算為現值，減去現金流出量的現值，就是淨現值。這類分析應用在資本預算中，用來評估投資項目的盈利潛力。不過，淨現值是否準確，要看現金流量的預估是否準確。

$$NPV = \sum_{t=1}^{T} \frac{C_t}{(1-r)^t} - C_0$$

Investopedia 的解釋

用來將現金流量折算為現值的利率，反映了投資人期望的報酬率，當中包含資金的時間價值，以及因承擔風險而要求的溢酬。淨現值若為負數，投資項目就無法提供投資人要求的報酬率，不

值得投入。淨現值若是零或正數，項目預計可達成或是超過投資人要求的報酬率，值得投入。舉例來說，某家服飾零售公司正在考慮是否收購某家現有的商店，估算出該店未來淨現金流入的現值為 56.5 萬美元，理論上，若收購代表不超過此數，該店就值得收購。

相關名詞／
- Discounted Cash Flow (DCF) 現金流折現法
- Discount Rate （1）貼現率；（2）折現率
- Payback Period 還本期
- Present Value (PV) 現值
- Time Value of Money 資金的時間價值

Net Sales | 淨銷售額

什麼是「淨銷售額」？
企業某段時間內的實際銷售收入，從營收毛額中扣掉退貨、折扣，以及出貨後公司應承擔的貨物損壞，或是失蹤的代價。公司所公布的營收數字，一般就是淨銷售額。

Investopedia 的解釋
淨銷售額代表公司實際應可收到的營業所得，因此，較營收毛額更能準確反映公司的實際營收。公司出貨後，即會記錄銷售收入，但客戶如果按照公司的退貨政策退回貨品，該筆銷售即已作廢，必須從銷售毛額中扣掉。同理，出貨後若有賣方應承擔的貨物損壞、失竊代價，或公司提供客戶某些折扣（像是大額購買及早付款的折扣），這些項目都應從銷售毛額中扣除。

相關名詞／
- Accounts Receivable (AR) 應收帳款
- Cost of Goods Sold (COGS) 銷貨成本
- Operating Margin 營業利潤率
- Asset Turnover 資產週轉率
- Operating Income 營業利潤

Net Tangible Assets ｜ 有形資產淨值

什麼是「有形資產淨值」？

等於公司的資產總值減去無形資產（例如，商譽、專利與商標），再減去總負債及優先股面值。

Investopedia 的解釋

這個指標反映公司不含無形資產的資產淨值，分析師有時會除以公司發行的債券張數、優先股或普通股股數，得出相應的每單位有形資產淨值。

相關名詞／
- Asset 資產
- Price to Tangible Book Value (PTBV) 股價有形資產比
- Tangible Asset 有形資產
- Book Value 帳面值
- Tangible Net Worth 有形資產淨值

Net Worth ｜ 淨值

什麼是「淨值」？

指資產淨值，等於資產總值減去相關負債，可用來講公司或個人。

Investopedia 的解釋

就公司而言，淨值就是股東權益，等於資產負債表上的資產減負債。舉例來說，某公司資產總值是 6500 萬元，負債 4500 萬，淨值就是 2000 萬元（6500 萬－4500 萬）。以個人為例，如果某人有三項資產：10 萬元的股票、3 萬元的債券，以及 19 萬元的房屋，負債則僅有一項：15 萬元的房貸。這個人的淨值就是 17 萬元（10 萬＋3 萬＋19 萬－15 萬）。

相關名詞／

- Asset 資產
- Debt 債務
- Mortgage 房地產抵押貸款
- Balance Sheet 資產負債表
- Liability 負債
- Shareholders' Equity 股東權益

New York Stock Exchange (NYSE) | 紐約證交所

什麼是「紐約證交所」？

位於紐約市，以股票為主的證券交易所，以掛牌證券的市值來看，是全球最大的證交所。2005 年收購電子交易所 Archipelago 後，成為上市公司，之前是一家私人擁有的機構。2007 年與歐洲交易所 Euronext 合併後，母公司現稱為 NYSE Euronext。有很長一段時間，紐約證交所僅靠交易廳內的專業經紀人（specialists），以公開喊價的方式進行買賣，如今超過一半的交易是由電子交易系統執行，場內經紀人主要執行大額的法人單，並扮演促進流動性的角色。紐約證交所的英文俗稱是 the Big Board。

Investopedia 的解釋

紐約證交所創始於 1792 年，因為歷史悠久，是世界上許多知名

大型企業掛牌的地方。美國以外的公司，只要遵守美國證券交易委員會制定的上市規則，即可在紐約證交所掛牌。紐約證交所的開盤時間是週一至週五，美國東部時間上午 9 點半至下午 4 點整，特殊情況下會提早收盤，每年會在9個公定假日休市。

相關名詞／
- American Stock Exchange (AMEX) 美國證交所
- Benchmark 基準
- Listed 上市
- Nasdaq 那斯達克
- Securities and Exchange Commission (SEC) 美國證券交易委員會

No-Load Fund | 免收銷售費的基金

什麼是「免收銷售費的基金」？

不收取銷售費的共同基金。基金投資人支付銷售費，理論上，是補償基金銷售中介（經紀人、理財專員、投資顧問等）提供服務，協助挑選合適的基金。

Investopedia 的解釋

銷售費可分為認購時支付的申購手續費（front-end load）、贖回時支付的贖回手續費（back-end load），以及持有期間支付的平攤手續費（level-load）。銷售費是基金外收的費用，不算進基金的操作費用中。收取銷售費的基金，英文稱為 load fund。研究發現，是否收取銷售費，跟基金的績效並沒有明顯的關聯。

相關名詞／
- Expense Ratio 操作費用比率
- Front-End Load 申購手續費
- Load Fund 收取銷售費的基金
- Mutual Fund 共同基金
- Net Asset Value (NAV) 資產淨值

Nominal GDP | 名目國內生產毛額

什麼是「名目國內生產毛額」？

國內生產毛額（GDP）未經通膨調整的數值，即按照當期物價計算的 GDP 數值，英文也稱為 current dollar GDP。

Investopedia 的解釋

通貨膨脹會放大 GDP 的名目值，據此計算之 GDP 成長率可能會產生誤解。例如，若某年 GDP 名目成長率為 8％，同期通膨率為 4％，則 GDP 實質成長率約為 4％，也就是說，經濟產出規模實際上僅增加了 4％左右。同樣的道理，如果某項投資某年的名目報酬率為 10％，而同期通膨率為 3％，則當年的實質投資報酬率約為 7％。

相關名詞／
- Consumer Price Index (CPI) 消費者物價指數
- Gross Domestic Product (GDP) 國內生產毛額
- Inflation 通貨膨脹
- Market Economy 市場經濟
- Real Gross Domestic Product 實質國內生產毛額

Nonmarginable Securities | 不可融資買進的證券

什麼是「不可融資買進的證券」？

投資人不能向經紀商借錢買進的證券。在美國，據聯邦準備理事會的規定，某些證券，像是近期首次公開發行的個股、場外交易的股票，以及價格低落的「水餃股」，都不得融資買進。經紀商可能也會把某些其他個股，像是股價低於 5 美元，或是貝他係數

特別高的個股，列入不可融資買進的證券名單中。投資人購買這類股票，必須百分之百動用自己的資金，而且這類股票也不能當作保證金帳戶的擔保品。

Investopedia 的解釋

多數經紀商會有自己的不可融資買進證券名單，投資人可上網查詢，或是詢問券商。這種名單會不時調整，以反映股價與波動性的變動。禁止某些證券融資買進，一方面是避免投資人過度冒險，一方面也是券商不想因需要頻頻追繳保證金，而承擔過高的成本。

相關名詞／
- Margin 保證金／利潤
- Margin Account 保證金帳戶
- Margin Call 追繳保證金
- Over-the-Counter Bulletin Board (OTCBB) 那斯達克場外交易系統
- Penny Stock 水餃股

Notional Value ｜ 名義值

什麼是「名義值」？

又稱為名目值，是指投資人進行保證金交易或是買賣衍生工具，建立起的槓桿部位所代表的總資產值。選擇權、期貨，或是外匯保證金交易的槓桿倍數可以很高，投資人建立的部位名義值，可以是投入本金的很多倍。利率交換的名義值，是指用來計算利息的約定本金，而信用違約交換的名義值，則是合約所擔保的債務本金。

Investopedia 的解釋

舉例來說，一張標準普爾五百指數期貨合約，代表 250 個單位的標的指數，如果指數現值為 1000 美元，一張期約的名義值就是 25 萬美元（1,000×250）。

相關名詞／

- Derivative 衍生工具
- Hedge 對沖
- Open Interest 未平倉量
- Futures 期貨
- Leverage 槓桿

「親愛的，你幹嘛倒立？」

copyright JackGuinan

「這樣我的股價圖比較好看！」

October Effect | 10月效應

什麼是「10月效應」？

金融市場的一種說法，認為股價多半在10月份下跌。

Investopedia 的解釋

有些投資人在每年10月份會比較緊張，因為歷史上一些著名的股市崩跌事件，都發生在10月。美股的黑色星期一、星期二及星期四，都發生在1929年10月，隨後經濟就陷入大蕭條時期。1987年的股市崩盤發生在10月19日，道瓊工業指數當天崩跌22.6％。大多數統計數據顯示，10月效應並沒有多少根據，基本上，這只是投資人的一種心理陰影，而不是真實的市場現象。

相關名詞／
- Bear Market 空頭市場
- Behavioral Finance 行為財務學
- Swing Trading 短線波段操作
- Bull Market 多頭市場
- January Barometer 1月指標

Off-Balance-Sheet Financing | 帳外融資

什麼是「帳外融資」？

也稱為資產負債表外融資或表外融資，是指以某種方式為資本支出取得融資，並利用某些財務安排，與會計上的竅門，使得相關資產與債務，不會出現在資產負債表上。企業利用帳外融資，通常是為了美化帳面，壓低負債比率。有時企業在發債條款中，承諾公司的負債比率不會超過某一水準，如果有重大資本支出，會導致公司違反這種條款，經營者會特別想採用帳外融資的方式。

Investopedia 的解釋

帳外融資的例子，包括設立合資企業、與其他公司合作研發，以及以營業租賃（operating lease）取得設備使用權（而不是購入設備）。營業租賃是最常見的一種帳外融資方式，相關資產與債務承擔不會出現在承租方的資產負債表上，承租公司只需要把租金支出，記入損益表中的營業費用中。相反地，如果是屬於融資租賃（finance lease），雖然在法律上，承租人並不擁有資產所有權，但按照通用會計準則，仍必須將資產及租賃相關的債務承擔，反映在資產負債表上，形同購入資產。這是因為在融資租賃下，資產的所有權實質上已從出租人轉移至承租人。通用會計準則對何謂融資租賃有具體規定。帳外融資一詞，在能源交易商恩隆（Enron）破產後廣為人知，因為該公司設立許多帳外機構隱匿負債，是不當帳外操作極為惡劣的例子。

相關名詞／
- Balance Sheet 資產負債表
- Capital Structure 資本結構
- Debt/Equity Ratio 負債權益比
- Float 自由流通量
- Generally Accepted Accounting Principles (GAAP) 通用會計準則

Oligopoly | 寡頭壟斷

什麼是「寡頭壟斷」？

又稱寡頭獨占，指少數幾家公司控制了某一商品的供給，因而對價格有極大影響力的一種市場狀況。壟斷則是指單一業者控制了市場的情況。

O

Investopedia 的解釋

汽油零售市場是寡頭壟斷的好例子，因為該市場掌控在少數幾家公司手上。

相關名詞／
- Behavioral Finance 行為財務學
- Law of Supply 供給法則
- Monopoly 壟斷
- Law of Demand 需求法則
- Market Economy 市場經濟

Open Interest | 未平倉量

什麼是「未平倉量」？

就期貨或選擇權而言，未平倉量是指市場結束一天交易時，未「結束掉」的合約數量（每張合約必定有買賣雙方，未平倉量只計算買或賣單邊數量）。合約「結束」，可以是因為合約到期、完成商品交割（期貨）或行使權利（選擇權），或是以反向的操作結束部位，稱為平倉。就股市而言，open interest 一詞，是指市場開盤前已掛出的買單數量。

Investopedia 的解釋

許多人以為期貨或選擇權的未平倉量，與成交量是同一回事，這是不對的。未平倉量的計算原則概括如下：（1）買賣雙方都是新交易，未平倉量按成交量增加；（2）買賣其中一方是新交易，另一方是平倉，未平倉量不變；（3）買賣雙方都是平倉交易，未平倉量按照成交量減少。茲舉下例說明：

日期	交易活動	未平倉量
1月1日	A買進1張選擇權，B賣出1張選擇權	1
1月2日	C買進5張選擇權，D賣出5張選擇權	6
1月3日	A賣出1張選擇權，D買進1張選擇權	5
1月4日	E向C買進5張選擇權，C賣掉5張選擇權	5

1月1日，買賣雙方都是新交易，未平倉量按成交易增加1張。
1月2日，買賣雙方又是同為新交易，未平倉量按成交量增加5
張，成為6張。1月3日，賣方A是平倉而買方D也是平倉（原賣
出5張，現平掉1張），未平倉量按成交量減少1張，成為5張。
1月4日，買方E是新交易，賣方C是平倉，未平倉量因此維持不
變，當天成交量為5張。

相關名詞／
• Futures 期貨
• Option 選擇權
• Volume 成交量
• Index Futures 指數期貨
• Stock Option 股票選擇權

Open-End Fund | 開放型基金

什麼是「開放型基金」？

一般的共同基金都是開放型基金。開放型是指基金的資本額不設
限，投資人隨時可向基金公司要求買入或贖回基金，基金公司則
可隨時增發基金單位，以滿足市場需求。開放型基金的投資人可
於每個交易日，依基金單位資產淨值，向基金公司認購基金或要

求贖回,基金公司須保持足夠的流動性,以滿足投資人的贖回需求。

Investopedia 的解釋

開放型基金方便投資人投資與變現。有時候基金經理人會認為資金的規模已過大,難以爭取理想的報酬率,因此會暫時停止接受新投資人認購,甚至連既有的投資人,也不能申購更多基金單位。不過因為基金的規模,跟基金經理人的管理費收入直接相關(通常是按基金資產值的某個百分比收取,例如,每年 2%),大多數基金公司樂見基金規模大幅膨脹,犧牲投資績效也在所不惜。這是基金業為人詬病的其中一點。

相關名詞/
- Closed-End Fund 封閉型基金
- Index Fund 指數基金
- Net Asset Value (NAV) 資產淨值
- Exchange-Traded Fund (ETF) 指數股票型基金
- Mutual Fund 共同基金

Operating Cash Flow (OCF) │ 營業現金流

什麼是「營業現金流」?

反映企業在某段時間內正常經營活動產生的現金流入或流出淨額,等於盈利加上折舊及攤銷等非現金費用,再根據現金以外的流動資產,與短期貸款以外的流動負債變動加以調整。流動資產減少,代表現金流入,流動負債減少,則代表現金流出。營業現金流是重要的績效指標,一家公司的營業現金流如果持續為淨流出,大多會陷入財務困境。它又稱為經營現金流(cash flow provided by operation）, 或是營運現金流（cash flow from operating activities）。公式為：

$$稅前營收＋折舊－稅額$$

Investopedia 的解釋

不少分析師認為，營業現金流較盈利更能反映公司的經營績效，其中一項原因，就是盈利數字可動用不少會計伎倆加以美化，但要操控營業現金流則困難得多。有些公司損益表上顯示有淨利，卻難以按時償還債務。畢竟，公司要支付日常費用與還債，還是要靠正常經營活動產生現金流入。營業現金流是檢驗公司盈利品質的好指標：如果一家公司盈利非常強勁，但營業現金流是淨流出，該公司可能就是用了非常誇張的手法美化報表。

相關名詞／
- Cash Flow 現金流
- Operating Expense 營業費用
- Operating Margin 營業利潤率
- Cash Flow Statement 現金流量表
- Operating Income 營業利潤

Operating Cash Flow (OCF) Ratio |

營業現金流對流動負債比

什麼是「營業現金流對流動負債比」？

反映公司償還短期債務能力的比率，等於是營業現金流除以流動負債。數字愈大，意味著公司償債能力愈強。公式如下：

$$\frac{營業現金}{流動負債}$$

Investopedia 的解釋

理論上，營業現金流比盈利更能反映公司的償債能力，因為公司畢竟得靠經營活動產生現金流入，才能支付費用與償還負債。

相關名詞／
- Current Liabilities 流動負債
- Liquidity Ratios 流動性比率
- Quick Ratio 速動比率
- Income Statement 損益表
- Operating Cash Flow (OCF) 營業現金流

Operating Expense | 營業費用

什麼是「營業費用」？

在會計上，是指維持公司日常運作所需支付的費用支出，例如銷售及行政費用，不包括公司出售產品的直接成本，後者稱為銷貨成本，是製造這些產品時，直接投入的物料與勞動力成本。企業經營者常面對的一個挑戰，是如何在不損害競爭力的情況下，盡可能降低營業費用。英文也稱為 OPEX。

Investopedia 的解釋

行銷與行政部門的薪酬，以及研發部門的開銷，都是營業費用的例子。企業如果無法藉調高產品售價，或是開拓新市場增加收入，往往會嘗試以節省成本來維持盈利；包括縮減營業費用。公司如果已失去競爭力，可能必須藉著裁員等手段節省支出。不過，節流必須顧及產品與服務品質，否則可能得不償失。

相關名詞／

- Expense Ratio 操作費用比率
- Operating Income 營業利潤
- Operating Profit 營業利潤
- Operating Cash Flow (OCF) 營業現金流
- Operating Margin 營業利潤率

Operating Income | 營業利潤

什麼是「營業利潤」？

企業正常經營活動產生的盈利，等於營業收入減去銷貨成本，再減營業費用。對非金融業公司而言，一般視為等同息稅前利潤（EBIT），就是未扣掉利息及稅項支出的盈利。英文也稱為 operating profit 或 recurring profit。公式如下：

營業利潤＝營業收入－銷貨成本－營業費用

Investopedia 的解釋

非正常營業活動產生的盈虧，不計入營業利潤中，例如，非金融業公司的金融投資收益，以及性質特殊的一次性收支項目，像是某些訴訟的和解支出。營業利潤是營業利潤率的分子（分母為營收），該比率衡量企業的經營績效。

相關名詞／

- Cash Conversion Cycle 現金轉換循環
- Cost of Goods Sold (COGS) 銷貨成本
- Gross Income（1）總收入；（2）毛利
- Net Operating Income (NOI) 營業淨利
- Operating Expense 營業費用

Operating Leverage | 營業槓桿

什麼是「營業槓桿」？

營業槓桿反映一家企業或一項業務的固定成本與變動成本比重。

（1）一項業務如果銷售宗數有限，每一宗貢獻很大的毛利，營業槓桿相對較高。薄利多銷者營業槓桿較低。

（2）業務的固定成本比重較高，變動成本較輕，營業槓桿較大，利潤對銷售量的變動較敏感。

Investopedia 的解釋

營業槓桿愈高，預測風險愈大。也就是說，銷售量預測相對較小的誤差，在槓桿作用下，會放大成盈利與現金流較大的預測誤差。一家公司一年的銷售宗數以百萬計，每一宗只貢獻薄利，該公司對每一宗銷售的仰賴程度自然較輕。舉例來說，便利店的營業槓桿就明顯低於名車經銷商。

相關名詞／
- Cash Flow 現金流
- Gross Margin 毛利率
- Volume 成交量
- Debt 債務
- Leverage 槓桿

Operating Margin | 營業利潤率

什麼是「營業利潤率」？

反映企業盈利能力的財務比率，以營業利潤除以營收得出，代表每 1 元的營業收入，在扣除銷貨成本與營業費用後還剩下的百分

比。非正常營業活動產生的盈虧，不計入營業利潤中。公式為：

$$營業利潤率 = \frac{營業利潤}{營收}$$

Investopedia 的解釋

跟其他財務比率一樣，分析營業利潤率時，最好是跟企業往年紀錄，以及同業的表現相比較。營業利潤率通常是愈高愈好。舉例來說，某公司上年度營業利潤率 12％，代表該公司期間每 1 元的營業收入，產生了 0.12 元的營業利潤（未計特殊項目的息稅前盈利）。

相關名詞／

- Contribution Margin 邊際貢獻
- Operating Income 營業利潤
- Revenue 營業收入
- Net Sales 淨銷售額
- Operating Leverage 營業槓桿

Operating Profit｜營業利潤

什麼是「營業利潤」？

企業正常經營活動產生的盈利，等於是營業收入減去銷貨成本，再減營業費用。對非金融業公司而言，一般視為等同息稅前利潤，就是未扣掉利息及稅項支出的盈利。非正常營業活動產生的盈虧，不計入營業利潤中，例如，非金融業公司的金融投資收益，以及性質特殊的一次性收支項目。英文也稱為operating income。公式為：

$$營業利潤 = 營業收入 - 銷貨成本 - 營業費用$$

O

Investopedia 的解釋

舉例來說，ABC 印刷公司上年度核心印刷業務收入是 5000 萬元，此外，因持有 XYZ 公司 40％股權，而分得 1000 萬元的盈餘，銀行存款及貨幣市場帳戶，則帶來 350 萬元的利息收入。在這段期間，公司生產成本及營業費用共為 1000 萬元。該公司上年度營業利潤為營業收入 5000 萬元，減去 1000 萬元的生產成本及營業費用，就是 4000 萬元。另外兩個項目為投資收益，不計入營業利潤中。

相關名詞／

- Inventory Turnover 庫存週轉率
- Operating Income 營業利潤
- Revenue 營業收入
- Operating Expense 營業費用
- Operating Margin 營業利潤率

Opportunity Cost ｜ 機會成本

什麼是「機會成本」？

（1）機會成本是指占用資源的代價，也就是資源另作他用時，所能取得的最高效益。

（2）資金用在某投資項目上，就會犧牲其他選擇，機會成本有時是指實際的投資與可行但未選擇的投資之報酬率差距。舉例來說，某人投資股票，1 年結束後，報酬率只有 2%。該筆資產不投資股票的話，可購買無違約風險的政府公債，同期公債報酬率為 6%。在這種情況下，機會成本為 4 個百分點（6%－2%）。

Investopedia 的解釋

機會成本的概念，強調凡事皆有代價：資源一旦用在某個用途上，勢必會犧牲掉其他選擇。例如，年輕人上大學，一般就有 4 年時間不能全職工作，機會成本可說是這 4 年可賺取的薪酬。當然，一般人上大學，是希望畢業後有較高的賺錢能力，足以彌補就學期間犧牲的收入。換個例子來說，農夫決定種胡蘿蔔，機會成本是該農地另作他用的效益（例如，是種其他作物的所得，像是馬鈴薯、番茄、南瓜）。換句話說，機會成本是犧牲次佳選擇的代價。理性的人做出選擇時，應該相信那是最佳選擇，但在不可測的風險下，事後可能會發現並非如此。

相關名詞／
- Capital Structure 資本結構
- Gross Profit Margin 毛利率
- Profit and Loss Statement (P&L) 損益表
- Earnings 盈餘
- Net Sales 淨銷售額

Optimization | 優化

什麼是「優化」？

就技術分析而言，優化是指調整系統設定，以求得更好的分析效果。這種調整可能包括改變移動平均線所用的天數、改變使用的指標數目，以及去除無用的分析圖表。

Investopedia 的解釋

舉例來說，分析師可能利用長、短期移動平均線的交叉，協助判斷市場走勢。每個分析師認為最具預測價值的移動平均線天數，

可能各有不同，因此使用系統前，必須做一些優化調整。

相關名詞／
- Modern Portfolio Theory (MPT) 現代投資組合理論
- Moving Average (MA) 移動平均線
- Simple Moving Average (SMA) 簡單移動平均線
- Technical Analysis 技術分析
- Trend Analysis 趨勢分析

Option ｜ 選擇權

什麼是「選擇權」？

一種金融衍生工具，給予買方購買或出售標的資產的權利。合約會指定一個到期日，美式選擇權（American option）可在到期日前的任何時候行使權利，而歐式選擇權（European option）則只能在到期日履約。合約也會定出行權時買進或賣出標的資產的價格，稱為履約價或行使價。選擇權分買權（就是看漲選擇權）與賣權（即看跌選擇權）兩大類：買權賦予持有人以履約價買進標的資產的權利，賣權則賦予持有人以履約價賣出標的資產的權利。又稱為「期權」。

Investopedia 的解釋

選擇權是操作彈性很高的金融工具，可透過基本合約的不同組合方式，創造出複雜的交易策略。交易者可使用選擇權作投機買賣，這是高風險的操作。持有某些資產的投資人，也可用選擇權作避險工具，對沖資產價格下滑的風險。就投機操作而言，選擇權的買方與賣方（option writer），對標的資產的價格走勢，顯然

有不同的預期。例如，買入買權的交易者是看好標的資產的價格升逾履約價（這樣才能以低於市價的價格買進標的資產），而買權的賣方則認為，這不太可能發生，或是即使發生，賣出買權所得的權利金（premium）也足以彌補買方行權造成的損失。

相關名詞／
- Call（1）集合競價時段；（2）買權
- Intrinsic Value 內在價值
- Put 賣權
- Derivative 衍生工具
- Maturity 到期

Out of the Money (OTM)│價外

什麼是「價外」？
選擇權沒有履約價值的狀態。就買權而言，是指履約價高於標的資產的市價。就賣權而言，是指履約價低於標的資產的市價。

Investopedia 的解釋
價外選擇權若馬上到期，會不值一文。

相關名詞／
- Call Option 買權
- Put Option 賣權
- Strike Price 履約價
- In the Money 價內
- Stock Option 股票選擇權

Outstanding Shares | 發行在外股份

什麼是「發行在外股份」？

一家公司的發行在外股份，是指投資人持有的全部股份，包括公司管理層與員工等內部人士持有的、交易受限制的股份。公司若斥資回購自身股票，發行在外股份會相應減少。

Investopedia 的解釋

發行在外股份是很重要的數據，用來計算公司市值與每股盈餘。

相關名詞／
- Capital Structure 資本結構
- Diluted Earnings per Share (Diluted EPS) 稀釋後每股盈餘
- Float 自由流通量
- Fully Diluted Shares 完全稀釋的股數
- Market Capitalization 市值

Overbought | 超買

什麼是「超買」？

（1）指資產需求強勁，價格升到基本面因素無法支持的水準，通常會發生在價格短時間內急漲後。超買意味著價格很容易回落。

（2）就技術分析而言，超買是指特定指標進入分析師普遍認為顯示資產已超買的區域。

Investopedia 的解釋

（1）資產是否已進入超買狀態，或是超買程度有多高，並沒有一致公認的標準，各個投資人的看法可能大不相同。

（2）分析師以相對強弱指數、隨機指標，以及資金流量指標（MFI）等指標，判斷一項資產是否已經超買。超買的相反狀態則是超賣。

相關名詞／
- Law of Demand 需求法則
- Oversold 超賣
- Relative Strength Index (RSI) 相對強弱指數
- Stochastic Oscillator 隨機指標
- Technical Analysis 技術分析

Overnight Index Swap | 隔夜拆款交換

什麼是「隔夜拆款交換」？

簡稱 OIS，是一種利率交換合約，以浮動利率交換固定利率，前者以隔夜拆款利率指數為計算基礎。

Investopedia 的解釋

在美國，OIS 的利率，是根據聯邦資金利率的每日水準來計算。

相關名詞／
- Arbitrage 套利
- Index 指數
- Interest Rate 利率
- Interest Rate Swap 利率交換
- Swap 交換交易

Oversold | 超賣

O

什麼是「超賣」？

（1）指資產賣壓強勁，價格跌到低於基本價值的水準，通常發生在價格短時間內急跌後。超賣意味著價格很容易反彈。

（2）就技術分析而言，超賣是指特定指標進入分析師普遍認為顯示資產已超賣的區域。

Investopedia 的解釋

（1）資產是否已進入超賣狀態，或是超賣程度有多高，並沒有一致公認的標準，每個投資人的看法可能大不相同。

（2）分析師以相對強弱指數、平滑異同移動平均線、隨機指標，以及資金流量指標等指標，判斷一項資產是否已超賣。超賣的相反狀態為超買。

相關名詞／
- Moving Average (MA) 移動平均線
- Moving Average Convergence Divergence (MACD) 平滑異同移動平均線
- Overbought 超買
- Relative Strength Index (RSI) 相對強弱指數
- Stochastic Oscillator 隨機指標

Over the Counter (OTC) | 場外交易

什麼是「場外交易」？

又稱店頭市場，指交易商直接議價的交易方式，以區分透過交易所的集中市場（例如，紐約證交所、多倫多證交所，或是美國證

交所）進行買賣的交易方式。在場外市場，交易商通過電話及電腦網絡，而不是交易所的系統進行買賣。與交易所不同的是，場外市場沒有向大眾自動披露交易價格的機制，而且可進行非標準化的交易。債券、外匯、遠期合約、交換（swaps），以及一些非標準化衍生工具，都主要透過場外市場交易。

Investopedia 的解釋

就股票而言，個股在店頭市場交易，通常是因為公司規模小，不符合像是紐約證交所等傳統交易所的掛牌標準。這類股票又稱為未上市股票，由經紀自營商直接議價買賣。雖然那斯達克市場是一個交易商網絡，但人們普遍視該市場為一種證交所，而非店頭市場。就美國而言，OTC 股票一般是指在那斯達克場外交易系統（OTCBB），或是所謂粉紅單市場（pink sheets）買賣的未上市股票。投資人必須注意的是，OTC 股票風險較高，因為許多是低價的水餃股，或是信用紀錄不佳公司發行的股票。債券因為通常不在一般證交所買賣，也算店頭市場證券。許多債券由特定的投資銀行擔任造市商，想買賣相關證券，必須向造市商要求報價。

相關名詞／
- Electronic Communication Network (ECN) 電子通訊網路
- Nasdaq 那斯達克
- New York Stock Exchange (NYSE) 紐約證交所
- Over-the-Counter Bulletin Board (OTCBB) 那斯達克場外交易系統
- Pink Sheets 粉紅單市場

Over-the-Counter Bulletin Board (OTCBB)

那斯達克場外交易系統

什麼是「那斯達克場外交易系統」？

全美證券交易商協會為場外交易股票提供的一個受監管的電子交易系統，提供即時報價、上一筆成交價，以及成交量等資料。在這個市場掛牌的公司，必須向美國證券交易委員會、銀行或保險監管當局，提交最新財報。這個市場並沒有像紐約證交所或那斯達克市場的掛牌要求。在這個系統買賣的個股，以「OB」為代碼的字尾。

Investopedia 的解釋

投資人必須注意的是，OTCBB 並非那斯達克市場的一部分。OTCBB 股票通常是高度波動的小型股，一般認為風險很高。OTCBB 股票升級轉掛那斯達克或紐約證交所的例子很少，因為相關公司大多無法符合傳統證交所的上市條件。此外，OTCBB 股票成交通常較為稀疏，買賣價差因此較大。

相關名詞／
- Nasdaq 那斯達克
- National Association of Securities Dealers (NASD) 全美證券交易商協會
- Nonmarginable Securities 不可融資買進的證券
- Over the Counter (OTC) 場外交易
- Pink Sheets 粉紅單市場

P

copyright JackGuinan

「我們的小孩完全沒有財經概念。
他們以為自己購物時是經濟週期的起點，
而我們付款時則是經濟週期的終點！」

Paid-Up Capital | 實收資本額

什麼是「實收資本額」？

指公司發行股票後，股東實際已繳納的資本。

Investopedia 的解釋

就是公司實際從股東身上籌得的資本。

相關名詞／
- Capital 資本
- Float 自由流通量
- Shareholders' Equity 股東權益
- Common Stock 普通股
- Outstanding Shares 發行在外股份

Par Value | （1）債券面值；（2）股票面額

什麼是 Par Value ？

（1）指債券的面值。

（2）一個名義值，代表股東為每一股股票貢獻的（部分）資本。股票實際發行的價格，通常會明顯高於面額。

Investopedia 的解釋

（1）固定收益產品的面值各不相同，美國的債券面值一般為1000美元，而大多數貨幣市場工具的面值更高一些。

（2）美國股票的面額通常是 0.01 美元，也有股票是不設面額的。

相關名詞／
- Face Value 面值
- Corporate Bond 公司債

- Fair Value 公平價值
- Yield to Maturity (YTM) 到期殖利率
- Market Value 市值

Pari-Passu | 權利相同

什麼是「權力相同」？

指兩批證券所享的權益相同。

Investopedia 的解釋

這個詞是拉丁文，意思是「待遇平等、沒有偏袒」。發行證券時加入同權條款（pari passu clause），就表示新發行的一批證券，與原有的證券享有同等待遇（rank pari passu）。

相關名詞／
- Bond 債券
- Parity 平價
- Subordinated Debt 次順位債
- Debt 債務
- Stock 股票

Parity | 平價

什麼是「平價」？

（1）泛指兩樣事物相同的狀態，例如兩項資產的價值相等。

（2）公認的價值。

（3）就證交所而言，parity 是指所有經紀商都出同樣的價格競購某檔證券，因此分不出優先者的狀況。

P

Investopedia 的解釋

（1）例如，就外匯市場而言，兩個貨幣平價是指兩者的匯率剛好是一兌一。

（2）債券的面值或股票的面額。

（3）發生這種情況時，交易所必須決定證券由哪些經紀商購得，通常是用抽籤決定的。

相關名詞／
- Bond 債券
- Market Maker 造市商
- Stock Market 股票市場
- Broker-Dealer 經紀自營商
- Par Value （1）債券面值；（2）股票面額

Passive Investing | 被動型投資

什麼是「被動型投資」？

一種不積極買賣證券的投資策略。被動型投資人買進資產後期待長期升值，因此不會頻繁更換投資組合中的證券。在基金業，被動型管理（passive management）是指不求打敗大盤，只追求與標的指數一致的報酬率。指數基金就是典型的被動型管理基金，資產配置跟標的指數的成份完全一樣。

Investopedia 的解釋

被動型投資也稱為買進並持有（buy-and-hold），或是懶人（couch potato）策略。要靠這種策略取得良好的報酬率，投資人買進前必須充分研究，適度分散投資，並耐心持有資產。被動型投資人不像積極型投資人急於從短期的價格波動中獲利，他們指

望的是手上的資產長期升值。

相關名詞／

- Diversification 分散投資
- Exchange-Traded Fund (ETF) 指數股票型基金
- Index 指數
- Index Fund 指數基金
- Mutual Fund 共同基金

Payback Period｜還本期

什麼是「還本期」？

指收回投資成本所需的時間。

$$還本期 = \frac{投資成本}{年度現金流}$$

Investopedia 的解釋

舉例來說，某個計畫需要投入 10 萬元，此後，每年可淨收回 2 萬元，還本期就是 5 年（10 萬／2 萬）。如果其他條件相同，一項投資的還本期愈短，通常對投資人愈有利。以還本期分析投資項目，有兩個主要缺點：（1）忽略了還本期後的報酬，因此並不能反映報資報酬率；以及（2）忽略了資金的時間價值。因此，要全面評估投資項目，一般會使用其他資本預算法，例如，淨現值、內部報酬率，以及現金流折現法。

相關名詞／

- Cost of Capital 資本成本
- Discounted Cash Flow (DCF) 現金流折現法
- Internal Rate of Return (IRR) 內部報酬率
- Opportunity Cost 機會成本
- Return on Investment (ROI) 投資報酬率

Penny Stock | 水餃股

什麼是「水餃股」？

泛指股價低殘、市值很小的個股，通常不在主要交易所掛牌。市場普遍認為，這類股票投機性很強、風險很高，因為它們通常流動性不足、買賣價差相當大、市值很小、很少有分析師追蹤關注，公布的資訊也比較有限。美國的水餃股，一般在那斯達克場外交易系統，或是所謂的粉紅單市場買賣。

Investopedia 的解釋

Penny stock 的字面意思，是股價在 1 美元以下的個股，但這個詞有點名不符實，因為其實並沒有公認的定義：有人認為，股價在 5 美元以下就算水餃股，有人則認為，不在主要交易所掛牌的就是水餃股。但現實中，有一些市值非常大的個股，股價在 5 美元以下，而一些市值很小的個股，股價卻在 5 美元以上。典型的水餃股是市值很小、投機性強、流動性不足的個股，通常不必遵守嚴格的掛牌標準，以及資料申報等監管要求。重點在於，水餃股的投資風險可能會非常高。

相關名詞／
- Illiquid 流動性不足
- Over the Counter (OTC) 場外交易
- Over-the-Counter Bulletin Board (OTCBB) 那斯達克場外交易系統
- Nonmarginable Securities 不可融資買進的證券
- Pink Sheets 粉紅單市場

Pink Sheets | 粉紅單市場

什麼是「粉紅單市場」？

所謂的「粉紅單」，是指美國股票場外交易的買賣價報表，由民間機構全國報價局（National Quotation Bureau）每日按時公布，一併列出買賣這些股票的造市商名單。在粉紅單上出現的股票，不需要滿足最低上市要求，也不必向美國證券交易委員會申報資料。這個詞也代表美國股票場外交易市場。

Investopedia 的解釋

會稱為粉紅單，是因為這些報表是印在粉紅色的紙上。在粉紅單市場交易的個股，股票代碼都以「PK」結束，以便辨識。

相關名詞／
- Illiquid 流動性不足
- Over-the-Counter Bulletin Board (OTCBB) 那斯達克場外交易系統
- Market Risk Premium 市場風險溢酬
- Penny Stock 水餃股
- Securities and Exchange Commission (SEC) 美國證券交易委員會

Pip | 跳動點

什麼是「跳動點」？

指匯率最小的變動單位。大多數匯率以小數點後四位數為限，因此，跳動點相當於1個百分點的百分之一，也就是1個基點（0.0001）。

Investopedia 的解釋

例如，美元兌加元的跳動點是 0.0001 元。大多數匯率的最小變動

單位為0.0001，但並非全部匯率都是這樣。

相關名詞／
- Bid-Ask Spread 買賣價差
- Currency Forward 遠期外匯合約
- Money Market 貨幣市場
- Basis Point (BPS) 基點
- Currency Swap 貨幣交換

Pivot Point | 軸點

什麼是「軸點」？

也稱為關鍵點，是技術分析的指標，可透過計算資產日高、日低、收盤價的均值得出。

Investopedia 的解釋

軸點主要用來預測價格的阻力位與支撐位。若第二天資產的價格跌至軸點下方，則軸點可能會成為新的阻力位，反之則可能成為新的支撐位。

相關名詞／
- Bear Market 空頭市場
- Resistance 阻力位
- Technical Analysis 技術分析
- Bull Market 多頭市場
- Support 支撐位

Plain Vanilla | 陽春型

什麼是「陽春型」？

指金融工具最基本的標準類型，例如，不附設任何特殊條件的選

擇權、債券、期貨與交換（swap）。與它相對的，是所謂的特異（exotic）金融工具，也就是在標準類型的基礎上，另外附設特殊條件的合約。

Investopedia 的解釋

標準的買權或賣權，是陽春型金融工具的例子之一，這種選擇權只設定一個到期日與履約價，沒有任何附加的特點。觸及生效選擇權（knock-in option）則是特異選擇權的其中一個例子，設有生效條件：到期前標的資產的價格，必須觸及約定水準，選擇權才生效。

相關名詞／
- Convertible Bond 可轉換債券
- Futures Contract 期貨合約
- Swap 交換交易
- Derivative 衍生工具
- Knock-In Option 觸及生效選擇權

Plus Tick | 高於前成交價

什麼是「高於前成交價」？

證券價格的狀態標示，代表現在的成交價高於前成交價。英文又稱為 uptick。

Investopedia 的解釋

按照交易規則，價格狀態的標示，對當下可執行的買賣單類型有影響。例如，某些交易指令只能在 plus tick 或 zero plus tick 的情況下執行，後者是指現價與前成交價相同，但高於上一個相異的成交價。

相關名詞／
- Ask 賣方報價
- Downtrend 下跌趨勢
- Uptrend 上升趨勢
- Bid 買方出價
- Uptick 高於前成交價

P

Poison Pill | 毒丸策略

什麼是「毒丸策略」？

公司為避免遭敵意收購而採取的防禦行動，目的是要降低公司的被收購價值，希望藉此嚇退意圖收購的人。毒丸行動可分兩種：（1）內翻式（flip-in），授予現有股東（不包括意圖收購者）權利，可以用明顯的折扣認購更多股票；（2）外翻式（flip-over），授予股東在收購完成後，以大幅折扣認購收購方股票的權利。

Investopedia 的解釋

（1）內翻式毒丸的效果，是股東廉價購得更多股票，稀釋了意圖收購者的持股，使得收購行動的難度與成本都上升。

（2）外翻式毒丸可以是讓普通股股東，在收購完成後廉價認購股票，也可以是讓優先股股東，以極優惠的條件轉換為普通股。

相關名詞／
- Common Stock 普通股
- Mergers and Acquisitions (M&A) 企業併購
- Takeover 收購
- Merger 合併
- Shareholders' Equity 股東權益

Portfolio | 投資組合

什麼是「投資組合」？

投資人持有的一個資產組合，根據長短期投資目標，將資產配置在像是股票、債券、現金、貴金屬、共同基金、指數股票型基金，以及封閉型基金等各類資產上。投資組合可交由投資專業人士管理。

Investopedia 的解釋

為了審慎起見，投資人建構投資組合時，應考慮風險承受能力與投資目標。投資組合一般由風險與報酬特質不同的多個資產類別組成，目標是獲得一定水準的經風險調整報酬率。例如，保守型投資人的資產組合，可能傾向以大型價值股、廣基型（broad-based）指數基金、投資級債券，以及現金為主。相反地，進取的投資人可能會持有小型成長股、積極追求成長的大型股、高收益債、海外投資，以及一些另類資產。

相關名詞／
- Alpha 阿爾法
- Diversification 分散投資
- Style Drift 投資風格移轉
- Asset Allocation 資產配置
- Modern Portfolio Theory (MPT) 現代投資組合理論

Preferred Stock | 優先股

什麼是「優先股」？

優先股是結合債券和股票特質的證券，具體特徵視發行公司訂的條款而定，不過特性一般偏向債券多一些。「優先」是指跟普通

P

股相比，股東有優先獲配發股息的權利，而在公司清算時，對公司資產也有優先索取權（但排在債權人之後）。優先股股東一般對公司事務沒有表決權。英文又稱為 preferred shares 或 preference shares。

Investopedia 的解釋

優先股跟普通股是非常不同的證券，風險報酬特性比較像債券，而不太像股票。

相關名詞／
- Common Stock 普通股
- Dividend Yield 股息殖利率
- Yield 殖利率
- Dividend 股息
- Ex-Dividend 除息

Premium ｜（1）選擇權權利金；（2）溢價；（3）保費

什麼是 Premium？

（1）選擇權的價格。

（2）指固定收益證券價格超過面值的部分。

（3）購買保險必須支付的費用。保險公司收取保費，承諾一旦受保人發生必須理賠的事項，將按合約規定支付特定款項。保費是將風險轉移給保險公司所付的代價。

Investopedia 的解釋

（1）選擇權買方付出權利金，換得合約賦予的權利。選擇權的

價格，等於合約的內在價值（intrinsic value）加時間價值。標的
資產的價格波動性，會影響選擇權的價格。

（2）債券的成交價若高於面值，即代表現行市場利率低於債券
的票面利率，買方為購買支付高於市場水準利息的證券付出溢
價。

（3）舉例來說，車主購買汽車保險，通常是每年支付定額保
費，換取的保障是一旦發生事故或車子遭竊，可獲保險公司按合
約規定賠償經濟損失。

相關名詞／
- Coupon 票息
- Market Risk Premium 市場風險溢酬
- Time Value of Money 資金的時間價值
- Intrinsic Value 內在價值
- Option 選擇權

Present Value (PV) | 現值

什麼是「現值」？

現值是指將未來的現金流量，按某個利率折算為當前的金額。該
利率稱為折現率（discount rate），折現率越高，折算出來的現值
越小。選擇合適的折現率，對準確估算未來現金流的現值非常重
要。又稱折現值（discounted value）。

Investopedia 的解釋

現值的概念，乍聽時或許很難理解，但其實很簡單，重點就在於
金錢有所謂的時間價值：現在拿到 1000 元，要比 5 年後才拿到
1000 元更有價值，因為這筆錢可用來投資生息。現值的計算極為

重要，例如，計算淨現值（NPV）、債券殖利率、貼現率、退休金債務，都仰賴現值概念。學會使用財務計算機上的現值功能，就能輕鬆算出各種財務選項是否划算，例如，現金回饋、零利率購車計畫，以及房貸費用點數（points）與利率的取捨。

相關名詞／
• Discount Rate （1）貼現率；（2）折現率
• Internal Rate of Return (IRR) 內部報酬率
• Time Value of Money 資金的時間價值
• Future Value (FV) 未來值
• Net Present Value (NPV) 淨現值

Present Value Interest Factor (PVIF) | 現值利率因子

什麼是「現值利率因子」？

按利率與年數計算出來的現值因子，代表 n 年後的 1 元，按 r 折現率折算，現值為多少元，可編成表格，方便沒有現值計算程式的人使用。公式如下：

$$PVIF = \frac{1}{(1+r)^n}$$

Investopedia 的解釋

若某人 4 年後可收到 5000 元，按 8% 的折現率折算，這筆錢的現值為 5000／（1 + 0.08）^{4}，就是 3675.15 元。如果使用現值利率因子表格，則按 8% 的利率與 4 年時間，找出 0.73503 的現值因子，乘以 5000 元，就會得出同樣的結果。

相關名詞／
• Discounted Cash Flow (DCF) 現金流折現法
• Internal Rate of Return (IRR) 內部報酬率

- Net Present Value (NPV) 淨現值
- Present Value (PV) 現值
- Time Value of Money 資金的時間價值

Price to Tangible Book Value (PTBV) |

股價有形資產比

什麼是「股價有形資產比」？

股票評價的一項比率，等於股價除以每股有形資產淨值。有形資產淨值，就是公司不含無形資產的資產淨值，等於公司的資產帳面總值，減去無形資產（例如，商譽、專利、商標），再減總負債及優先股面值。

$$PTBV = \frac{股價}{每股有形資產淨值}$$

Investopedia 的解釋

理論上，每股有形資產淨值等於公司把有形資產全部按帳面值套現，償付給債權人後，股東每股可分到的錢。一般來說，股價有形資產比愈高，股價偏高的可能性愈大。

相關名詞／
- Book Value 帳面值
- Intangible Asset 無形資產
- Net Tangible Assets 有形資產淨值
- Price-to-Book Ratio (P/B Ratio) 股價淨值比
- Tangible Asset 有形資產

Price-Weighted Index | 價格加權指數

什麼是「價格加權指數」？

以成分股股價為加權基礎的股價指數。這類指數的數值，基本上，是將成份股股價加起來，除以成份股的數目得出。股價較高的成分股權值相對較大，股價變動對指數有較大的影響。

Investopedia 的解釋

例如，假設某價格加權指數只有兩檔成分股，一檔股價為 1 元，另一檔為 10 元，則 10 元的個股，在指數中的權重是 1 元個股的十倍。換句話說，10 元個股在該指數中的權重為 90.9％〔10／（10+1）〕，而 1 元個股的權重則為 9.1％。在這種情況下，1 元個股因為權重很小，股價變動對指數的影響也很弱。道瓊工業指數是價格加權指數最著名的一個例子，它的成分股，是 30 檔交投活躍的美國績優股。

相關名詞／
- Dow Jones Industrial Average (DJIA) 道瓊工業指數
- New York Stock Exchange (NYSE) 紐約證交所
- Stock Market 股票市場
- Standard & Poor's 500 Index (S&P 500) 標準普爾五百指數
- Volume Weighted Average Price (VWAP) 成交量加權平均價格

Price/Earnings to Growth Ratio (PEG Ratio) | PEG值

什麼是「PEG 值」？

將盈利成長速度也納入考量的股票評價比率，計算公式如下：

$$PEG值 = \frac{本益比}{每股盈餘年成長率}$$

Investopedia 的解釋

許多分析師喜歡以 PEG 值評估股價是否合理,因為這個比率將盈利成長率也納入考量。PEG 值的解讀方法與本益比類似,數值越小,通常意味著股價越可能遭低估。投資人必須注意的是,用來計算 PEG 值的數據,涉及對未來的預估,因此,這只是一種預估值。此外,使用哪一時段的盈餘計算 PEG 值,也有許多選擇,分析時應注意該比率的確切定義。

相關名詞/

- Accounts Receivable (AR) 應收帳款
- Earnings 盈餘
- Price-Earnings Ratio (P/E Ratio) 本益比
- Balance Sheet 資產負債表
- Earnings per Share (EPS) 每股盈餘

Price-Earnings Ratio (P/E Ratio) | 本益比

什麼是「本益比」?

最常用來評估股價是否合理的指標之一,由股價除以年度每股盈餘得出。例如,某公司目前股價為 43 元,過去 12 個月的每股盈餘為 1.95 元,則本益比為 22.05 (43/1.95)。這個例子的本益比,是所謂的歷史本益比(historical P/E 或 trailing P/E),就是以過去 1 年實際產生的每股盈餘為計算基礎。若是以未來 1 年的預估每股盈餘計算,則稱為預估本益比(projected P/E 或 forward P/E)。還有一種較罕見的方式,是以過去 2 季實際的每股盈餘,

加上未來 2 季的預估每股盈餘計算。本益比又稱市盈率，英文又稱為 price multiple 或 earnings multiple。公式如下：

$$本益比 = \frac{股價}{每股盈餘}$$

P

Investopedia 的解釋

一般來說，高本益比代表投資人看好公司未來的盈利，能以較快速度成長。但何謂合理的本益比，沒有一定的準則，分析時最好跟同業與大盤的本益比相比，而個股本身本益比的歷史紀錄，也有參考價值。不同產業的成長潛力差別很大，因此，跨產業比較本益比，大多得不出有用的結論，例如，新興科技公司的本益比，通常比業務穩定的電力公司高很多。本益比有時也稱為「倍數」（multiple），因為它代表投資人願意為公司每 1 元的年度盈利付出多少。例如，某公司本益比為 20，則代表投資人願意為 1 元的年度盈餘，付出 20 元的代價。必須注意的是，本益比的分母（每股盈餘）很容易遭會計伎倆扭曲，因此，會計品質對本益比的分析價值影響很大。

相關名詞／
- Earnings 盈餘
- Forward Price to Earnings (Forward P/E) 預估本益比
- Multiple 倍數
- Price-to-Book Ratio (P/B Ratio) 股價淨值比
- Price/Earnings to Growth Ratio (PEG Ratio) PEG值

Price-to-Book Ratio (P/B Ratio) | 股價淨值比

什麼是「股價淨值比」？

又稱股價權益比（price-equity ratio），是股票評價比率，等於股價除以每股資產淨值。資產淨值等於公司的資產帳面總值，減去總負債與優先股面值。計算股價淨值比時，資產淨值可以是進一步減去無形資產（例如，商譽、專利、商標）的有形資產淨值，也可以包含無形資產在內。如果是前者，該比率也稱股價有形資產比（price to tangible book value）。公式如下：

$$股價淨值比 = \frac{股價}{資產總值 - 總負債和無形資產}$$

Investopedia 的解釋

理論上，每股資產淨值等於公司將資產全部按帳面值套現，償付債權人後，股東每股可分到的錢。股價淨值比偏低，可能意味著股價遭低估，但也可能代表公司體質有問題。跟其他財務比率一樣，分析這項比率，最好是跟同業相比較，因為不同產業，股價淨值比可能會差很多。

相關名詞／
- Book Value 帳面值
- Gearing Ratio 槓桿比率
- Market Value 市值
- Price-Earnings Ratio (P/E Ratio) 本益比
- Value Investing 價值投資法

Price-to-Cash-Flow Ratio ｜ 股價現金流量比

什麼是「股價現金流量比」？

類似本益比的股票評價比率，分母不用每股盈餘，而是用每股應占的年度營業現金流。由於以現金流量為計算基礎，不受折舊等非現金因素影響。

$$股價現金流量比 = \frac{股價}{每股現金流量}$$

$$每股現金流量 = \frac{（營業現金流 - 優先股股息）}{發行在外股數}$$

Investopedia 的解釋

每股盈餘容易遭會計伎倆扭曲，營業現金流則比較難造假，因此，一些分析師認為股價現金流量比，較本益比更能反映公司股價是否合理。此外，折舊費用的算法，各公司、各地區可能有明顯差異，股價現金流量比在剔除了折舊等非現金因素後，更方便相互比較。

相關名詞／
- Cash Flow 現金流
- Cash Flow Statement 現金流量表
- Cash and Cash Equivalents 現金及約當現金
- Operating Cash Flow (OCF) 營業現金流
- Price-Earnings Ratio (P/E Ratio) 本益比

Price-to-Sales Ratio (Price/Sales) | 股價營收比

什麼是「股價營收比」?

股票評價比率,以股價除以公司過去 12 個月的每股營收得出,英文簡稱為 PSR。

$$股價營收比 = \frac{股價}{每股營收}$$

Investopedia 的解釋

各產業的股價營收比差別很大,因此,這個比率主要用在同業間的比較分析上。此外,這個比率未考量成本、費用與負債等因素,能反映的意義相對有限。

相關名詞/

- Accounts Receivable (AR) 應收帳款
- Price-Earnings Ratio (P/E Ratio) 本益比
- Revenue 營業收入
- Cash Conversion Cycle 現金轉換循環
- Price-to-Cash-Flow Ratio 股價現金流量比

Prime Rate | 基本放款利率

什麼是「基本放款利率」?

商業銀行對信用最佳客戶放款的基本利率。一般來說,一家銀行信用最佳的客戶是大型企業;又稱優惠利率或最優惠利率。

Investopedia 的解釋

違約風險是左右放款利率的主要因素。由於信用最佳客戶違約的風險相當低,理論上,基本放款利率是銀行最低的放款利率。信

用較差的客戶,放款利率一般會按基本放款利率,再加碼若干基點收取。

相關名詞/
- Basis Point (BPS) 基點
- Federal Funds Rate 聯邦資金利率
- Working Capital 營運資金
- Discount Rate (1)貼現率;(2)折現率
- Interest Rate 利率

Private Equity | 私募股權

什麼是「私募股權」?

私募股權是指並不在公開交易所掛牌買賣的股權資本。從事私募股權投資的基金稱為私募基金。私募基金直接投資未上市公司,有時也收購上市公司,通常會在百分百收購後,將公司下市。私募基金的資金,來自富豪級投資人與機構投資人,投資在新科技的開發、為企業提供營運資金、為收購融資或鞏固企業的資產負債表。私募基金的投資項目通常為期數年,以轉售股權,或是將投資對象上市的方式套現退出。

Investopedia 的解釋

私募股權市場的規模,自 1970 年代起持續擴大。私募基金有時會斥資收購大型上市公司,並將公司下市。私募基金一宗交易的規模,可以大到數以十億美元計。許多私募基金從事所謂的槓桿收購,也就是以巨額的債務為收購融資。私募基金投資一家公司後,通常會致力改善公司的營運與財務體質,目標是數年後高價轉售股權,或是將公司上市,以套現退出。

相關名詞／
- Equity 股權／權益／股票
- Mezzanine Financing 夾層融資
- Shareholders' Equity 股東權益
- Leveraged Buyout (LBO) 槓桿收購
- Private Placement 私下募集

Private Placement | 私下募集

什麼是「私下募集」？

指直接向特定投資人，像是大型銀行、共同基金、保險公司，或是退休基金等機構投資人出售證券。簡稱私募，也稱私人配售。

Investopedia 的解釋

私募不涉及向大眾募集資金，只牽涉特定的少數投資人，因此，不必向證券交易委員會登記。許多私募交易甚至不必提供詳細的財務資料或說明書。通常，一般投資人是事後才知道私募交易的消息，也可能完全無從得知。

相關名詞／
- Capital Structure 資本結構
- Private Equity 私募股權
- Venture Capital 創業投資
- Initial Public Offering (IPO) 首次公開發行
- Prospectus 公開說明書

Pro Forma | 擬制／試算／備考

什麼是 Pro Forma ？

原文為拉丁文，意思是「形式上的」。在財經用語中，這個詞泛指財務報表是基於某些特殊假設估算出來的。提供備考財務資

料，理論上，是方便投資人比較、分析公司的財務表現。

Investopedia 的解釋

舉例來說，某公司在前 1 年年中，進行了一項重大併購，因此，公布上年度財報時，按照通用會計準則製作的上年度報表，不能直接跟前年度相比較，因為前年的年度報表，未反映該項併購。為方便投資人分析報表，公司可能會整理出假設該項併購早已發生，上個年度與前年年度的備考財報。因為備考財務資料未必遵循通用會計準則，投資人分析這種資料時，應保持審慎。

相關名詞／
- Balance Sheet 資產負債表
- Earnings 盈餘
- Generally Accepted Accounting Principles (GAAP) 通用會計準則
- Income Statement 損益表
- Retained Earnings 保留盈餘

Profit and Loss Statement (P&L) ｜ 損益表

什麼是「損益表」？

記錄公司特定會計期間收入、成本、費用概要的財務報表，通常以季度或年度報告的形式呈現。損益表提供的數據，可用來分析公司開源節流、增加盈利的能力。英文又稱為 a statement of profit and loss、income statement，或是 income and expense statement。

Investopedia 的解釋

損益表遵循一定的格式，先列出營業收入，減去產品的直接成本，也就是銷貨成本，得出毛利；再扣減營業費用，得出營業利潤；再扣除利息支出，加計非營業盈虧，得出稅前盈利；減去盈

利稅，得出淨利。損益表、資產負債表與現金流量表，合稱為企業三大財務報表，是投資一家公司前，必須分析的財務資料。

相關名詞／
- Cost of Goods Sold (COGS) 銷貨成本
- Income Statement 損益表
- Revenue 營業收入
- Expense Ratio 操作費用比率
- Profit Margin 淨利率

Profit Margin | 淨利率

什麼是「淨利率」？

反映公司盈利能力的財務比率，由某會計期間（通常是季度或年度）的淨利，除以同期營業收入得出，代表每1元收入實際賺得的金額。要比較一個產業中各公司的盈利表現，淨利率是非常有用的比率。淨利率越高，公司的盈利能力越強。淨利率以百分比表示，例如，20％的淨利率，意味著每1元的營收，公司淨賺0.20元（Profit margin的字面意思是利潤率，而利潤率可以有多種算法，毛利率也是一種利潤率，但這個詞在英文的應用中，是作net profit margin使用的，也就是淨利率）。

Investopedia 的解釋

光看盈利數字，難以看出公司的盈利能力，因為盈利增長，不代表公司的淨利率也一定上升。例如，當公司的成本上升速度快過營收時，淨利率會下滑，意味著公司或許應加強控制成本。舉例來說，某公司上年度營收1億元，淨利1000萬元，淨利率即為10％（1000萬／1億元）。若本年度營收及淨利分別增至2億元

與 1500 萬元，則其淨利率已跌至 7.5%。公司盈利雖大幅成長，但代價是淨利率下滑。

相關名詞／

- Gross Margin 毛利率
- Operating Margin 營業利潤率
- Revenue 營業收入
- Net Income （1）淨利；（2）所得淨額
- Profitability Ratios 獲利能力比率

Profitability Ratios ｜ 獲利能力比率

什麼是「獲利能力比率」？

反映企業賺錢能力的財務比率，用來評估公司開源節流、創造盈利的能力。獲利能力比率如果高於同業，或是較公司往年水準上升，通常意味著公司表現出色。

Investopedia 的解釋

獲利能力比率的例子，包括淨利率、資產報酬率、股東權益報酬率。以這類比率做為決策參考時，務必充分了解公司運作與產業特質。例如，某些產業有明顯的旺季與淡季，像在年底的假期送禮季節期間，零售業的銷售額與利潤通常特別強勁，因此，比較零售業者第 4 季與第 1 季的盈利表現時，必須對數據做季節調整。當然，若是比較各零售業者第 4 季的盈利表現，就沒有季節因素的問題。

相關名詞／

- Operating Profit 營業利潤
- Return on Assets (ROA) 資產報酬率
- Return on Investment (ROI) 投資報酬率
- Profit Margin 淨利率
- Return on Equity (ROE) 股東權益報酬率

Prospectus | 公開說明書

什麼是「公開說明書」？

向大眾發行證券、募集資金的說明書，在美國，是證券交易委員會要求提交的一份法定文件。公開說明書必須載明與發行案相關的所有重要資料，以便投資人能在知情的情況下，做出投資決策。英文又稱為 offer document。

Investopedia 的解釋

股票與債券發行案的公開說明書，有初步（preliminary）與最終（final）兩個版本。初步版是發行者首次提供的說明書，已載有相關業務與發行案的大多數資料。因封面部分字詞以紅色呈現，初步說明書英文又稱 red herring。最終說明書是在交易確定、獲准向公眾發行後發出，取代初步說明書。最終版會載明確定的發行資料，包括發行規模與發行價。共同基金在初步發行後，還會應投資人需求，繼續增發基金單位，公開說明書只有最終版。說明書記載基金的各項細節，如目標、投資策略、風險、績效、配息政策、手續費與操作費用，以及經理人介紹。

相關名詞／
- Common Stock 普通股
- Due Diligence (DD) （1）盡職調查；（2）應有的謹慎
- Initial Public Offering (IPO) 首次公開發行
- Mutual Fund 共同基金
- Securities and Exchange Commission (SEC) 美國證券交易委員會

Put | 賣權

P

什麼是「賣權」?

一種選擇權合約,持有人有權(但沒有義務)在約定時限內,以約定價格賣出一定數量的標的資產。賣權的買方,期望標的資產的市價,在賣權到期前跌破履約價。買方可能出現的盈虧,如下圖所示。

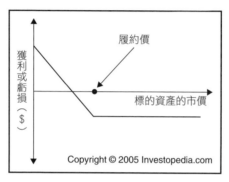

Investopedia 的解釋

投資人支付權利金買進賣權,是期望標的資產價格下滑,好讓他能以更高的價格將賣權脫手,或是選擇履約,將標的資產以高於市價的價格,賣給賣權的賣方。相反地,賣權的賣方,則是期望標的資產的價格,可維持在履約價上方。假設某投資人花了 100元,買進 ABC 股票的賣權,有權以每股 10 元賣出 100 股 ABC。ABC 目前股價為 12 元,若一段時間後跌到 8 元,上述賣權就進入價內狀態,可在市場上轉手賣掉,以獲利了結。另一個做法,是賣權持有人在股市以每股 8 元購入 100 股 ABC,然後行使賣權,以 10 元的價格賣給賣權的賣方。剔除交易佣金,履約獲利為 200元〔100×(10 元-8 元)〕,再扣掉賣權的成本 100 元,淨賺

100 元。如果投資人本來就持有 100 股 ABC，則該賣權稱為掩護性賣權（married put），作用是對沖 ABC 股價下跌的風險。

相關名詞／
- Call（1）集合競價時段；（2）買權
- In the Money 價內
- Short (or Short Position) 空頭
- Derivative 衍生工具
- Option 選擇權

Put Option | 賣權

什麼是「賣權」？

一種選擇權合約，持有人有權（但沒有義務）在約定時限內，以約定價格賣出一定數量的標的資產。與賣權相對的是買權，後者賦予持有人按約定條件買進標的資產的權利。

Investopedia 的解釋

標的資產的市價跌破賣權履約價時，賣權會更值錢。舉例來說，個股賣權 Mar 08 Taser 10 put，賦予持有人在 2008 年 3 月到期（通常為當月第 3 個星期五）前，以每股 10 元的價格賣出 100 股 Taser 股票的權利。如果 Taser 股價跌至 5 元，而賣權持有人選擇履約，他可以在股市以 5 元的價格時，買進 100 股 Taser，然後以 10 元的價格，轉售給賣權的賣方。履約獲利為 500 元〔100×（10 元－5 元）〕，再扣除賣權的成本，以及所有相關交易的佣金，就是賣權買方的獲利。

相關名詞／
- Call Option 買權
- Put-Call Ratio 賣權買權比
- Stock Option 股票選擇權
- Option 選擇權
- Short (or Short Position) 空頭

Put-Call Ratio | 賣權買權比

什麼是「賣權買權比」？

賣權成交量對買權成交量的比率，可用來評估投資人的多空傾向。

Investopedia 的解釋

例如，賣權買權比很高的話，通常意味著市場瀰漫看空氣氛。

相關名詞／
- Call Option 買權
- Option 選擇權
- Volume 成交量
- Open Interest 未平倉量
- Put Option 賣權

Q

copyright JackGuinan

「讓我存了兩年的錢，
卻完全不提醒我通膨蠶食購買力的問題。」

Qualified Retirement Plan | 合資格退休金計畫

什麼是「合資格退休金計畫」?

符合美國稅法相關規定,因此享有特定賦稅優惠的退休金計畫。
這類計畫的全部利益必須歸退休者、雇員,或是受益人所有。

Investopedia 的解釋

合資格退休金計畫可分確定給付(defined-benefit)與確定提撥
(defined-contribution)兩大類型。確定提撥型的例子,有 401
(k)退休儲蓄計畫、貨幣購買計畫(money-purchase plans),以
及盈利分享計畫(profit-sharing plans)。

相關名詞/
- Defined-Benefit Plan 確定給付退休金計畫
- Defined-Contribution Plan 確定提撥退休金計畫
- Individual Retirement Account (IRA) 個人退休帳戶
- Roth IRA 羅斯個人退休帳戶
- Tax Deferred 延後課稅

Quantitative Analysis | 量化分析

什麼是「量化分析」?

商業或金融上採用數學與統計模型,來衡量與分析市場行為的一
種技術。量化分析師將變量化成數字分析,試圖以數學模型反映
現實。量化分析可用以評估績效或是為金融商品評價,也可用來
預測現實中的事情,例如股價的走勢。

Investopedia 的解釋

廣義而言，量化分析是衡量事物的一種方法。簡單的財務比率計算，例如每股盈餘與本益比；較複雜的，像是現金流折現法或選擇權定價，都是量化分析的例子。量化分析雖然是非常有用的工具，但通常必須搭配質化分析（qualitative analysis）才算完整。在金融圈，量化分析師也稱為「火箭科學家」（rocket scientists），英文又稱為 quants 或 quant jockeys。

相關名詞／
• Fundamental Analysis 基本分析
• Gordon Growth Model 戈登成長模型
• Head and Shoulders Pattern 頭肩頂形態
• Technical Analysis 技術分析
• Trend Analysis 趨勢分析

Quick Ratio | 速動比率

什麼是「速動比率」？

又稱為「酸性測試比率」（acid-test ratio），反映企業短期流動性的財務比率。速動比率用來衡量企業以流動性最強的資產，支應短期債務的能力，數值越高，代表流動性越強。

$$速動比率 = \frac{（流動資產－庫存）}{流動負債}$$

Investopedia 的解釋

企業短期流動性較著名的指標可能是流動比率（current ratio），
相對之下，速動比率是較保守的指標，因為它將庫存剔除在流動
資產外。不計入庫存的原因，是不少企業要將庫存變現並不容
易，因此，流動比率可能會高估了某些企業償還短債的能力。

相關名詞／
- Acid-Test Ratio 速動比率
- Current Assets 流動資產
- Current Liabilities 流動負債
- Current Ratio 流動比率
- Liquidity 流動性

Quote ｜ 報價

什麼是「報價」？

（1）證券或商品的最新成交價。

（2）證券的買賣方報價。買方出價是交易者為購買證券而開出
的價格，會同時指明在該價格願意買進的數量。賣方報價是證券
賣方表示願意接受的價格，會同時指明願意在該價位出售的證券
數量。

Investopedia 的解釋

（1）高流動性的個股或債券，在交易時段內會持續有成交，當
我們看某個股盤中的價格時，指的通常是該個股最新一筆交易的
價格。

（2）交易者會密切注意買賣方報價，因為這代表他們可以買進或賣出的價格。

相關名詞／
- Ask 賣方報價
- Bid-Ask Spread 買賣價差
- Volume 成交量
- Bid 買方出價
- Security 證券

Q

copyright JackGuinan

「老實說，你get par*的唯一機會，
是你的債券投資組合。」

*就高爾夫球而言，是指打出標準桿；
就債券而言，是指市值等同債券面值。

R

醫師
辦公室

copyright JackGuinan

Real Estate Investment Trust (REIT)

不動產投資信託

什麼是「不動產投資信託」?

REIT 是像上市公司股票那樣,在交易所掛牌買賣的證券,是一種房地產證券化商品。REIT 投資房地產或房地產抵押貸款,在賦稅上,可獲某些特殊待遇,通常配發相當高的股息,是投資人不需要購買物業,就可以投資房地產的管道。REIT 可分成三種:(1)權益型(equity):擁有並經營收益型房地產(例如,公寓、購物中心、辦公樓、酒店與貨倉等),收入主要來自物業的租金;(2)房貸型(mortgage):直接放款給房地產業主和經營者,或是透過收購房貸、房貸擔保證券、間接發放貸款,收入主要來自房貸或房貸證券的利息;以及(3)混合型(hybrid):既擁有物業,又提供信貸。

Investopedia 的解釋

想投資 REIT 的投資人,可直接購買在交易所掛牌的相關證券,也可以購買 REIT 型共同基金。多數 REIT 提供股息再投資計畫(DRIP),這對許多投資人來說不無好處。大部分 REIT 有專門的投資範圍,例如,專門投資購物商場,或是特定地區、州或國家。相對於直接投資房地產,REIT 是流動性更高的投資方式,而且可定期收取股息。

相關名詞/
- Asset 資產
- Dividend 股息
- Stock 股票
- Derivative 衍生工具
- Mortgage-Backed Security (MBS) 房貸擔保證券

Real Gross Domestic Product｜實質國內生產毛額

什麼是「實質國內生產毛額」？

國內生產毛額經通膨調整的數值，以某個基準年（base year）的物價，衡量某季或某年某地境內出產的全部商品與服務價值。英文又稱為 constant-price GDP、inflation-corrected GDP，或是 constant dollar GDP。

Investopedia 的解釋

名目 GDP 是以當期的物價衡量經濟產值，在通膨的作用下，即使實質經濟產出沒有成長，名目 GDP 仍會增加。實質 GDP 則是剔除通膨影響的 GDP 數值，據此可算出 GDP 的實質成長率。只要物價普遍上升，實質 GDP 就會低於名目 GDP。

相關名詞／
- Consumer Price Index (CPI) 消費者物價指數
- Gross Domestic Product (GDP) 國內生產毛額
- Nominal GDP 名目國內生產毛額
- Deflation 通貨緊縮
- Inflation 通貨膨脹

Real Rate of Return｜實質報酬率

什麼是「實質報酬率」？

剔除通膨因素的投資報酬率，約等於名目報酬率減去通膨率。

Investopedia 的解釋

舉例來說，某投資人在某銀行的定期存款年利率為 5%，若通膨率為 3%，則存款的實質報酬率僅約為 2%。換句話說，存款連

本帶息,經過1年的時間,購買力增加約2%。

相關名詞／
- Earnings 盈餘
- Inflation 通貨膨脹
- Total Return 總報酬率
- Equity Risk Premium 股票風險溢酬
- Return on Investment (ROI) 投資報酬率

Receivables Turnover Ratio | 應收帳款週轉率

什麼是「應收帳款週轉率」?

企業營運效率的指標,反映公司收取貨款的效率。計算公式如下:

$$應收帳款週轉率 = \frac{賒銷數額}{應收帳款平均值}$$

許多公司只公布銷售額,不提供賒銷(credit sales)與現銷(cash sales)數據,在這種情況下,只能以總銷售額代替賒銷,計算應收帳款週轉率。

Investopedia 的解釋

企業允許客戶賒帳購貨,實際上如同對客戶發放短期的免息貸款。應收帳款週轉率很高的話,意味著公司以現銷為主,或是收取貨款的效率很高。如果比率很低,代表公司應檢討賒銷政策,提高收取貨款的效率。

相關名詞／
- Accounts Payable (AP) 應付帳款
- Balance Sheet 資產負債表
- Net Sales 淨銷售額
- Accounts Receivable (AR) 應收帳款
- Income Statement 損益表

Recession | 經濟衰退

什麼是「經濟衰退」？

衰退是指經濟活動普遍放緩超過數月時間。經濟衰退對工業生產、就業、實質所得以及批發零售業都有負面影響。人們普遍接受的衰退定義，是國內生產毛額連續兩季萎縮。

Investopedia 的解釋

儘管人們普遍討厭經濟衰退，但這是景氣循環中正常的一部分，不過一時的危機事件，也可能引發衰退。衰退通常為期 6 至 18 個月。衰退出現時，決策當局常調降利率以刺激經濟，希望縮減衰退期。

相關名詞／
- Bear Market 空頭市場
- Business Cycle 景氣循環
- Consumer Price Index (CPI) 消費者物價指數
- Gross Domestic Product (GDP) 國內生產毛額
- Market Economy 市場經濟

Record Date | 股權登記日

什麼是「股權登記日」？

公司依股權登記日當天的股東名單紀錄派發股息。投資人必須在除息日前購入股票，名字才能在股權登記日當天出現在股東名單上。

Investopedia 的解釋

定出股權登記日，是為了確保股息能正確發放給股東。

相關名詞／
- Dividend 股息
- Ex-Dividend 除息
- Stock Split 股票分割
- Ex-Date 除息日
- Settlement Date 結算日

Regulation T (Reg T) ｜ T 規定

什麼是「T 規定」？

聯邦準備理事會對券商提供保證金交易服務的規範，對保證金水準有具體的規定。

Investopedia 的解釋

根據 T 規定，投資人進行保證金交易時，必須維持某一水準的保證金。首先，保證金帳戶中現金與證券總值如果低於 2000 美元，經紀商不得提供融資。第二，每筆交易的原始保證金至少要有 50％。第三，保證金不得跌破所持證券總市值的 25％。一旦跌破，券商必須向投資人追繳保證金。

相關名詞／
- Margin 保證金／利潤
- Margin Account 保證金帳戶
- Nonmarginable Securities 不可融資買進的證券
- Maintenance Margin 維持保證金
- Minimum Margin 最低保證金

Relative Strength Index (RSI) | 相對強弱指數

什麼是「相對強弱指數」？

技術分析的動能指標，試圖藉由比較價格近期上漲與下跌的幅度，辨別資產處於超買或超賣狀態。RSI 的計算公式如下：

$$RSI = 100 - \frac{100}{(1+RS)}$$

$$RS = \frac{x 天內價格收高日子的平均漲幅}{x 天內價格收低日子的平均跌幅}$$

如下圖所示，RSI 的數值在 0 至 100 之間。如果 RSI 逼近 70，資產一般視為已超買，價格可能已偏高，短期內很可能會回落。而如果 RSI 跌近 30，則意味著資產可能已超賣，價格可能已偏低，短期內很可能會回升。

Investopedia 的解釋

使用 RSI 的交易者要注意，資產價格驟升急跌會明顯影響 RSI，可能製造出虛假的買進或賣出訊號。因此，雖然 RSI 是有價值的技術指標，但最好還是結合其他分析工具一起使用。

相關名詞／
- Bear Market 空頭市場
- Momentum 動能
- Trend Analysis 趨勢分析
- Downtrend 下跌趨勢
- Oversold 超賣

R

Repurchase Agreement (Repo) | 附買回協議

什麼是「附買回協議」？

又稱回購協議，是一種短期抵押借貸交易：甲方將資產賣給乙方，同時承諾一定期限後，以約定價格買回資產，性質等同於甲方以資產為抵押品向乙方借款，利息就是資產賣價與買價的差價，據此計算得出的利率，稱為附買回利率。一般來說，附買回交易是指債市交易商以公債為抵押品的隔夜借貸，對公債賣方（借款者）來說，是附買回交易，對公債買方（放款者）而言，則是附賣回交易（reverse repurchase agreement）。

Investopedia 的解釋

附買回協議屬貨幣市場交易，是一種短期融通工具。

相關名詞／
- Commercial Paper 商業本票
- Liquidity 流動性
- U.S. Treasury 美國財政部
- Debt 債務
- Money Market 貨幣市場

Required Minimum Distribution (RMD) ｜

最低要求提取額

什麼是「最低要求提取額」？

美國傳統型、SEP 及 SIMPLE 型個人退休儲蓄帳戶，以及符合
資格的退休金計畫參與者年滿 70.5 歲起，每年必須從退休金帳戶
提取的最低金額。第一年的提取期限，為年滿 70.5 歲的隔年 4 月
1 日前。

Investopedia 的解釋

最低要求提取額是根據退休金帳戶上年底的公平市值，除以適用
的提取年期或估計餘命得出。部分符合資格的退休金計畫允許年
滿 70.5 歲，但仍在工作的人士，延至退休後再提取退休金。符合
資格退休金計畫的參與者，應向雇主查詢有關最低要求提取額的
規定。

相關名詞／
- 401(k) Plan 401(k)退休儲蓄計畫
- Individual Retirement Account (IRA) 個人退休帳戶
- Qualified Retirement Plan 合資格退休金計畫
- Roth IRA 羅斯個人退休帳戶
- Tax Deferred 延後課稅

Required Rate of Return ｜要求報酬率

什麼是「要求報酬率」？

又稱為必要報酬率，是指投資人期望一項投資應提供的最低報酬
率。

Investopedia 的解釋

例如，某投資人購買股票的要求報酬率是 10％，而他如果有一筆利率為 10％的房貸在還款中，就會認為如果股票的投資報酬率不足 10％，還不如將錢用來償還房貸。

相關名詞／
- Capital Asset Pricing Model (CAPM) 資本資產定價模型
- Discount Rate （1）貼現率；（2）折現率
- Expected Return 預期報酬率
- Return on Assets (ROA) 資產報酬率
- Return on Investment (ROI) 投資報酬率

R

Residual Income | 剩餘所得

什麼是「剩餘所得」？

就個人財務而言，剩餘所得是指個人償還債務後可支用的所得。這通常是按月計算：個人每月拿到手的所得，減去必須償還的債務，例如每月的房貸繳款，就是剩餘所得。一旦房貸清償完畢，原先每月的房貸繳款，也會成為剩餘所得的一部分。

Investopedia 的解釋

剩餘所得是金融機構評估是否放款給一個人的重要考量因素，穩健的機構放款前，會先確定貸款申請人的剩餘所得足以償還新貸款。

相關名詞／
- Debt 債務
- Income Statement 損益表
- Net Income （1）淨利；（2）所得淨額
- Debt Financing 債務融資
- Mortgage 房地產抵押貸款

Resistance | 阻力位

什麼是「阻力位」？

在某段時間內資產的價格，例如，股價或市場指數屢次逼近，但
始終未能有效超越的價位。這個價位，就是所謂的「阻力位」。
下圖顯示的，是一檔虛構個股的阻力位。

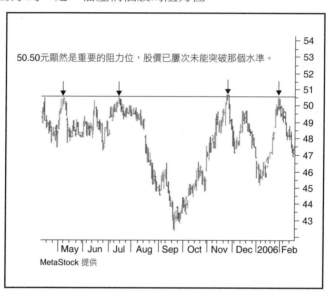

50.50元顯然是重要的阻力位，股價已屢次未能突破那個水準。

MetaStock 提供

Investopedia 的解釋

價格突破阻力位，通常意味著買盤強勁，價格可能再創新高。

相關名詞／
- Moving Average (MA) 移動平均線
- Technical Analysis 技術分析
- Uptrend 上升趨勢
- Support 支撐位
- Trend Analysis 趨勢分析

Retained Earnings | 保留盈餘

什麼是「保留盈餘」？

股東權益的一部分，是公司歷年累積、未派發給股東的盈利。公司不將盈利全部當作股息派發給股東，是為了將其當作擴張業務或償還負債的必要資金。保留盈餘的計算公式如下：

期底保留盈餘＝期初保留盈餘＋淨利－股息

Investopedia 的解釋

公司留住盈利，大多是為了進行投資、增強業績成長潛力，例如，購置新的機器，或是加強研發。若公司某年出現重大虧損，淨虧損大於期初保留盈餘，期底的保留盈餘就會變成負數。

相關名詞／
- Balance Sheet 資產負債表
- Income Statement 損益表
- Shareholders' Equity 股東權益
- Cost of Capital 資本成本
- Net Income （1）淨利；（2）所得淨額

R

Return on Assets (ROA) | 資產報酬率

什麼是「資產報酬率」？

反映企業盈利能力的財務比率，以年度淨利除以公司資產總值得出。資產報酬率以百分比表示，可視為反映經營者利用公司資產賺取盈利的效率。有時也稱為投資報酬率（return on investment）。

$$資產報酬率 = \frac{年度淨利}{資產總值}$$

注：部分投資人計算此比率時，會將利息費用加回淨利中，因為公司資產有一部分是靠負債融資的，代表資產報酬的淨利理論上不應扣除利息費用。

Investopedia 的解釋

資產報酬率代表公司動用的全部資金之報酬率。上市公司的資產報酬率差異很大，跟業務性質有很大的關係。因此，分析這個比率時，最好跟公司往常的 ROA，或是同業的 ROA 相比。ROA 愈高，代表公司的盈利能力愈強。例如，A 公司以 500 萬元的總資產，賺得 100 萬元的年度淨利，ROA 就是 20％；如果 B 公司年度淨利相同，但總資產值為 1000 萬元，ROA 就是 10％。相對之下，A 公司能以較少的資產產生同樣的盈利，表現較佳。其中的道理很簡單：動用鉅資不難賺到一些錢，但以較少的資產賺取同樣的盈利，才是經營者的本事。

相關名詞／
- Asset 資產
- Profitability Ratios 獲利能力比率
- Return on Net Assets (RONA) 淨資產報酬率
- Earnings 盈餘
- Return on Equity (ROE) 股東權益報酬率

Return on Equity (ROE) | 股東權益報酬率

什麼是「股東權益報酬率」？

企業盈利能力的指標，代表公司為所占用的股東資金賺取的報酬率。也稱為淨值報酬率（return on net worth, RONW），計算公式如下：

$$股東權益報酬率 = \frac{股東應占溢利}{資產總股東權益值}$$

Investopedia 的解釋

ROE 是比較同業盈利能力的好指標。 ROE 愈高,公司為股東賺錢的能力愈強。例如,10%的 ROE,代表公司占用股東 100 元的資金,1 年能為股東賺得 10 元。必須注意的是,ROE 一般僅針對普通股而言,不包括優先股,因為在財務分析中,優先股一般視同負債。因此在 ROE 的計算公式裡,股東應占溢利,等於公司年度淨利減去少數股東(在集團子公司中持少數股權的投資人)應占盈利,再減去優先股股息;而股東權益是不含優先股的。此外,理論上,股東權益應以當年的平均值為準,而不是期初或期底值。實際計算常以期初值加期底值除以 2,視為股東權益當年的平均值。

相關名詞/
- Equity 股權/權益/股票
- Profitability Ratios 獲利能力比率
- Shareholders' Equity 股東權益
- Gross Margin 毛利率
- Return on Assets (ROA) 資產報酬率

Return on Investment (ROI) | 投資報酬率

什麼是「投資報酬率」?

投資報酬率代表一項投資 1 年能為投資人創造多少收益。例如,如果某項投資的 ROI 為 10%,意味著每投入 100 元,1 年能賺得 10 元。投資報酬率可用來比較多項投資項目的盈利能力,計算公式如下:

$$投資報酬率 = \frac{一年的淨投資收益}{投資成本}$$

Investopedia 的解釋

投資報酬率是一個頗有彈性的概念，在實際應用中，各式各樣的計算方法也不斷出現。有心人可藉著扭曲投資收益與投資成本的定義，計算出符合自己需要的投資報酬率。因此，投資人分析投資報酬率時，務必弄清楚具體的計算方式。

相關名詞／
- Compounding 複利
- Return on Assets (ROA) 資產報酬率
- Return on Equity (ROE) 股東權益報酬率
- Return on Net Assets (RONA) 淨資產報酬率
- Total Return 總報酬率

Return on Net Assets (RONA) | 淨資產報酬率

什麼是「淨資產報酬率」？

反映公司盈利能力的財務比率，計算公式如下：

$$淨資產報酬率 = \frac{年度淨利}{（固定資產＋營運資金）營運資金}$$
$$= 流動資產 － 流動負債$$

Investopedia 的解釋

淨資產報酬率愈高，公司的盈利能力愈強。

相關名詞／
- Asset 資產
- Net Income（1）淨利；（2）所得淨額

346

- Profitability Ratios 獲利能力比率
- Working Capital 營運資金
- Return on Assets (ROA) 資產報酬率

Return on Sales | 銷售報酬率

什麼是「銷售報酬率」？

也稱營業利潤率,是企業營運績效的指標,計算公式如下:

$$銷售報酬率 = \frac{息稅前利潤}{營收}$$

R

Investopedia 的解釋

這個比率代表公司每 1 元的銷售收入,產生多少營業利潤。跟大部分財務比率一樣,分析時最好跟公司往年的表現相比較,觀察變化趨勢,或是跟同業的表現相比。銷售報酬率上升,通常意味著公司營業績效增強,銷售報酬率下降,則可能是公司表現轉差的警訊。

相關名詞／
- Asset Turnover 資產週轉率
- Net Income (1) 淨利;(2) 所得淨額
- Profit Margin 淨利率
- Gross Margin 毛利率
- Revenue 營業收入

Revenue | 營業收入

什麼是「營業收入」？

簡稱營收,指企業某段時間內的實際銷售所得,從銷售毛額中扣掉退貨與折扣後的金額。營收是損益表上的「頂行數字」(top

line），扣除所有成本與費用，計入非營業盈虧，再扣除盈利稅，就是公司的淨利。營收等於產品單價乘以銷售量。英文也稱為 gross income（總收入），縮寫為 REV。

Investopedia 的解釋

營收是公司的正常經營活動，即銷售產品或服務產生的收入。就政府而言，revenue 是指歲入，就是政府來自稅收、收費、罰鍰、發債、資源權利金、出售資產，以及其他國家援助的全部收入。

相關名詞／
- Accounts Receivable (AR) 應收帳款
- Contribution Margin 邊際貢獻
- Profit Margin 淨利率
- Cash Conversion Cycle 現金轉換循環
- Cost of Goods Sold (COGS) 銷貨成本

Reverse Stock Split | 股票合併

什麼是「股票合併」？

指公司將股票發行數目減少，以提高每股的價值，以及像是每股盈餘等指標的數值。股票合併並不影響公司的市值，也不影響各股東的持股比例。

Investopedia 的解釋

例如，二合一股票合併是指公司將發行股數減少一半，每名股東的持股數目都減半，但在未受其他因素影響前，股價會增加一倍。進行股票合併的公司，可能是陷入困境中，希望藉由這個人為的動作，讓股價提高，顯得好看一些，有時也可能是為了滿足掛牌的要求，避免公司因股價過低而需要下市。

相關名詞／
- Dilution 稀釋
- Outstanding Shares 發行在外股份
- Stock Split 股票分割
- Market Capitalization 市值
- Record Date 股權登記日

Rights Offering (Issue) ｜原股東現金增資

R

什麼是「原股東現金增資」？

又稱為供股，公司向股東籌集更多資本的一種方式，給予現有股東在一定期限內，以折扣價按持股比例認購新股的權利。例如，所謂五供一（1-for-5）現金增資，是指原股東每持有 5 股，可獲得以折扣價認購 1 股新股的權利。

Investopedia 的解釋

在這種現金增資案中，認購新股的權利一般是可轉讓的，不想購買新股的股東，可在市場上賣出認股權。但股東不參與增資的話，股權會因增資發行而遭稀釋。

相關名詞／
- Common Stock 普通股
- Premium（1）選擇權權利金；（2）溢價；(3)保費
- Stock 股票
- Float 自由流通量
- Warrant 認股權證

Risk ｜風險

什麼是「風險」？

結果不確定，稱為風險。就投資而言，風險是指投資的實際報酬

率偏離預期水準，包括可能損失投入的全部本金。一項投資（例如，購買某基金）的風險，通常以該資產過往的價值變動情況為衡量基準，常用的指標有標準差。

Investopedia 的解釋

投資的基本原則，是風險與報酬的取捨：投資人必須願意承擔風險，才可能獲得較高的報酬率。換個方式說是，投資人承擔的風險越大，可能獲得的報酬率越高。這是因為投資人承擔風險，必然會要求較高的報酬率作為補償。舉例來說，美國公債是一般認為最安全的資產之一，因此，公債的預期報酬率也相當低。而如果股票的風險較高，回報較不確定，預期報酬率也會比較高。畢竟，美國政府不太可能破產，企業倒閉卻是常有的事。

相關名詞／
- Beta 貝他係數
- Risk-Return Trade-Off 風險與報酬之取捨
- Unsystematic Risk 非系統風險
- Correlation 相關係數
- Systematic Risk 系統風險

Risk-Free Rate of Return | 無風險報酬率

什麼是「無風險報酬率」？

理論上，無風險報酬率是完全沒有風險的資產提供的報酬率。

Investopedia 的解釋

理論上，任何一項投資的預期報酬率，不能低於無風險報酬率，否則沒有人會願意投資。要投資人承擔風險，預期報酬率就必須高於無風險報酬率。現實中，並沒有純粹的無風險報酬率，因為

即使是公認最安全的投資，其實也是有風險的。無風險報酬率常以3個月期美國國庫券的利率為代表。

相關名詞／
- Modified Internal Rate of Return (MIRR) 修正內部報酬率
- Return on Investment (ROI) 投資報酬率
- Risk-Return Trade-Off 風險與報酬之取捨
- Treasury Bill (T-Bill) 美國國庫券
- U.S. Treasury 美國財政部

R

Risk-Return Trade-Off | 風險與報酬的取捨

什麼是「風險與報酬的取捨」？

投資的基本原則，指投資人必須願意承擔虧損的風險，才可能獲得較高的報酬。換個方式說，是投資人承擔的風險愈大，可能獲得的報酬率愈高。這是因為投資人承擔風險，必然會要求較高的報酬率作為補償。

Investopedia 的解釋

根據這個原則，爭取較高報酬的代價，是承擔虧損的風險，因此，想賺錢的投資人，不能規避全部風險。投資人必須認清楚個人的風險承受能力，適度平衡風險與報酬，讓投資組合能賺取一定的報酬，自己也不會睡不安枕。

相關名詞／
- Modern Portfolio Theory (MPT) 現代投資組合理論
- Opportunity Cost 機會成本
- Return on Investment (ROI) 投資報酬率
- Risk 風險
- Risk-Free Rate of Return 無風險報酬率

Risk-Weighted Assets │ 風險性資產

什麼是「風險性資產」？

計算銀行等金融機構法定資本要求的基礎。銀行的資產主要是各種貸款，此外，是銀行選擇持有的其他資產，像是各式證券。這些資產牽涉的風險程度不一，例如，一般貸款的風險，就高於住宅抵押貸款。銀行監管當局為銀行不同類別的資產定出風險權數（risk weighting），將風險權數乘以各類資產的帳面值，即可算出銀行的風險性資產；再規定每家銀行的資本，不得低於風險性資產的某個百分比，這就是所謂的資本充足比率要求。

Investopedia 的解釋

風險權數由 0 至 100％不等，一般標準是：現金及對政府的短期放款，風險權數為 0，即不需要為這種風險極低的資產持有資本；住宅抵押貸款的權數為 50％，一般貸款權數為 100％。

相關名詞／
- Asset 資產
- Correlation 相關係數
- Weighted Average 加權平均值
- Capital 資本
- Risk 風險

Roth IRA │ 羅斯個人退休帳戶

什麼是「羅斯個人退休帳戶」？

美國一種合資格的個人退休金計畫，跟傳統的個人退休帳戶（IRA）類似，差別在於提撥進羅斯型帳戶的所得，不享有延後課稅的優惠，但符合規定的提取則免稅。跟其他退休金計畫一

樣,羅斯型IRA對不合規定的提取(主要是指在59.5歲前提取)設有罰則。

Investopedia 的解釋

符合規定的提取,是指在以下情況下的提取:個人建立首個羅斯型 IRA 已滿 5 年、已年滿 59.5 歲、殘廢、提款首次購屋(以 1 萬美元為限),或是已故(由受益人提取)。因為羅斯個人退休帳戶的「符合規定提取」一定是免稅的,有些人認為,這類帳戶比傳統 IRA 更划算。

相關名詞╱
- 401(k) Plan 401(k)退休儲蓄計畫
- Individual Retirement Account (IRA) 個人退休帳戶
- Qualified Retirement Plan 合資格退休金計畫
- Required Minimum Distribution (RMD) 最低要求提取額
- Tax Deferred 延後課稅

R

R-Squared | R平方值

什麼是「R平方值」?

一檔共同基金或證券的 R 平方值,代表該基金或證券的價格波動,可由基準指數的波動解釋的百分比。固定收益證券的基準是美國國庫券,美股的基準則是標準普爾五百指數。

Investopedia 的解釋

R平方值在 0 到 100 之間,100 代表資產的價格波動,能完全以基準指數的波動解釋。高 R 平方值(85 到 100)代表基金的表現,跟基準指數高度相關,低 R 平方值(70 或更低)則代表基金的表

現，與基準指數有明顯的偏差。高 R 平方值意味著貝他係數的應用價值較高，低 R 平方值代表貝他係數不可靠。

相關名詞／
- Alpha 阿爾法
- Mutual Fund 共同基金
- Treasury Bill (T-Bill) 美國國庫券
- Benchmark 基準
- Risk 風險

Run Rate | 運行速度

什麼是「運行速度」？

（1）指企業營運某方面（例如，銷售）當前的速度，常用來推估未來一段時間的表現。

（2）按照公司年報紀錄，公司最近 3 年發出的股票選擇權，平均每年產生的股權稀釋效果。

Investopedia 的解釋

按照運行速度推估未來表現，有助於呈現公司的營運狀況。例如，某公司最新季度營收為 1 億元，公司執行長可能會說：「按照最新一季的表現，我們年度營收可達 4 億元。」按照這種方式估算未來表現，有時會產生盲點，例如，零售業第 4 季因適逢節日送禮旺季，銷售額勢必明顯高於其他季度。如果按第 4 季營收推估未來 1 年的表現，不按季節因素加以調整，勢必會高估未來 1 年的營收。

相關名詞／
- Annual Percentage Yield (APY) 年收益率
- Cash Flow Statement 現金流量表
- Fundamental Analysis 基本分析
- Pro Forma 擬制／試算／備考
- Trend Analysis 趨勢分析

R

S

copyright JackGuinan

「分散投資可降低你承擔的許多風險，
但不包括被炒魷魚的風險。」

Secondary Market | 次級市場

什麼是「次級市場」？

投資人相互買賣證券等資產的市場，稱為次級市場。投資人直接向發行人購入證券，則屬於初級市場交易。像是紐約證交所與那斯達克等交易所，就屬於證券交易的次級市場。在次級市場賣出證券，所得歸證券原持有人，而不是證券發行者。共同基金、投資銀行等機構投資人，是次級市場的大戶。而像房貸市場，房利美等機構，向放款機構購入房貸，也屬於次級市場交易。

Investopedia 的解釋

首次公開發行是證券的初級市場交易，投資人直接向承銷證券的投資銀行購入新發行的股票，款項扣除承銷費用後，歸發行公司所有；此後的交易就屬於投資人之間的買賣，是次級市場交易。初級市場的價格，是發行人與承銷商根據市場情況預先設定的，二次市場的成交價，則由當下的供需狀況決定。房貸等金融資產，則往往有好幾個次級市場，房利美、房地美都購買或擔保房貸，以促進房貸證券化，吉利美則僅擔保房貸，以利證券化。

相關名詞／
- Initial Public Offering (IPO) 首次公開發行
- New York Stock Exchange (NYSE) 紐約證交所
- Over the Counter (OTC) 場外交易
- Private Placement 私下募集
- Stock Market 股票市場

Secondary Offering | 二次發行

什麼是「二次發行」？

（1）指首次公開發行後，公司再次發行新股募集資本。二次發行的目的，通常是籌集更多資本，以利公司擴張，或是增強公司財力。二次發行跟首次公開發行一樣，通常由投資銀行承銷，而承銷商通常也獲准在市場反應熱烈時，額外發售更多股票的權利。

（2）指大股東出售持股，所得歸股東而非公司所有。大股東減持通常涉及大量股票，若是透過公開市場出售，往往會明顯打壓股價。為了避免這種情況，大股東通常會找投資銀行幫忙尋找買家，以私人配售（private placement）的方式，直接將股票賣給諸如基金等投資大戶。

Investopedia 的解釋

（1）二次發行是公司擴大股本的方法之一。原股東現金增資（rights offering/issue）是一種二次發行，股東只要行使認股權，就能避免股權遭稀釋。二次發行如果不是以原股東現金增資的方式辦理，股東必須自行增購股票，才能避免股權遭稀釋。

（2）公司創辦人往往持有公司大量股票，想減持套現時，通常採二次發行的方式。這通常發生在公司首次公開發行或禁售期（lock-up period）期滿後。大股東減持不影響公司的發行股數，其他股東的股權並不會因此遭稀釋。

相關名詞／
- Capital Structure 資本結構
- Common Stock 普通股
- Dilution 稀釋
- Initial Public Offering (IPO) 首次公開發行
- Shareholders' Equity 股東權益

Securities and Exchange Commission (SEC) |

美國證券交易委員會

什麼是「美國證券交易委員會」?

美國國會立法設置,負責監管證券市場、保護投資人,並監控美國企業併購活動的政府機構。SEC 有 5 名委員(commissioner),由美國總統提名、參議院審核。SEC 執行的法規,旨在促進證券交易相關資訊的公開揭露、打擊證券市場的詐欺或操縱活動,保護投資大眾。

Investopedia 的解釋

舉一個 SEC 職權範圍內的例子:任何人若購入一家公司超過 5% 的股權,必須在 10 天內向 SEC 申報,因為相關交易意味著該公司可能遭收購。

相關名詞/
- Initial Public Offering (IPO) 首次公開發行
- National Association of Securities Dealers (NASD) 全美證券交易商協會
- Nasdaq 那斯達克
- Regulation T (Reg T) T規定
- Stock Market 股票市場

Securitization | 證券化

什麼是「證券化」?

將一些資產集合起來,以這些資產為後盾發行證券,就是所謂的資產證券化。證券化商品的投資人,並非直接擁有相關資產,而

是得到一張受益憑證，代表有權獲得相關資產產生的利益。只要能獲得投資人認同，理論上，任何資產都可以證券化。證券化有助於促進相關資產的流動性。

Investopedia 的解釋

房貸擔保證券（MBS）與不動產投資信託（REIT），是資產證券化的主流商品例子。MBS 發行者將大量房貸集合起來，以這些資產為擔保發行 MBS。這類證券還可按風險的差異，分成不同份額（tranches）。房貸擔保證券有促進房貸市場資金流通之效果，同時也為投資人提供投資房貸資產的管道。不過，市場發展過猶不及，可能會產生嚴重的後果，2008 年，美國次貸市場崩盤，就是一個明顯的例子。

相關名詞／
- Asset-Backed Security (ABS) 資產擔保證券
- Mortgage-Backed Security (MBS) 房貸擔保證券
- Subprime Meltdown 次貸崩盤
- Derivative 衍生工具
- Subprime Loan 次級貸款

Security｜證券

什麼是「證券」？
一般是指股票（代表對股份公司的擁有權）與債券（代表債權），廣義而言，也包括衍生工具。

Investopedia 的解釋

本質上，證券是一種金融合約，按照投資人願意接受的價格，在市場上交易。證券的例子包括票券、股票、優先股、債券、選擇

權、期貨、交換，以及認股權證等。

相關名詞／

- Earnings 盈餘
- Penny Stock 水餃股
- Stock 股票
- Equity 股權／權益／股票
- Shareholders' Equity 股東權益

Security Market Line (SML) ｜證券市場線

什麼是「證券市場線」？

證券市場線將資本資產定價模型描述的報酬與風險關係畫在圖上，反映承擔不同程度系統風險的合理預期報酬率。

Investopedia 的解釋

證券市場線圖的 x 軸，代表證券系統風險的貝他係數，y 軸則是預期報酬率。證券市場線的斜率，等於市場風險溢酬（market risk premium）。在投資組合選擇證券時，可使用證券市場線協助判斷各證券的風險報酬是否合理。將各證券按貝他係數與預期報酬率畫在圖上，位在證券市場線上方的證券，理論上，價值是遭低估的，因為預期報酬率優於資本資產定價模型按系統風險估算出來的水準。相反地，位於證券市場線下方的證券，價值就是高估了。

相關名詞／

- Beta 貝他係數
- Modern Portfolio Theory (MPT) 現代投資組合理論
- Systematic Risk 系統風險
- Capital Market Line (CML) 資本市場線
- Unsystematic Risk 非系統風險

Series 63 | 系列六十三執照

什麼是「系列六十三執照」？
美國金融業監管局頒發的一種證券從業員執照，允許持有人在某一州推銷所有類型的證券。考取這類執照前，必須已持有「系列七」或「系列六」執照。

Investopedia 的解釋
系列六十三執照的考試主要內容，為各州的證券相關法規，這些法規俗稱「藍天法」（blue-sky laws）。

相關名詞／
• Broker-Dealer 經紀自營商
• Financial Industry Regulatory Authority (FINRA) 美國金融業監管局
• Mutual Fund 共同基金
• National Association of Securities Dealers (NASD) 全美證券交易商協會
• Series 7 系列七執照

Series 7 | 系列七執照

什麼是「系列七執照」？
美國金融業監管局頒發的一般證券註冊代表執照，允許持有人銷售大宗商品與期貨以外的所有證券產品。基本上，就是證券經紀執照。

Investopedia 的解釋
系列七執照考試主要內容包括投資風險、稅規、股權與債權工具、組合式證券、選擇權、退休計畫，以及客戶服務事項，例如

帳戶管理。報考系列七執照的考生，必須獲得美國金融業監管局或其他自律管理組織（SRO）會員的經紀自營商保薦。美國金融業監管局許多重要的考試，都要求考生先通過系列七執照考試。

相關名詞／
- Broker-Dealer 經紀自營商
- Financial Industry Regulatory Authority (FINRA) 美國金融業監管局
- National Association of Securities Dealers (NASD) 全美證券交易商協會
- Securities and Exchange Commission (SEC) 美國證券交易委員會
- Series 63 「系列63」執照

Settlement Date | 結算日

S

什麼是「結算日」？
（1）證券交易達成後進行交割的日子，也就是買方必須付款，以取得賣方交出的證券的日子。
（2）壽險保單的利益支付日。

Investopedia 的解釋
美國的股票與債券交易，通常是在交易後第三個工作日進行交割。公債與選擇權則通常是在交易後的首個工作日交割。

相關名詞／
- Ex-Date 除息日
- Margin Call 追繳保證金
- Securities and Exchange Commission (SEC) 美國證券交易委員會
- Record Date 股權登記日
- Regulation T (Reg T) T規定

Shareholders' Equity | 股東權益

什麼是「股東權益」？

股東權益等於公司的總資產減去總負債，也等於股本加上保留盈餘減庫藏股。股東權益反映公司占用了普通股與優先股股東多少資金，不過因為優先股的性質，通常更接近債務，許多財務分析計算股東權益時，會將優先股視為負債。英文又稱為 stockholders' equity、 shareholders' funds 或 net worth。

股東權益＝總資產－總負債

股東權益＝股本＋保留盈餘－庫藏股

Investopedia 的解釋

股東權益有兩大來源：股東最初（與公司隨後擴股增資時）貢獻的股本，以及公司累積的保留盈餘，就是歷年來未派發給股東的盈利。大多數公司的保留盈餘明顯大於股本。

相關名詞／
- Capital Structure 資本結構
- Equity 股權／權益／股票
- Retained Earnings 保留盈餘
- Common Stock 普通股
- Preferred Stock 優先股

Sharpe Ratio | 夏普值

什麼是「夏普值」？

經風險調整報酬率的指標，計算風險每增加一個單位，投資報酬率增加多少，代表每承擔一分風險所得到的報酬補償。夏普值由諾貝爾經濟學獎得主夏普（William F. Sharpe）所創，算法是將股

票或基金某一時段的報酬率，減去在此期間的無風險報酬率（可以美國公債報酬率為代表），再除以該股票或基金在這段期間的報酬率標準差。

$$夏普值 = \frac{（投資組合報酬率 - 無風險報酬率）}{投資組合標準差}$$

Investopedia 的解釋

一般來說，夏普值愈高愈好，代表基金經理人在冒險後，能為基金帶來更高的額外報酬。基金報酬率很高，有時是過度冒險的結果，夏普值的價值，在於反映基金所冒的風險，是否獲得充分補償。例如，若兩檔基金的淨值成長率及配息完全相同，對投資人來說，報酬率是一樣的，但夏普值較高的基金，以較低的風險取得同樣的報酬，因此該基金表現更勝一籌。索丁諾比率（Sortino Ratio）是夏普值的變奏版，計算時以跌勢差（downside deviation）代替標準差。跌勢差衡量低於目標水準（或是參照基準）的報酬率波動性。

相關名詞／
- Portfolio 投資組合
- Risk-Free Rate of Return 無風險報酬率
- Total Return 總報酬率
- Risk 風險
- Standard Deviation 標準差

Short (or Short Position) | 空頭

什麼是「空頭」？

（1）空頭是指預期資產（證券、大宗商品或貨幣）價格將下滑，借入資產賣出，期望在較低的價位買回資產、獲利了結的交

易者。

（2）就選擇權而言，空頭是指賣出選擇權合約，英文稱為 the sale of an options contract 或 writing an options contract。

與空頭相對的是多頭。

Investopedia 的解釋

（1）例如，投資人預期某個股將下跌，因此向經紀商借入股票，在公開市場賣出，由此建立了該個股的空頭部位。這位投資人最終必須在市場上買回這些股票，還給經紀商。若該股股價如預期下滑，這位看空的投資人，可用較低的價格買回股票，這筆交易就能獲利了結。賣空交易一般是以保證金交易的方式執行。

（2）買進買權的投資人有權，但沒有義務，按履約價在約定期限內，買進某數量的標的資產；買進賣權則是有權按履約價賣出標的資產。選擇權賣方的責任，在於配合買方的履約要求，按照約定條件買進或賣出標的資產。

相關名詞／
- Bear Market 空頭市場
- Long (or Long Position) 多頭
- Short Squeeze 軋空
- Buy to Cover 空單回補
- Short Interest 空單餘額

Short Covering｜空頭回補

什麼是「空頭回補」？

為了平掉手上的空頭部位，而下單買進股票或其他證券。放空證券是指賣出自己並未擁有的證券，因為所賣的證券是借來的，終

有一天必須歸還。當交易者預期所賣的證券價格將上漲時,通常就會在市場上買回先前賣出的證券,結束手上的空頭部位。賣空要獲利,必須以低於最初賣價的價格買回證券。英文又稱為 buy to cover 或 buyback。

Investopedia 的解釋

舉例來說,某投資人因預期 ABC 公司股價將下滑,以每股 10 元的價格,賣空 50 股 ABC。可惜該股隨後大漲,當漲至 15 元時,該投資人決定回補空頭,停損出場,也就是說以每股 15 元,買回 50 股 ABC。不計經紀佣金等費用,這筆交易的虧損是 250 元〔(15－10)×50〕。

相關名詞╱
- Buy to Cover 空單回補
- Naked Shorting 無券放空
- Short Squeeze 軋空
- Margin Call 追繳保證金
- Short Interest 空單餘額

Short Interest │ 空單餘額

什麼是「空單餘額」?

市場上未回補的空頭數量,也就是交易者借券賣出、仍未買回的總數量。

Investopedia 的解釋

空單餘額一般以百分比表示。例如,某個股空單餘額 3%,就代表該股發行在外的股份有 3% 遭賣空。空單餘額如果相當高,通常意味著市場認為公司前景悲觀,預期股價將走跌。

相關名詞／
- Long Squeeze 軋多
- Short Interest Ratio 空單餘額比率
- Volume 成交量
- Short Sale 賣空
- Short Squeeze 軋空

Short Interest Ratio | 空單餘額比率

什麼是「空單餘額比率」？

是投資人的信心指標，以一檔個股的空單餘額，除以該股日均成交量得出。空單餘額比率愈高，意味著投資人對股價走勢愈悲觀。無論交易者是偏重基本面或技術面因素，都藉由這個比率，研判投資人看空的程度。又稱為空頭比率（short ratio）。

$$空單餘額比率 = \frac{空單餘額}{日均成交量}$$

Investopedia 的解釋

這個比率可解讀為一旦股價上漲，空頭需要多少個交易日，才能回補全部的部位。空單餘額比率也可應用在整個交易所上，有助於投資人研判市場整體氣氛。若市場整體空單餘額比率高於 5，通常就代表市場彌漫看空氣氛。

相關名詞／
- Short (or Short Position) 空頭
- Short Interest 空單餘額
- Volume 成交量
- Short Covering 空頭回補
- Short Squeeze 軋空

Short Sale | 賣空

什麼是「賣空」？

投資人借入證券賣出，期望股價隨後下滑，就是賣空。賣出的證券因為是借來的，最終必須從市場上買回來償還。賣空跟做多相反，前者是股價下滑時賺錢，後者則是股價上漲時賺錢。賣空者的獲利，為賣出證券的所得，減去買回證券的成本。

Investopedia 的解釋

假設某投資人以每股 25 元，賣出某個股 1000 股，戶頭會進帳 25,000 元。假設該股跌到 20 元，投資人獲利了結，花 20000 元買回 1000 股平倉，這筆交易（未計交易費用）獲利就是 5000 元。按照證券法規，賣空交易的保證金要求，是賣出證券價值的 150％，因此，這筆交易的初始保證金要求為 37500 元（其中 25000 元為賣空所得）。在空頭部位回補前，賣空所得不得用於購買其他證券。賣空是高風險的交易，新手最好不要輕易操作。畢竟，股價理論上可以無限上漲，但最低只能跌到 0 元。

相關名詞／
- Buy to Cover 空單回補
- Naked Shorting 無券放空
- Short Covering 空頭回補
- Minimum Margin 最低保證金
- Short (or Short Position) 空頭

Short Squeeze | 軋空

什麼是「軋空」？

個股因供給不足、需求強勁而價格上揚的現象。

Investopedia 的解釋

軋空多發生在流通量不高的小型股上。個股的價格開始急漲時，空頭很可能會買進以平倉（就是回補空頭部位），推動升勢延續。例如，某個股如果一天內大漲 15％，空頭可能被迫買進以停損出場，而這種回補買單，往往會進一步推高股價。

相關名詞／
- Buy to Cover 空單回補
- Long Squeeze 軋多
- Short Interest 空單餘額
- Long (or Long Position) 多頭
- Short Covering 空頭回補

Simple Moving Average (SMA)｜簡單移動平均線

什麼是「簡單移動平均線」？

計算移動平均值的基本方法，將證券最近一段時間的收盤價相加，除以天數，就是簡單移動平均值。短天期的簡單移動平均線，對最新股價變動的反應較敏感，長天期的反應較和緩。

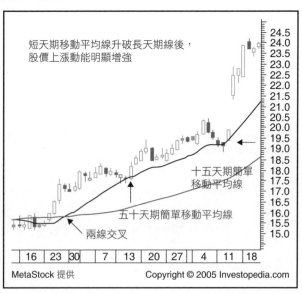

短天期移動平均線升破長天期線後，股價上漲動能明顯增強

十五天期簡單移動平均線

五十天期簡單移動平均線

兩線交叉

MetaStock 提供　　　　Copyright © 2005 Investopedia.com

Investopedia 的解釋

股價的簡單移動平均線，就是最近一段時間收盤價的算術平均
值，每一個數值的權重相同。如上頁圖所示，許多交易者會留意
短天期 SMA 的升幅，使否超越長天期 SMA，以確認價格開始一
波升勢。圖中箭頭顯示，十五天期 SMA 成了股價拉回時的支撐
點。等股價跌破短天期 SMA，較長天期的 SMA 通常會成為較強
的支撐點。移動平均線如果沒有特別註明，就是 SMA。平滑移
動均值（EMA, exponential moving average）是另一種計算移動均
值的方法。

相關名詞／
- Moving Average (MA) 移動平均線
- Support 支撐點
- Volume 成交量
- Resistance 阻力位
- Technical Analysis 技術分析

S

Singapore Interbank Offered Rate (SIBOR)

新加坡銀行同業拆款利率

什麼是「新加坡銀行同業拆款利率」？

亞洲區銀行間短期拆款的利率，由新加坡銀行公會（ABS）每日
計算確定，是亞洲金融市場重要的借貸利率基準之一。

Investopedia 的解釋

因為地理位置適中、政治穩定、法規完善且交易活躍，新加坡是
亞洲重要的金融中心。亞洲區一些大額貸款及利率交換，都以新
加坡銀行同業拆款利率為計息基礎。

相關名詞／
- Cash and Cash Equivalents 現金及約當現金
- Euro LIBOR 倫敦銀行同業歐元拆款利率
- London Interbank Offered Rate (LIBOR) 倫敦銀行同業拆款利率
- Money Market 貨幣市場
- Swap 交換交易

Small Cap | 小型股

什麼是「小型股」？

市值較小的個股。投資人對小型股的定義可能各不相同，但一般來說，公司市值在 3 億至 20 億美元之間的個股，在美國算是小型股。

Investopedia 的解釋

投資小型股的好處之一，是有機會取得超越機構投資者的報酬率。許多共同基金因為對個股的持股比重有限制，無法大量持有小型股。若要擺脫這些限制，基金通常必須向美國證券交易委員會（SEC）申報持股，而這可能會刺激相關個股價格過度上漲。投資人應該注意，市場用來區分大、中、小型股的市值門檻只是約數，會隨時間推移而改變，而且市場人士使用的確切定義也不盡相同。

相關名詞／
- Benchmark 基準
- Large Cap (Big Cap) 大型股
- Mutual Fund 共同基金
- Growth Stock 成長股
- Mid Cap 中型股

Solvency Ratio | 償債能力比率

什麼是「償債能力比率」？

反映公司償債能力的財務比率之一，等於公司年度稅後淨利加折舊費用，除以公司的總負債。比率愈高，代表償債能力愈強。

$$償債能力比率 = \frac{（稅後淨利＋折舊）}{（長期負債＋短期負債）}$$

Investopedia 的解釋

各產業的償債比率可能有明顯差異，但一般來說，比率在 20％以上，就視為公司財務健全。比率過低，則代表公司有債務違約之虞。

相關名詞／
- Asset Turnover 資產週轉率
- Bankruptcy 破產
- Liquidity Ratios 流動性比率
- Balance Sheet 資產負債表
- Fundamental Analysis 基本分析

S

Spiders (SPDR) | 標準普爾存託憑證

什麼是「標準普爾存託憑證」？

Spider 或 SPDR，是標準普爾存託憑證的產品名稱，是以標準普爾五百指數為標的的一檔指數股票型基金，由道富環球投資管理（State Street Global Advisors）負責管理。每一股 SPDR，代表標準普爾五百指數十分之一的價值，例如，指數在 1000 點，SPDR 的價格約為 100 美元。這個詞有時也泛指以標準普爾五百指數為標的的指數股票型基金。

Investopedia 的解釋

標準普爾存託憑證在美國證交所掛牌買賣，股票代碼為 SPY。標準普爾存託憑證就像一般個股那樣買賣，買賣時得付交易佣金；流動性很高，可以賣空或融資買進，是收取股息不錯的選擇。投資人持有標準普爾存託憑證，是為了取得與美股大盤一致的報酬率。標準普爾存託憑證是一種指數型投資，是典型的被動投資方式。

相關名詞／
- American Stock Exchange (AMEX) 美國證交所
- Benchmark 基準
- Diversification 分散投資
- Exchange-Traded Fund (ETF) 指數股票型基金
- Standard & Poor's 500 Index (S&P 500) 標準普爾五百指數

Spinoff | 分割

什麼是「分割」？

也稱為分拆，是指企業將部分業務分割出來，成立一家新公司獨立運作。新公司的股權會按照比例，分發給母公司的股東，有時也會透過首次公開發行發行新股籌資，成為一家新的上市公司。分割可以是剝離資產（divestiture）的一種方式。

Investopedia 的解釋

企業希望「精簡」業務架構時，常會將績效不佳或核心業務以外的部門分割出去。不過，分割有時是為了彰顯相關業務部門的價值，因為經營者認為，該業務以獨立公司的形式經營，市值會比較高。

相關名詞／
- Balance Sheet 資產負債表
- Common Stock 普通股
- Discount Rate （1）貼現率；（2）折現率
- Due Diligence (DD) （1）盡職調查；（2）應有的謹慎
- Value Proposition 價值主張

S

Spread ｜ 價差

什麼是「價差」？

（1）證券或其他資產買賣方報價的差距。

（2）選擇權的價差交易，是指買進某一個選擇權，同時賣出一個相關的選擇權，兩者的差別，可能是履約價或到期日不同。

Spread 這個詞也泛指各種價差，例如，credit spread 是指信用利差，就是因信用風險不同，而出現的利率差距。

Investopedia 的解釋

（1）買賣價差受多項因素影響，例如，市場上可供交易的籌碼規模、買需的強度，以及成交量。

（2）顧名思義，價差交易是希望從一買一賣中賺得價差，能不能如願，則視交易者的眼光而定。

相關名詞／
- Ask 賣方報價
- Bid-Ask Spread 買賣價差
- Strike Price 履約價
- Bid 買方出價
- Premium （1）選擇權權利金；（2）溢價；（3）保費

Stagflation | 滯脹

什麼是「滯脹」？

經濟停滯（成長緩慢、失業率較高）與相對強勁的通貨膨脹並存的經濟現象。

Investopedia 的解釋

經濟成長放慢、物價卻高漲時，就是滯脹。1970 年代世界石油危機期間，油價急漲大幅推高通膨率，主要經濟體成長嚴重受挫，當時的情況，就是典型的滯脹。

相關名詞／
- Business Cycle 景氣循環
- Deflation 通貨緊縮
- Inflation 通貨膨脹
- Consumer Price Index (CPI) 消費者物價指數
- Fiscal Policy 財政政策

Standard & Poor's 500 Index (S&P 500) |

標準普爾五百指數

什麼是「標準普爾五百指數」？

美國股市最重要的指標指數之一，由 500 檔個股組成，選股標準包括市值、流動性，以及產業別等，目的在於反映美國股市的整體走勢。標準普爾五百指數反映的，是大型股的風險與報酬特徵。該指數的成份股，由標準普爾公司的指數委員會與分析師團隊決定。這個指數為市值加權指數，成份股的權重，取決於市值大小。

Investopedia 的解釋

標準普爾五百指數是最常用來代表美股整體表現的一項指數。道瓊工業指數一度是最受重視的美股指標，但因為只有 30 檔成份股，大多數人認為標準普爾五百指數更能代表美國整體股市。同系列的著名指數，還有標準普爾六百指數，成份股是市值在 3 億至 20 億美元間的小型股；以及標準普爾四百指數，成份股是市值在 20 億至 100 億美元間的中型股。市場上有一些以標準普爾五百指數為標的的共同基金與指數股票型基金，投資人買進這些基金，就能取得與該指數同步的報酬率。這些指數基金是非常有用的投資工具，因為一般投資人不太可能有足夠的財力建構一個跟該指數一樣的投資組合。

相關名詞／
- Benchmark 基準
- Index Fund 指數基金
- Weighted Average 加權平均值
- Dow Jones Industrial Average (DJIA) 道瓊工業指數
- Large Cap (Big Cap) 大型股

Standard Deviation ｜ 標準差

什麼是「標準差」？

（1）統計上的一個指標，反映一組數據圍繞著平均值的分散程度。數據越分散，標準差越大。標準差是變異數（variance）的平方根。

（2）在金融領域，標準差常應用在一標資產的年度報酬率上，反映該資產的波動程度。又稱為歷史波動性，投資人常用來推估

未來的波動性。

Investopedia 的解釋

標準差讓投資人看清楚一項資產的歷史波動性。例如，波動劇烈的個股，標準差會相當大；股價相對穩定的績優股，標準差較小。標準差愈大，投資報酬率偏離預期水準的可能性愈高，因此風險也較高。

相關名詞／
- Beta 貝他係數
- Coefficient of Variation (CV) 變異係數
- Volatility 波動性
- Bollinger Band 包寧傑通道
- Covariance 共變異數

Stochastic Oscillator | 隨機指標

什麼是「隨機指標」？

也稱為 KD 值，是技術分析的一項動能指標，透過比較最新收盤價，與最近一段時間的價格區間，計算出 K 值與 D 值，用來協助研判價格走勢。指標的敏感度可透過調整時間長度（天期），或是計算結果的移動平均值適度降低。計算公式如下（設天期為 14 天）：

$$\%K = 100 \left[\frac{(C-L14)}{(H14-L14)} \right]$$

$$C = 最新收盤價；$$

$$L14 = 過去14個交易日的最低價；$$

$$H14 = 過去14個交易日的最高價；$$

$$\%D = \%K的3期移動平均值$$

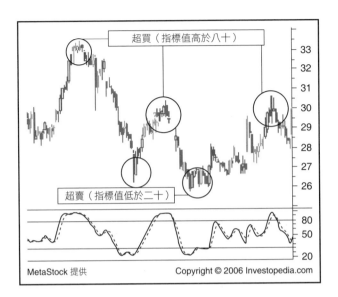

超買（指標值高於八十）

超賣（指標值低於二十）

MetaStock 提供　　　　　　　　　Copyright © 2006 Investopedia.com

Investopedia 的解釋

隨機指標的基本原理是，當趨勢向上時，價格多半收在高點附近；趨勢向下時，價格多半收在低點附近。K線穿越D線時，往往是買進或賣出的訊號。

相關名詞／

- Downtrend 下跌趨勢
- Moving Average Convergence Divergence (MACD) 平滑異同移動平均線
- Technical Analysis 技術分析
- Moving Average (MA) 移動平均線
- Uptrend 上升趨勢

Stock | 股票

什麼是「股票」？

股票是證券的主要類型之一，代表對股份公司的擁有權。股票持

有人稱為股東，對公司的資產與盈餘有索取權。股票一般是指普通股，但也包括兼具股權與債權特徵的優先股。普通股股東有權在股東大會上就公司重要事務投票，例如選舉董事會成員；優先股股東則一般不具投票權。股東對公司資產的索取權稱為「剩餘索取權」（residual claim），也就是說，公司必須履行所有其他契約義務後，剩餘權益才屬於股東所有。例如，公司償還到期的債務後，有盈餘才能派發股息；而如果公司破產，資產清算所得也必須優先用於償還債權人，有剩餘才屬於股東所有。優先股股東的索取權，是在債權人之後、普通股股東之前。

Investopedia 的解釋

股東的持股比重，等於持股數除以公司發行在外的股數。例如，某公司若共發行了 1000 股，而某投資人持有 100 股，他就占有公司股權的 10％。一般來說，持股超過 50％ 就能控制一家公司，成為控股股東。股票是大多數投資組合的主要資產類別之一，因為長期而言，股票的報酬率優於大多數其他資產類別。

相關名詞／
- Asset 資產
- Equity 股權／權益／股票
- Shareholders' Equity 股東權益
- Common Stock 普通股
- Penny Stock 水餃股
- Stock Option 股票選擇權

Stock Market | 股票市場

什麼是「股票市場」？

指股票交易的整體市場，包括新股發行的初級市場，以及交易所

與場外交易的次級市場。股市是市場經濟關鍵的一部分,既是企業的重要籌資管道,也為投資人提供了重要的投資工具,可藉此從經濟成長中獲益。英文又稱 equity market。

Investopedia 的解釋

企業首次公開發行屬於股市的初級市場,投資人之間的股票買賣屬於次級市場。

相關名詞/
- Capital 資本
- Dow Jones Industrial Average (DJIA) 道瓊工業指數
- Nasdaq 那斯達克
- New York Stock Exchange (NYSE) 紐約證交所
- Over the Counter (OTC) 場外交易

S

Stock Option | 股票選擇權

什麼是「股票選擇權」?

以股票為標的資產的選擇權。選擇權的買方付權利金給賣方,獲得在約定期限內,以履約價買進或賣出一些標的個股的權利,條件不利時,可選擇不履約。在英國又稱為 share option。

Investopedia 的解釋

美式選擇權可在到期日前的任何時候行使權利,而歐式選擇權只能在到期日履約。交易所買賣的多數是美式選擇權。

相關名詞/
- Call Option 買權
- Option 選擇權
- Premium (1) 選擇權權利金;(2) 溢價;(3) 保費
- Put Option 賣權
- Strike Price 履約價

Stock Split | 股票分割

什麼是「股票分割」？

指公司決定將一股股票分割為數股。分割後，公司發行股數按倍數增加，每股價值按比例縮小，總市值不變。理論上，股票分割不能增加公司的價值。

Investopedia 的解釋

例如，公司若決定將 1 股分割為 2 股後，股東每持有 1 股，就可獲派發 1 股。通常，股票分割是因為公司認為股價已過高，可能妨礙小投資人買進。例如，一家公司的股價若高達 1000 元，買進 100 股即需要 10 萬元，這會讓許多投資人沒有財力投資。若 1 股分割為 10 股，買進 100 股就只需要 1 萬元，理論上，有助於提高該股的流動性。

相關名詞／
- Common Stock 普通股
- Record Date 股權登記日
- Spinoff 分割
- Ex-Date 除息日
- Reverse Stock Split 股票合併

Stop Order | 停止單

什麼是「停止單」？

又稱為停損單（stop-loss order），英文也稱 stop-market order，簡稱 stop。停止單會設定一個停止點（stop price，也稱為停損點），一旦資產市價觸及這個價位，交易指令就變成市價單，按市價盡快成交。交易者下停止單，是為了保護手上的部位：在市

場走勢對自己不利時,限制虧損幅度(停損出場)或保護既得盈利(避免所有獲利蒸發,甚至轉盈為虧)。停止單有停損買單與停損賣單兩種,前者是為了保護空頭部位,停損點一定高於當前市價;後者是為了保護多頭部位,停損點一定低於當前市價。

Investopedia 的解釋

投資人無法緊密盯盤時(例如出國渡假時),通常會下停止單。停止單並不保證能在什麼價位成交。例如,當股價急跌、觸及停損賣單的停損點時,該賣單就成為市價單,實際賣出價格可能顯著低於投資人的期望。交易者常利用技術分析協助設定停損點,常將停損點設在重要的移動均值、趨趨線、波段高點或低點、其他支撐或阻力位附近。

相關名詞／
- Limit Order 限價單
- Stop-Limit Order 限價停損單
- Support 支撐點
- Market Order 市價單
- Stop-Loss Order 停損單

Stop-Limit Order | 限價停損單

什麼是「限價停損單」?

結合停損單與限價單特質的交易指令,會設定一個停損點,一旦資產市價觸及該價位,就變成限價買單或賣單。

Investopedia 的解釋

在資產市價觸及停損點後,單純停損單就變成市價單,無法保證在什麼價位成交;當價格急升或驟跌時,成交價可能明顯地比投

資人的期望來得差。限價停損單的好處，是能控制成交價不比限定的價格差，但跟所有的限價單一樣，無法保證能成交。例如，某投資人放空了 100 股的 ABC 公司股票，該股現價為 40 元。這位投資人下了 1 張限價停損單，停損點為 45 元，限價 46 元買回 100 股。若 ABC 股價觸及 45 元，該限價停損單就成了限價 46 元的買單，只要能以不高於 46 元的價格買回 100 股 ABC，該限價單即可順利執行。但如果 ABC 觸及 45 元後，隨即升破 46 元，該限價單就暫時無法成交。

相關名詞／
- Bear Market 空頭市場
- Limit Order 限價單
- Stop-Loss Order 停損單
- Bid 買方出價
- Stop Order 停止單

Stop-Loss Order | 停損單

什麼是「停損單」？

也稱為停止單，英文又稱 stop-market order 或 stop order。停損單會設定一個停損點，一旦資產市價觸及該價位，交易指令就變成市價單，按市價盡快成交。交易者下停損單，是為了保護手上的部位：在市場走勢對自己不利時，限制虧損幅度（停損出場）或保護既得盈利（避免所有獲利蒸發，甚至轉盈為虧）。停損單有停損買單與停損賣單兩種，前者是為了保護空頭部位，停損點一定高於當前市價；後者是為了保護多頭部位，停損點一定低於當前的市價。

Investopedia 的解釋

投資人無法緊密盯盤時（例如出國渡假時），通常會下停止單。停止單並不保證能在什麼價位成交。例如，當股價急跌、觸及停損賣單的停損點時，那張賣單就成為市價單，實際賣出價格可能明顯地比投資人的期望低。

相關名詞／

- Buy to Cover 空單回補
- Market Order 市價單
- Stop-Limit Order 限價停損單
- Downtrend 下跌趨勢
- Stop Order 停止單

Straddle｜跨式選擇權組合

什麼是「跨式選擇權組合」？

一種選擇權交易策略，投資人同時買進一個買權與一個賣權（兩者履約價與到期日都一樣）時，稱為多頭跨式部位（long straddle），同時賣出買權與賣權，則是空頭跨式部位（short straddle）。下圖為多頭跨式部位的可能交易盈餘圖。

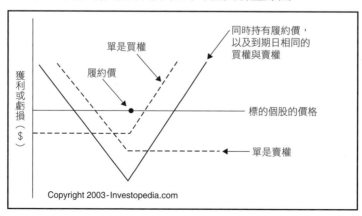

Investopedia 的解釋

如果投資人認為，某個股的價格將大漲或大跌，但不確定方向，多頭跨式部位是一個好策略。如上圖所示，如果股價大漲或大跌，超越特定價位後，投資人就開始有盈利。但如果股價限於相對窄幅區間，投資人將蒙受虧損。由此可見，跨式部位是風險相當高的操作。此外，若預料股價將大漲，選擇權通常會比較貴，這也會增加跨式部位的成本，降低可能的盈利。

相關名詞／
- Hedge 對沖
- Risk 風險
- Volatility 波動性
- Option 選擇權
- Stock Option 股票選擇權

Strangle｜勒式選擇權組合

什麼是「勒式選擇權組合」？

一種選擇權交易策略，投資人同時買進一個買權與一個賣權（標的資產相同，履約價不同）時，稱為多頭勒式部位（long strangle），同時賣出買權與賣權，則是空頭勒式部位（short strangle）。投資人若預期標的資產價格將大漲或大跌，但不確定方向，多頭勒式部位是一個好策略，因為無論標的資產價格是大漲還是大跌，這項策略都能獲利。

Investopedia 的解釋

多頭勒式部位可選擇買進價外買權與賣權，藉此降低成本。舉例來說，某個股目前市價為 50 元，某投資人建立一個多頭勒式部

位，買進履約價不同的買權與賣權。假設買權履約價 55 元，可
買進 100 股，權利金 300 元；賣權履約價 45 元，可賣出 100 股，
權利金 285 元。若該個股價格直至選擇權到期時，還一直停留在
45 元至 55 元間，上述的買權與賣權都作廢，投資人損失 585 元
（就是兩個選擇權的權利金）。該股價格若明顯超越上述區間，
投資人就可能有盈利。例如，如果股價跌到 35 元，買權作廢，
損失 300 元；賣權則可履約，每股價差 10 元，100 股可賺 1000
元，扣除權利金 285 元後賺得 715 元。整個多頭勒式部位因此淨
賺 415 元。

相關名詞／
- Hedge 對沖
- Maturity 到期
- Straddle 跨式選擇權組合
- In the Money 價內
- Stock Option 股票選擇權

S

Strike Price ｜ 履約價

什麼是「履約價」？

選擇權合約指定的一個價格，買權持有人有權按照該價格買進標
的資產，賣權持有人有權按照該價格賣出標的資產。標的資產的
市價，若高於買權的履約價，該買權就處於價內狀態，也就是
說，有履約的價值。標的資產的市價若低於賣權的履約價，該賣
權就處於價內狀態。又稱為行使價（exercise price）。

Investopedia 的解釋

履約價是決定選擇權價格（就是權利金）的主要因素，其他相關

因素包括距離到期的時間、標的資產的價格波動性,以及市場利率水準。美國股票選擇權的履約價,大多以 2.50 美元或 5.00 美元為間距。

相關名詞／

- Call Option 買權
- In the Money 價內
- Put Option 賣權
- Exercise 行使權利
- Option 選擇權

Style | 投資風格

什麼是「投資風格」?

指基金為達成投資目標,而採用的投資方式。股票型基金的投資風格,主要取決於所選個股的市值規模,以及是偏重價值型還是成長型股票。債券型基金的風格,則主要取決於所投資債券的期限與信用品質。

Investopedia 的解釋

以市值規模為標準,個股可分大、中、小型股。此外,以基金選股傾向為標準,則可分價值型、成長股與混合型。債券基金以期限為標準,可分短、中、長期;而以信用品質為標準,則可分高(AAA 至 AA)、中(A 至 BBB)、低(BB 至 C)三類,或是分投資級(BBB- 或以上)及高收益(BB+ 或以下)兩類。上述基本類型加以變化,再加上專攻某些產業或地區的基金,投資風格可以多元變化。

相關名詞／
- Growth Stock 成長股
- Mutual Fund 共同基金
- Value Stock 價值股
- Index Fund 指數基金
- Small Cap 小型股

Style Drift | 投資風格移轉

什麼是「投資風格移轉」？

指共同基金偏離既定的投資風格，可能是基金經理人刻意的選擇、更換經理人，或是因持股的特質自然轉變，例如，原本的小型股成長為中、大型股。

Investopedia 的解釋

一般來說，基金經理人若能保持穩定的投資風格，對投資人是好事，因為基金的績效較可預測。通常，風格移轉會改變基金的風險與報酬特質，令投資人無所適從，而常改變投資風格的經理人，也往往難以取得理想的績效。不過，投資人在這方面應保留一定彈性，因為基金經理人在投資風格上出現一些改變，有時是適當的。有些基金本來就允許經理人「自由發揮」，而有些基金持有的中小型股，也可能會成長為大型股。一檔基金若能穩定提供高於平均水準的總報酬率，投資人通常不必擔心風格移轉的問題。

相關名詞／
- Asset Allocation 資產配置
- Growth Stock 成長股
- Value Investing 價值投資法
- Diversification 分散投資
- Style 投資風格

Subordinated Debt | 次順位債

什麼是「次順位債」?

求償次序排在其他貸款或債券之後的債務,也稱為次順位債券
(junior security)或次順位貸款(subordinated loan)。

Investopedia 的解釋

債務人若破產,資產清算所得會先用於清償優先債,有剩餘時才
償還次順位債。次順利債的風險因此較高。

相關名詞/
- Bankruptcy 破產
- Debt 債務
- Preferred Stock 優先股
- Bond 債券
- Debt Financing 債務融資

Subprime Loan | 次級貸款

什麼是「次級貸款」?

利率明顯高於基本放款利率(prime rate)的一種貸款,貸款對象
通常是信用品質不佳、無法以基本放款利率取得貸款的人。次貸
借款人的違約風險明顯較高,一般銀行往往不接受他們的貸款申
請,但市場上有主攻次級貸款的放款機構。次級房貸是次級貸款
的最主要類型。

Investopedia 的解釋

因風險較高,次貸的利率也較高。以年期長達二、三十年的房貸
為例,次貸的總利息成本,可以較正常房貸多數十萬美元。不

過,如果借款人以次貸為利率更高的其他債務再融資,則可節省利息支出。次級貸款的具體利率水準,視放款機構的風險評估而定,雖然同樣是次貸,利率卻會有明顯的差異。

相關名詞／
- Credit Rating 信用評等
- Liar Loan 騙子貸款
- Subprime Meltdown 次貸崩盤
- Interest Rate 利率
- Securitization 證券化

Subprime Meltdown ｜ 次貸崩盤

什麼是「次貸崩盤」?

指引發 2008 年全球金融危機的美國次級房貸市場崩盤事件。次貸借款人大量違約,壞帳損失拖垮了許多房貸放款公司、銀行與對沖基金。全球信貸市場風聲鶴唳,風險溢酬急升、資金流動枯竭。人們普遍將次級房貸市場的問題,歸咎於以下的因素:授信標準敗壞、利率長期偏低、房市泡沫、放款機構與投資人過度冒險。也稱為次貸危機(subprime crisis),英文又稱為 subprime collapse。

Investopedia 的解釋

網路泡沫爆破,2001 年又發生 911 恐怖攻擊,美國聯邦準備理事會為刺激萎靡的經濟,將政策利率降至極低水準,刺激了房地產市場。人們蜂擁購屋,信用品質不佳的人,也能輕易取得次級房貸。房貸放款機構發明了千奇百怪的產品,像前幾年只要付利息的房貸、設最低還款額選項的浮動利率房貸,以及償還期超長的

S

房貸。隨著利率逐步回升，浮動利率房貸的利息負擔明顯增加，大量次級房貸戶開始無力償還貸款。房貸放款者被迫沒收價值萎縮中的房屋，違約情況日趨嚴重的情況下，房貸銀行開始倒閉，信貸市場在信心重挫下隨之凍結。許多房貸包裝成房貸擔保證券（MBS）與債務擔保證券（CDO）等商品，在金融市場上銷售，投資人與對沖基金因此損失慘重，因為房貸違約，使得許多這類證券幾乎一文不值。

相關名詞／
- Collateralized Mortgage Obligation (CMO) 房貸擔保憑證
- Credit Crunch 信貸緊縮
- Liar Loan 騙子貸款
- Securitization 證券化
- Subprime Loan 次級貸款

Support | 支撐點

什麼是「支撐點」？

價格走勢圖上的某些價位，資產價格一旦跌近這些價位，通常會獲得強勁的買盤支持。因此，價格常在支撐點止跌回升，許多投資人視價格逼近支撐點為買進良機。不過，當價格跌破支撐點時，也可能意味著將進一步明顯走跌。

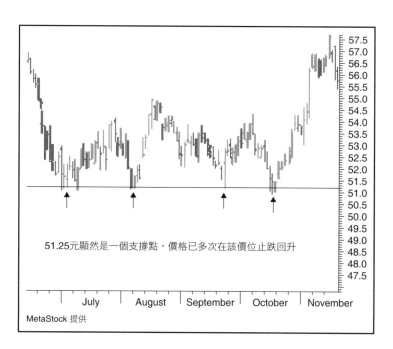

51.25元顯然是一個支撐點，價格已多次在該價位止跌回升

July　　August　　September　　October　　November

MetaStock 提供

Investopedia 的解釋

股價逼近支撐點，投資人稱為「測試支撐點」：若許多投資人下單買進，股價將守住支撐，反彈回升；若買盤力道不敵賣盤，支撐點將失守，股價進一步下滑。

相關名詞／

- Ask 賣方報價
- Resistance 阻力位
- Volume 成交量

- Bid 買方出價
- Technical Analysis 技術分析

Swap｜交換交易

什麼是「交換交易」？

泛指各種涉及交換現金流的金融交易，主要類型為貨幣交換與利率交換。交換是彈性很高的金融合約，能按照交易兩方的需要量身定做，可用來控管匯率或利率風險，也可用於投機。

Investopedia 的解釋

例如，若兩家公司各具某些貸款優勢，但不符自身需要，就能透過交換各取所需。譬如 A 公司可取得成本較低的固定利率貸款，但希望支付浮動利率，而 B 公司則可取得成本較低的浮動利率貸款，但希望支付固定利率。兩公司就能透過利率交換，互蒙其利。

相關名詞／
- Arbitrage 套利
- Credit Default Swap (CDS) 信用違約交換
- Interest Rate Swap 利率交換
- Commodity 大宗商品
- Currency Swap 貨幣交換

Swing Trading｜短線波段操作

什麼是「短線波段操作」？

一種捕捉股價短期波動，快速買賣獲利的交易方式，通常在 1 至 4 天內完成買賣。

Investopedia 的解釋

在股市中要靠短線波段操作獲利，交易者必須判斷準確、當機立斷。這是當沖客常用的操作方式。大型機構投資人因為交易量很大，一般很難使用這種交易策略。短線波段交易者藉著技術分析，尋找具短期動能的個股，他們一般只重視價格趨勢與技術型態，不關心基本面或內在價值。俗話說：「交易者交易，投資者投資。」（Traders trade. Investors invest.）

相關名詞／

- Arbitrage 套利
- Stock Market 股票市場
- Volatility 波動性
- Capital Gain 資本利得
- Technical Analysis 技術分析

Syndicate | 銀行團／承銷團

什麼是 Syndicate？

泛指為完成某些大型交易而組成的臨時團體，例如，多家銀行組成銀行團，發放鉅額的聯貸；或是多家投資銀行組成承銷團，包銷企業首次公開發行的股票。

Investopedia 的解釋

以銀行團或承銷團的形式承接業務，主要目的是降低業者個別承擔的風險。這種團體僅是為特定交易而組成，交易完成後即解散。

相關名詞／
- Capital Structure 資本結構
- Initial Public Offering (IPO) IPO
- Underwriting（1）承銷；（2）核保
- Equity 股權／權益／股票
- Investment Bank 投資銀行

Systematic Risk｜系統風險

什麼是「系統風險」？

由整體政治與經濟狀況造成的風險，也稱為不可分散風險（undiversifiable risk）或市場風險（market risk）。

Investopedia 的解釋

利率變動、經濟衰退、動亂或戰爭，是系統風險的一些例子，這些風險影響整體金融市場，不能透過分散投資消除，只能藉由避險操作控管。非系統風險則是指個別證券源自本身因素的風險，可藉由適當分散投資消除。

相關名詞／
- Capital Asset Pricing Model (CAPM) 資本資產定價模型
- Diversification 分散投資
- Standard Deviation 標準差
- Market Economy 市場經濟
- Unsystematic Risk 非系統風險

S

copyright JackGuinan

「親愛的，好消息，在你昏迷期間，
我在心理輔導熱線幫助下，
把我們全部的錢都買了股票！」

T

copyright JackGuinan

「爸，既然市場經濟是 free（自由；另有免費的意思）的，
為什麼所有東西都那麼貴？」

Takeover | 收購

什麼是「收購」?

指一家公司收購另一家公司。如果目標是上市公司,意圖收購者會提出收購要約,徵購對方的股票。遭目標公司強烈抵制的收購嘗試,稱為敵意收購。

Investopedia 的解釋

受目標公司歡迎的收購稱為合意併購。因為買賣雙方認為交易是互利的,合意併購一般可順利完成。相反地,敵意收購則可能導致荒廢時日、代價昂貴的對峙。

相關名詞/
- Enterprise Value (EV) 企業價值
- Leveraged Buyout (LBO) 槓桿收購
- Poison Pill 毒丸策略
- Hostile Takeover 敵意收購
- Merger 合併

T

Tangible Asset | 有形資產

什麼是「有形資產」?

諸如庫存、機器、建築物與土地等實物資產。

Investopedia 的解釋

與有形資產相對的是無形資產,例如,專利、商標、商譽。資產有形或無形,與價值並沒有必然的關係。例如,品牌是無形資產,但可以非常值錢;電腦硬體是有形資產,但因為汰換速度很快,可能很快就不值錢了。

相關名詞／
- Asset 資產
- Intangible Asset 無形資產
- Price to Tangible Book Value (PTBV) 股價有形資產比
- Book Value 帳面值
- Net Tangible Assets 有形資產淨值

Tangible Net Worth | 有形資產淨值

什麼是「有形資產淨值」？

公司不含無形資產的資產淨值，等於是公司總資產減總負債，再減去無形資產（例如，版權、專利等智慧財產）。

有形資產淨值＝總資產－總負債－無形資產

Investopedia 的解釋

企業的有形資產淨值，可視為將公司全部有形資產清算套現，並清償債務後，股東大概能拿到的金額。就個人財務而言，這是指個人全部有形資產（房屋、汽車、現金），減去個人債務後的淨值。

相關名詞／
- Intangible Asset 無形資產
- Net Tangible Assets 有形資產淨值
- Tangible Asset 有形資產
- Liquidity 流動性
- Net Worth 淨值

Tax Deferred | 延後課稅

什麼是「延後課稅」？

指投資收益（利息、股息、資本利得）可免稅積累，直到投資人

提取相關款項才課稅。最常見的延後課稅型投資,是個人退休帳戶及延後課稅年金。

Investopedia 的解釋

這種投資有雙重效益。首先,是投資收益可免稅積累,其次,是待提取相關款項時(例如退休後),投資人的所得通常已明顯低於年輕時,此時適用的稅率大幅降低,有助於節稅。

相關名詞/
- Capital Gain 資本利得
- Qualified Retirement Plan 合資格退休金計畫
- Roth IRA 羅斯個人退休帳戶
- Traditional IRA 傳統個人退休帳戶
- Unrealized Gain 未實現盈利

T

Technical Analysis | 技術分析

什麼是「技術分析」?

研究市場過往表現以預測價格走勢的一種方法,尤其重視分析價格與成交量圖表。技術分析師根據資產價格的波動型態預測未來走勢,不重視價格波動的原因,也不關心資產的內在價值。他們密切關注價格走勢圖上反覆出現的型態,觀察價格趨勢、變化的速度與動能指標,希望能準確預測走勢。

Investopedia 的解釋

技術分析相信,股票的歷史表現,以及市場提供的未來表現指標。在購物中心,基礎分析者會去每一家店,研究那些售出的產品,並決定是否要購買店家。相反地,技術分析者會坐在購物中心的長凳上,看著別人走進店裡。不考慮店家產品本身的價值,

他（或她）會根據走進店家者的類型與活動來做決定。

相關名詞／
- Behavioral Finance 行為財務學
- Head and Shoulders Pattern 頭肩頂形態
- Quantitative Analysis 量化分析
- Fundamental Analysis 基本分析
- Moving Average (MA) 移動平均線

Ted Spread | 泰德利差

什麼是「泰德利差」？

又稱為泰德價差，銀行同業拆款與美國短期公債間的利差指標。以往是以三個月期美國國庫券期貨，與三個月期歐洲美元利率期貨為衡量基準，但自從芝加哥商業交易所（CME）取消國庫券期貨交易後，已改為以美元 LIBOR 與國庫券利率為計算基準。泰德利差等於美元三個月期 LIBOR，減去三個月期美國國庫券利率。

Investopedia 的解釋

投資人視泰德利差為市場信用風險水準的指標之一，因為美國國庫券是公認無信用風險的債券，而 LIBOR 則反映國際商業銀行的信用風險。泰德利差在 2008 年金融危機期間一度飆漲，反映當時信貸市場信心崩盤的狀況。

相關名詞／
- Credit Spread（1）信用利差；（2）選擇權價差交易
- Futures 期貨
- Interest Rate Swap 利率交換
- London Interbank Offered Rate (LIBOR) 倫敦銀行同業拆款利率
- Treasury Bill (T-Bill) 美國國庫券

Terminal Value (TV) | 終值

什麼是「終值」？

（1）以現金流折現法評估一項資產的價值時，因為超過一定年期後，現金流很難合理估計，因此，通常不會無限期估計未來的現金流，而是採用所謂的「終值法」（terminal value approach）簡化計算，例如，從第 11 年開始，年度現金流假設以某一速度永續成長；在此情況下，終值即是這些假定按固定速度永續成長的現金流、折算至第 10 年年底之價值。

（2）假設某一固定的報酬率，一項投資若干年後的價值。

Investopedia 的解釋

（1）終值折算為現值，加上之前期間的現金流現值，就是一項資產按現金流折現法估算的理論價值。

（2）設 P ＝期初本金、r ＝投資報酬率，一項投資在第 t 年年底的終值是 $P \times (1+r)^t$。

相關名詞／

- Asset 資產
- Discounted Cash Flow (DCF) 現金流折現法
- Future Value (FV) 未來值
- Depreciation（1）折舊；（2）貶值
- Present Value (PV) 現值

Tick | 跳動點

什麼是「跳動點」？

證券價格變動的最小幅度，即可能出現的最小升幅或跌幅。

Investopedia 的解釋

在主要交易所掛牌的美股，跳動點一般為美分，就是 0.01 美元。在採用十進制價格系統前，美股的跳動點為 1／32 美元，股價也會以 1／16 或 1／8 的幅度波動。

相關名詞／
- Basis Point (BPS) 基點
- Pip 跳動點
- Uptrend 上升趨勢
- Downtrend 下跌趨勢
- Uptick 高於前成交價

Tier 1 Capital ｜ 一級資本

什麼是「一級資本」？

按照銀行的法定資本要求，基本上，一級資本是銀行的股本加上保留盈餘。也稱為核心資本（core capital）。

Investopedia 的解釋

一級資本是出資人不可要求贖回的資本。根據國際清算銀行（BIS）為商業銀行制定的資本充足比率標準（1988 年推出的巴塞爾資本協議），銀行的資本，不得低於風險性資產（risk-weighted assets）的 8％，其中至少有一半必須是一級資本，其餘由補充性資本（就是二級資本）組成。

相關名詞／
- Capital 資本
- Mezzanine Financing 夾層融資
- Risk-Weighted Assets 風險性資產
- Capital Structure 資本結構
- Private Equity 私募股權

Time Value of Money | 資金的時間價值

什麼是「資金的時間價值」?

非常重要的金融概念,是將未來現金流折算為現值的理論基礎。這個概念指出,資金可用在投資上,有獲得報酬的潛力,因此,同樣金額的資金,現在拿到手,要比未來某個時間得手更有價值。

Investopedia 的解釋

舉一個簡單例子,資金可存在銀行儲蓄帳戶中生息。假設利率為5%,100元的存款,在1年後連本帶息是105元〔100元×(1+5%)〕。換個方式講,如果利率是5%,1年後的105元,現值只有100元。

相關名詞╱
- Discount Rate (1)貼現率;(2)折現率
- Net Present Value (NPV) 淨現值
- Present Value Interest Factor (PVIF) 現值利率因子
- Future Value (FV) 未來值
- Present Value (PV) 現值

T

Times Interest Earned (TIE) | 利息保障倍數

什麼是「利息保障倍數」?

財務比率之一,反映公司支付利息費用的能力,等於息稅前利潤(EBIT)除以同期利息支出,數值愈大,代表公司付息的能力愈強。公司財力若不足以償還到期的債務,就可能會走上破產之路。英文又稱為 interest coverage ratio 或 fixed-charged coverage。

Investopedia 的解釋

企業的償債能力主要仰賴本身持續獲利的本事。利息保障倍數很高通常是好事，但也可能顯示公司未能適度利用債務融資，或是動用了太多盈餘減債，而這些資金其實有更好的用途——也就是說，該公司以盈餘投資某些業務，報酬率要比償債更好。

相關名詞／
- Cash Conversion Cycle 現金轉換循環
- Cost of Capital 資本成本
- Credit Rating 信用評等
- Earnings before Interest, Taxes, Depreciation, and Amortization (EBITDA) 息稅折舊攤銷前利潤
- Interest Rate 利率

Total Enterprise Value (TEV) | 總企業價值

什麼是「總企業成本」？

企業價值的評估方式，反映公司股權加債權的總價值，計算公式如下：

$$總企業價值＝普通股市值＋計息債務＋優先股－現金$$

Investopedia 的解釋

此指標可用於比較債務水準各不相同的企業，理論上更能準確反映企業的總價值。

相關名詞／
- Book Value 帳面值
- Enterprise Value (EV) 企業價值
- Preferred Stock 優先股
- Debt 債務
- Market Capitalization 市值

Total Return | 總報酬率

什麼是「總報酬率」？

投資報酬有兩個來源：投資收益，即利息或股息，以及資本利得，即資產本身的市值增幅。總報酬率就是反映資本利得，加上投資收益（包括收益的再投資所得）的整體報酬率。

Investopedia 的解釋

以股票為例，股息是投資收益，股價升幅為資本利得，總報酬率就是把兩者都納入計算的整體報酬率。

相關名詞／
- Absolute Return 絕對報酬
- Dividend 股息
- Interest Rate 利率
- Capital Gain 資本利得
- Expected Return 預期報酬率

T

Tracking Error | 追蹤誤差

什麼是「追蹤誤差」？

實際報酬率與所追蹤的指數（就是標的指數）報酬率之差距，稱為追蹤誤差。指數基金與指數股票型基金的目標，是緊貼標的指數的表現，但實際上，還是會有某種程度上的追蹤誤差。這個概念也可以用來描述避險操作表現未如預期的程度。

Investopedia 的解釋

追蹤誤差通常以「標準差百分比」表示。

相關名詞／

- Benchmark 基準
- Index 指數
- Total Return 總報酬率
- Expense Ratio 操作費用比率
- Mutual Fund 共同基金

Traditional IRA | 傳統個人退休帳戶

什麼是「傳統個人退休帳戶」？

美國民眾一種符合資格的退休金計畫，由個人自行設立退休投資帳戶，將部分稅前所得提撥帳戶，投資收益與資本利得可免稅累積，未來提取時，才視為應稅所得。只要不超過特定金額上限，民眾甚至可以將全部所得投入這種帳戶中。視個人所得、報稅狀況，以及受雇主經營的退休金計畫保障程度而定，民眾投入傳統型個人退休帳戶的所得，或許可以延後納稅。個人退休帳戶還有羅斯型、SIMPLE，以及 SEP 等類型。

Investopedia 的解釋

傳統型個人退休帳戶由商業銀行、共同基金公司，或是券商等機構負責託管。投資人可用帳戶中的資金投資股票、債券、基金等金融資產。美國稅法對傳統型個人退休帳戶資金投資房地產有嚴格的限制，課稅規定可能有異。傳統型個人退休帳戶的給付，在稅法上視為正常應稅所得，這跟羅斯型個人退休帳戶不同，後者的給付是免稅的。50 歲以上的民眾，設立個人退休帳戶的時間若相對較短，或是帳戶先前提撥款項不足，適用的年度提撥額度可能較高。個人退休帳戶的戶主年滿 70.5 歲，就必須開始提取帳戶款項。

相關名詞／
- Individual Retirement Account (IRA) 個人退休帳戶
- Qualified Retirement Plan 合資格退休金計畫
- Required Minimum Distribution (RMD) 最低要求提取額
- Roth IRA 羅斯個人退休帳戶
- Tax Deferred 延後課稅

Tranches ｜ 份額

什麼是「份額」？

Tranche 一詞源自法文，意思是「一部分」。在金融圈，此詞通常是指發行證券時，同時發行風險、報酬及／或期限不同的數批債券。

Investopedia 的解釋

舉例來說，一檔房貸擔保憑證（CMO），可將房貸資產分為 1 年、2 年、5 年與 20 年四種期限，據此發行風險與報酬不同的四個份額債券。「份額」有時也按國內與國際發行劃分。

相關名詞／
- Asset-Backed Security (ABS) 資產擔保證券]
- Collateralized Debt Obligation (CDO) 債務擔保證券
- Collateralized Mortgage Obligation (CMO) 房貸擔保憑證
- Mortgage-Backed Security (MBS) 房貸擔保證券
- Underwriting（1）承銷；（2）核保

Treasury Bill (T-Bill) | 美國國庫券

什麼是「美國國庫券」？

美國政府發行、期限不超過 1 年的短期公債。從 2008 年 4 月 7 日起，美國國庫券最小面額是 100 美元，之前是 1000 美元。經由非競爭性投標（noncompetitive bidding），個人每次最多可申購 500 萬美元。國庫券常見期限為 1 個月（4 週）、3 個月（13 週）與 6 個月（26 週），透過競標決定發行價。採貼現發行方式，就是以低於面值的價格發行，到期前不付息，到期時按面值償還。

Investopedia 的解釋

舉例來說，某投資人以 9800 美元的價格，買進面值 10000 美元、期限為 13 週的國庫券。此交易等同該投資人借了 9800 美元給美國政府，為期 13 週，期間不會收到利息，但到期時可取回 10000 美元。換句話說，美國政府為借用 9800 美元 13 週，實際上支付了 200 美元的利息。該投資人借出資金 3 個月的收益率為 2.04%（200／9800）。

相關名詞／
- Discount Rate （1）貼現率；（2）折現率
- Equity Risk Premium 股票風險溢酬　　• Risk-Free Rate of Return 無風險報酬率
- Treasury Bond (T-Bond) 美國長期公債　　• U.S. Treasury 美國財政部

Treasury Bond (T-Bond) | 美國長期公債

什麼是「美國長期公債」？

美國政府發行、期限超過 10 年的固定利率有價債券。每半年付

息一次,利息所得僅適用聯邦政府層級的所得稅,不必在市或州的層級納稅。

Investopedia 的解釋

美國長期公債最小面額為 100 美元,經由標售發行,非競爭性競標最多可申購 500 萬美元,競爭性競標標購上限,為發行額的 35%。競爭性競標者註明願意接受的價格,能否得標,視其他競標者的出價而定。非競爭性競標者,則必須接受競爭性競標得出的價格。標售是公債的初級市場交易,公債隨後就在次級市場買賣。

相關名詞/
- Bond Ladder 債券階梯
- Interest Rate 利率
- U.S. Treasury 美國財政部
- Debenture 信用債券
- Treasury Note 美國中期公債

T

Treasury Inflation Protected Securities (TIPS) |

抗通膨美國公債

什麼是「抗通膨美國公債」?

按照通膨率調整利息與本金償付金額的美國中期或長期公債。抗通膨美債跟一般公債一樣,每半年付息,到期時償還本金。不同之處在於,抗通膨美債的利息與本金,會根據消費者物價指數(CPI)的變動幅度加以調整,以保障投資人的實質報酬率。又稱為通膨連動型美債(Treasury inflation-indexed securities)。

Investopedia 的解釋

如果說美國公債是最安全的投資，抗通膨美債可算是最最安全的投資，因為除了同樣沒有信用風險外，這類債券保障投資人的實質報酬率。換句話說，一般美債的報酬率會受通膨侵蝕，抗通膨美債則保證投資人的資金購買力，會有一定幅度的成長，不過代價是報酬率相當低。其他國家也有類似的債券，例如，加拿大的實質報酬債券（real return bonds, RRB）。

相關名詞／
- Consumer Price Index (CPI) 消費者物價指數
- Government Security 公債
- Interest Rate 利率
- Inflation 通貨膨脹
- Real Rate of Return 實質報酬率

Treasury Note | 美國中期公債

什麼是「美國中期公債」？

美國政府發行、期限在 1 到 10 年間的固定利率有價債券。投資人可參與政府的公債標售，直接購入中期公債，或是在次級市場中，向其他投資人購入。美國公債標售分競爭性與非競爭性競標兩部分，參與前者的投資人，必須註明自己願意接受的價格，能否得標，視其他競標者的出價而定。非競爭性競標者，則必須接受競爭性競標得出的價格。

Investopedia 的解釋

美國中期公債受美國政府信用擔保，而且次級市場交易活躍，流動性很高，是極受投資人歡迎的債券。中期公債每半年付息一

次，利息所得僅適用聯邦政府層級的所得稅，不必在市或州的層級納稅。

相關名詞／
- Debt 債務
- Treasury Bill (T-Bill) 美國國庫券
- U.S. Treasury 美國財政部
- Interest Rate 利率
- Treasury Bond (T-Bond) 美國長期公債

Trend Analysis ｜ 趨勢分析

什麼是「趨勢分析」？

一種技術分析法，嘗試以歷史成交數據，預測證券價格未來走勢。趨勢分析的根據，是歷史趨勢有助於交易者判斷未來走勢。趨勢可分短、中、長期三種。

Investopedia 的解釋

交易者希望藉著趨勢分析，預測多頭或空頭市場，然後，在技術指標顯示趨勢逆轉前，順勢而為，買賣獲利。

相關名詞／
- Bear Market 空頭市場
- Downtrend 下跌趨勢
- Uptrend 上升趨勢
- Bull Market 多頭市場
- Technical Analysis 技術分析

Triple Witching ｜ 三巫日

什麼是「三巫日」？

股價指數期貨、股價指數選擇權，以及個股選擇權同時到期的交

易日,每年發生四次,分別是3月、6月、9月、12月的第3個星期五。又稱為「怪異週五」(Freaky Friday)。

Investopedia 的解釋

三巫日的高潮,是當天市場收盤前的最後一小時,交易者忙著在收盤前結清選擇權與期貨部位,往往使得市況較為波動。對長期投資人來說,三巫日沒有什麼實質影響。

相關名詞╱

- Expiration Date 到期日
- Index Futures 指數期貨
- Strike Price 履約價
- In the Money 價內
- Stock Option 股票選擇權

Turnover | 週轉率

什麼是「週轉率」?

(1)會計上是指某些資產在一段時間內更替的次數。

(2)投資組合中的資產,在一段時間內更替的次數,大約等於期間總成交量,除以所持的資產量。

Investopedia 的解釋

(1)常用的比率有庫存或應收帳款週轉率。就庫存而言,週轉率偏低,通常意味著產品滯銷或庫存過多,高週轉率則代表銷售暢旺,但也可能反映庫存補給出現困難。

(2)投資組合的週轉率不宜太高,否則交易佣金等費用,會明顯侵蝕投資報酬率。有些經紀商會為了賺取佣金,刻意促成過量

交易,這種不道德的行為,稱為炒單(churning)。

相關名詞／
- Accounts Receivable (AR) 應收帳款
- Asset 資產
- Asset Turnover 資產週轉率
- Cash Conversion Cycle 現金轉換循環
- Inventory Turnover 庫存週轉率

Turnover Ratio | 基金週轉率

什麼是「基金週轉率」?

共同基金的資產,在一段時間內更替的次數。基金的類型、投資目標,以及經理人的操作風格,是決定基金週轉率的主要因素。

Investopedia 的解釋

例如,股票指數基金並不需要經常更換投資標的,是典型的被動型投資方式,週轉率因此非常低。積極管理型基金或債券基金的週轉率則較高,前者是因為經理人會積極更換持股,以求打敗大盤,後者是因為債券到期,就必須買入新債。進取型的小型成長股基金,週轉率一般比大型價值股基金要高。投資人應該提防週轉率過高的基金,因為這種基金的交易費用較高,而且可能會產生額外的稅負,降低報酬率。共同基金的週轉率可能年年不同,不過計算一下以往幾年的平均值,就可合理推估未來的週轉率。

相關名詞／
- Expense Ratio 操作費用比率
- Index 指數
- Index Fund 指數基金
- Liquidity Ratios 流動性比率
- Mutual Fund 共同基金

U~V

copyright JackGuinan

「我老公投資的是 futures（期貨），
不幸的是，他的虧損是即時的。」

Underwriting | （1）承銷；（2）核保

什麼是 Underwriting？

（1）也稱為包銷，投資銀行協助企業發行證券、募集資本的一種方式。擔任承銷商的投資銀行收取承銷費，保證替企業按約定價格賣出證券。承銷的證券可以是股票，也可以是公司債。

（2）又稱為承保，指保險公司接受投保，發出保單。

Investopedia 的解釋

承銷的英文 underwriter，字面意思是在某處下面簽名，引申為承銷之意，據稱是源自承銷的傳統作法：在特定價格下，於自己願意承擔的數量處簽名，以示意願。這種作法留存至今：投資銀行組成承銷團（underwriting syndicate），成員各負責包銷一部分證券。

相關名詞／
- Capital 資本
- Initial Public Offering (IPO) 首次公開發行
- Rights Offering (Issue) 原股東現金增資
- Capital Structure 資本結構
- Syndicate 承銷團／銀行團

U

U.S. Treasury | 美國財政部

什麼是「美國財政部」？

美國聯邦政府負責發行國庫券與所有年期公債的部門。1798 年成立，下轄的政府機關包括美國國稅局、鑄幣局、公債局、菸酒稅局。

Investopedia 的解釋

美國財政部的核心職能，為掌管政府歲入，職責包括：（a）鑄幣、印鈔與印郵票；（b）透過國稅局徵稅，並執行稅法；（c）管理政府所有帳戶與債務；以及（d）監管美國銀行業者。

相關名詞／
- Monetary Policy 貨幣政策
- Treasury Bond (T-Bond) 美國長期公債
- Treasury Note 美國中期公債
- Treasury Bill (T-Bill) 美國國庫券
- Treasury Inflation Protected Securities (TIPS) 抗通膨美國公債

Unemployment Rate ｜ 失業率

什麼是「失業率」？

勞動人口中失業者的百分比。失業者是指積極尋找工作，但並未找到的人。

Investopedia 的解釋

1948 到 2004 年間，美國每月公布的失業率在 2.5％至 10.8％之間，平均約為 5.6％。失業率是所謂的落後指標，證實長期的經濟趨勢，不具多少預測未來的功能。

相關名詞／
- Business Cycle 景氣循環
- Gross Domestic Product (GDP) 國內生產毛額
- Quantitative Analysis 量化分析
- Fundamental Analysis 基本分析
- Market Economy 市場經濟

Unlevered Beta | 去槓桿貝他係數

什麼是「去槓桿貝他係數」？

假設公司零負債時的貝他係數。貝他係數是個股的系統風險指標，反映個股報酬率對大盤波動的敏感程度，財務槓桿有提高個股貝他係數的作用，去槓桿貝他係數根據公司的負債比率，計算出零負債下的貝他係數。公式如下：

$$BU = \frac{BL}{\left(1 + (1-T) \times \dfrac{D}{E}\right)}$$

BU ＝去槓桿貝他係數；BL ＝正常貝他係數；

T ＝公司稅率；D/E ＝負債權益比

Investopedia 的解釋

去槓桿貝他係數剔除負債的影響，可視為反映公司業務本身的系統風險，可用來比較負債程度互異公司的系統風險。

相關名詞／

- Beta 貝他係數
- Debt/Equity Ratio 負債權益比
- Systematic Risk 系統風險
- Capital Structure 資本結構
- Leverage 槓桿

U

Unrealized Gain | 未實現盈利

什麼是「未實現盈利」？

又稱為帳面盈利，是指投資人部位未平倉時累積的盈利。對多頭來說，是指買進資產後價格上漲，未賣出資產時的帳面利潤。對

空頭來說,是指賣空資產後價格下滑,未買回資產平倉時的帳面獲利。

Investopedia 的解釋

假設某投資人買進某個股後,股價上漲一倍,只要他仍持有這些股票,帳面上的盈利就是未實現盈利。

相關名詞／
- Capital Gain 資本利得
- Return on Investment (ROI) 投資報酬率
- Tax Deferred 延後課稅
- Market Order 市價單
- Stop Order 停止單

Unsystematic Risk | 非系統風險

什麼是「非系統風險」?

個別證券源自本身因素的風險,可藉著適當分散投資來消除。非系統風險主要源自公司與產業的特殊因素,系統風險則源自整體政經狀況。非系統風險又稱為「特殊風險」(specific risk)、「可分散風險」(diversifiable risk),或是「剩餘風險」(residual risk)。

Investopedia 的解釋

某些新聞僅影響少數個股,例如,某公司突發的罷工,就是非系統風險的例子。

相關名詞／
- Macroeconomics 總體經濟學
- Risk 風險
- Systematic Risk 系統風險
- Microeconomics 個體經濟學
- Risk-Return Trade-Off 風險與報酬之取捨

Uptick | 高於前成交價

什麼是「高於前成交價」?

證券價格的狀態標示,代表現成交價高於前成交價。常用來指個股的價格狀態,但也可以指大宗商品與其他證券。

Investopedia 的解釋

例如,ABC 公司上一筆成交價格為每股 10 元,若下一筆成交價格高於 10 元,像是 10.05 元,該股就處於 uptick 狀態。

相關名詞／
- Commodity 大宗商品
- Stock Market 股票市場
- Volume 成交量
- Stock 股票
- Uptrend 上升趨勢

U

Uptrend | 上升趨勢

什麼是「上升趨勢」?

金融資產的價格總方向為上漲的狀態。比較精確的定義是,價格高點與低點均有日益上移的走勢。如圖所示,高點④高於前高點②,而低點⑤也高於前低點③。如過價格跌破低點⑤,這個上升趨勢就視為告一段落。相反的走勢稱為下跌趨勢(downtrend)。

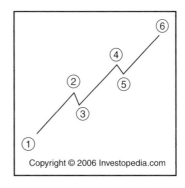

Copyright © 2006 Investopedia.com

Investopedia 的解釋

仰賴技術分析的交易者，都希望辨識出強勁的上升趨勢，在升勢逆轉前順勢賺錢。要做到這一點，辨識趨勢逆轉非常重要；升勢未能再創新高，或拉回時跌破前低點，都是升勢告一段落的可能跡象。許多技術分析師會在走勢圖上劃出趨勢線，以協助判斷買賣時機，辨識趨勢逆轉點。

相關名詞／
- Average Directional Index (ADX) 平均動向指標
- Downtrend 下跌趨勢
- Volume 成交量
- Trend Analysis 趨勢分析
- Uptick 高於前成交價

Value Investing | 價值投資法

什麼是「價值投資法」？

一種投資策略，著重發掘價值遭市場低估、股價跌到內在價值以下的個股。價值投資者認為，市場有缺乏效率的一面，常對一些短線消息過度反應，以至於股價無法反映公司的長期基本面。價值投資者的目標，是在個股股價明顯偏低時買進，等市場發現這些股票的價值時，持股就會明顯升值。價值投資法的選股標準，常包括低於平均水準的股價淨值比（P／B ratio）與本益比，以及高於平均水準的股息殖利率。

Investopedia 的解釋

價值投資法的難處，在於估算一家公司的內在價值。內在價值並沒有所謂的「正確」答案；在資料相同的情況下，不同的投資人

對一家公司的內在價值,看法往往有明顯的差異。因此,價值投資者在操作上會預留一定的「安全空間」,只有認為股價真的已明顯偏低時才買進。價值投資法其實相當主觀,有些價值投資者只看資產與盈利現況,有些則完全仰賴對未來現金流的預估。不過,雖然各有看法,價值投資者還是有共同點,就是嘗試以「超值價」買進股票。

相關名詞/
- Earnings 盈餘
- Intrinsic Value 內在價值
- Style 投資風格
- Growth Stock 成長股
- Value Stock 價值股

Value Proposition | 價值主張

什麼是「價值主張」?
企業的業務或行銷聲明,概括顧客應購買該公司產品,或是使用其服務的原因。這種聲明必須令潛在客戶相信,該公司提供的產品或服務,比類似商品更具價值效益。又稱為價值定位。

Investopedia 的解釋
企業希望價值主張聲明,有助於說服潛在客戶選用公司產品。這種聲明應簡潔有力,切中最能影響顧客決策的因素。未能清楚表達價值主張的公司,在行銷上可能會面對很大的困難。

相關名詞/
- Asset 資產
- Intangible Asset 無形資產
- Tangible Asset 有形資產
- Goodwill 商譽
- Spinoff 分割

V

Value Stock | 價值股

什麼是「價值股」?

價值遭市場低估的個股。價值股的股價,低於按基本面因素(例如,盈利、股息、營收等)估算的內在價值。價值投資法以尋覓價值股為目標,選股標準常包括低於平均水準的股價淨值比(P/B ratio)與本益比,以及高於平均水準的股息殖利率。

Investopedia 的解釋

價值投資者認為,市場有缺乏效率的一面,因此,相信自己能找到股價遭低估的個股。「道瓊狗股」(Dogs of the Dow)就是一種價值投資策略:每年年初時,買進道瓊工業指數股息殖利率最高的十檔成分股,然後每年調整持股。

相關名詞╱
- Earnings 盈餘
- Price-to-Book Ratio (P/B Ratio) 股價淨值比
- Style 投資風格
- Growth Stock 成長股
- Value Investing 價值投資法

Variable Cost | 變動成本

什麼是「變動成本」?

隨著公司產量或業務量而變的成本。與變動成本相對的是固定成本,就是不管公司業務量如何改變,都維持不變的成本。

Investopedia 的解釋

以航空公司為例,飛機的燃料費用,就是變動成本的好例子。飛

行里程數愈越多，燃料成本愈高。

相關名詞／
- Accrual Accounting 權責發生制
- Contribution Margin 邊際貢獻
- Law of Diminishing Marginal Utility 邊際效用遞減法則
- Operating Leverage 營業槓桿
- Operating Margin 營業利潤率

Venture Capital | 創業投資

什麼是「創業投資」？

也稱為風險資本，是指為新創辦的企業提供融資。創投業者尋找具長期成長潛力的投資目標，通常投資在新成立的公司或小企業上。這些新公司尚未能在股市或債市募資，創投資金是它們很重要的資本來源。投創是高風險投資，但報酬潛力也相對較強。

Investopedia 的解釋

創投業者投資一家公司後，也可能會提供管理或技術上的援助。大多數創投資金來自富豪、投資銀行，或是其他金融機構，可能以合夥方式運作。新公司經營歷史有限、未能公開發行股票或發債融資時，很可能會考慮爭取創投資金。對創業者來說，接受創投業者加入的壞處是，對方不但會占有股權，往往也會涉入公司的營運。

相關名詞／
- Capital 資本
- Capital Structure 資本結構
- Initial Public Offering (IPO) IPO
- Mezzanine Financing 夾層融資
- Private Equity 私募股權

VIX (CBOE Volatility Index) | VIX指數

什麼是「VIX 指數」?

芝加哥選擇權交易所的波動性指數,反映市場對未來 30 天的波動性預期。VIX 是該指數的代碼。該指數以一廣泛系列的標準普爾五百指數選擇權隱含波動性為計算基礎,包括買權與賣權。VIX 指數是常用的市場風險指標,常被稱為「投資人恐慌指標」(investor fear gauge)。這一系列波動性指數共有 3 項指數:追蹤標準普爾五百指數的 VIX、追蹤那斯達克一百指數的 VXN,以及追蹤道瓊工業指數的 VXD。

Investopedia 的解釋

芝加哥選擇權交易所在 1993 年首度推出 VIX 指數,以標準普爾一百指數 8 檔平價(at-the-money)賣權與買權的隱含波動性,經加權方式計算得出。10 年後,VIX 指數改以標準普爾五百指數選擇權為計算基礎,因為這樣更能準確反映投資人對市場波動性的預期。VIX 數值高於 30,通常意味著市場劇烈波動,投資人在風險籠罩下相當恐慌。VIX 數值低於 20,則通常代表市場並未承受多少壓力,投資人甚至有些自滿。

相關名詞／
- Beta 貝他係數
- In the Money 價內
- Volatility 波動性
- Implied Volatility 隱含波動性
- Standard Deviation 標準差

Volatility ｜ 波動性

什麼是「波動性」？

（1）個別證券或市場指數波動劇烈程度的指標。高波動性一般意味著證券的價格較容易急升驟跌，風險相對較高。通常，波動性以證券或市場指數在某段時間內的報酬率標準差為代表，但也可用變異數為代表。

（2）選擇權定價公式中的一個變量，代表標的資產報酬率在選擇權有效期間的預計波動程度；以百分比係數（percentage coefficient）表示，係數的數值，取決於波動性的衡量方式。

Investopedia 的解釋

波動性反映證券價格的不確定性，高波動性意味著證券的價格，短時間內較有可能大漲或大跌，低波動性則代表價格的變動較為和緩。一檔證券（或基金）相對於大盤的價格波動性，通常以該證券的貝他係數為代表。貝他係數等於 1，代表證券的價格緊跟著大盤走勢；貝他係數若等於 1.1，證券的漲跌幅會是大盤漲跌幅的110％；貝他係數若等於 0.9，證券的漲跌幅會是大盤漲跌幅的90％。

V

相關名詞／
- Beta 貝他係數
- Hedge 對沖
- VIX (CBOE Volatility Index) VIX指數
- Futures 期貨
- Standard Deviation 標準差

Volume | 成交量

什麼是「成交量」?

一檔證券或整個市場一段時間內的交易量,就是買賣雙方換手的證券數量。例如,若某投資人向另一位投資人買進某股 100 股,該股成交量即增加100 股。

Investopedia 的解釋

技術分析非常重視成交量。分析師一般認為,無論是漲是跌,必須有足夠的成交量配合,走勢才有意義。同樣幅度的升跌,成交量愈大,升勢或跌勢愈具意義。

相關名詞/
- Ask 賣方報價
- Bid 買方出價
- Downtrend 下跌趨勢
- New York Stock Exchange (NYSE) 紐約證交所
- Uptrend 上升趨勢

Volume Weighted Average Price (VWAP) | 成交量加權平均價格

什麼是「成交量加權平均價格」?

將多筆交易的價格,按照成交量加權計算的平均價。若是計算一檔證券某天的 VWAP,將當日總成交值除以總成交量即可。退休基金常以 VWAP 為評估交易表現的指標。

$$成交量加權平均價格 = \frac{\sum 購買股數 \times 股價}{總購買股數}$$

Investopedia 的解釋

買入價低於 VWAP，代表買在相對低位，是一筆好交易。相反
地，買入價高於VWAP，則意味著買在相對高位。

相關名詞／

- Ask 賣方報價
- Bid 買方出價
- Weighted Average 加權平均值
- Benchmark 基準
- Volume 成交量

V

W

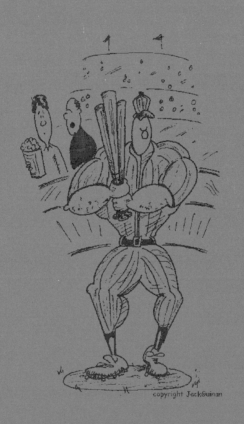

「我想，唯一沒使用生長激素的，
就只有我的股票投資了。」

Warrant | 認股權證

什麼是「認股權證」?

一種衍生工具,持有人有權在約定期限內,按約定價向發行人購進一家公司的普通股。認股權證常依附公司債發行,作為吸引投資人的「贈品」。

Investopedia 的解釋

認股權證跟股票買權的主要差別,在於前者通常由標的股票的發行公司發行與擔保,而後者則是在交易所買賣的金融工具,並不是由標的公司發行。此外,認股權證的有效期限通常可長達好幾年,而一般選擇權則只有幾個月的壽命。

相關名詞/
- Call Option 買權
- Put Option 賣權
- Rights Offering (Issue) 原股東現金增資
- Derivative 衍生工具
- Premium (1)選擇權權利金; (2)溢價; (3)保費

Weighted Average | 加權平均值

什麼是「加權平均值」?

計算平均值的一種方法,每一個數值會獲得一個權重 (weighting),代表該數值在加權平均值中的重要程度。例如,若兩個數值的權重分別是 1 和 2,計算加權平均值時,前者有如只算一次,後者則算兩次。

Investopedia 的解釋

舉例來說明加權平均值的計算方法。在 Scrabble 拼字遊戲中，不同字母會有不同的分數值，假設以下分數值的字母，在某次遊戲中出現的次數如下：

分數值	10	8	5	4	3	2	1	0
出現次數	2	2	1	10	8	7	68	2

這些分數值的加權平均值，可按照以下步驟計算：（1）將每一個數值乘以權重（就是出現次數），得出 20、16、5、40、24、14、68 與 0；（2）將上述結果加起來，得出總數值，就是 187；（3）將全部權重相加，得出 100；（4）將總數值除以總權重，就算出該次遊戲分數值的平均值為 1.87。

相關名詞／
- American Stock Exchange (AMEX) 美國證交所
- Dow Jones Industrial Average (DJIA) 道瓊工業指數
- New York Stock Exchange (NYSE) 紐約證交所
- Price-Weighted Index 價格加權指數
- Weighted Average Market Capitalization 市值加權指數

Weighted Average Market Capitalization｜

市值加權指數

什麼是「市值加權指數」？

按成份股市值加權計算得出的股價指數。成份股在這種指數中的權重，取決於市值規模，因此，市值愈大的公司，股價波動對指

數的影響愈明顯。多數股價指數是市值加權指數，例如標準普爾
五百指數。

Investopedia 的解釋

例如，某成份股的市值為 100 萬美元，指數成份股總市值為 1 億
美元，則該股在指數中的權重為 1％。股價指數也可以用價格加
權的方式計算，最著名的例子是道瓊工業指數。

相關名詞／
- Benchmark 基準
- Market Capitalization 市值
- Standard & Poor's 500 Index (S&P 500) 標準普爾五百指數
- Index 指數
- Price-Weighted Index 價格加權指數

Windfall Profit Tax ｜ 暴利稅

什麼是「暴利稅」？

當某些產業因經濟狀況而賺到超乎正常水準的盈利時，政府對相
關業者額外徵收的盈利稅。暴利稅主要是針對那些利潤高得異常
的產業，例如，大宗商品價格飆漲時，那些盈利暴漲的業者。

Investopedia 的解釋

和其他稅種一樣，暴利稅也有支持與反對兩派。暴利稅的好處之
一，是政府可以為社會福利事業籌措更多資金。反對者則認為，
暴利稅削弱了企業的營利動機，而且利潤應重新投資在業務上，
促進創新，進而令社會整體受益。盈利豐厚企業的股東，與社會
大眾就暴利稅的爭議，是難以調解的。2005 年這項議題在美國引
發熱烈議論，因為當年石油與天然氣業者，因能源價格高漲而賺

W

得驚人利潤，例如艾克森美孚當年盈利即高達360億美元。

相關名詞／
- Capital Gain 資本利得
- Operating Income 營業利潤
- Unrealized Gain 未實現盈利
- Gross Profit Margin 毛利率
- Profit and Loss Statement (P&L) 損益表

Working Capital | 營運資金

什麼是「營運資金」？

企業營運效率與短期融通狀況的指標，計算公式如下：

$$營運資金＝流動資產－流動負債$$

營運資金為正數，代表公司流動資產超過流動負債，應有能力支付短期債務；營運資金為負數，代表公司的流動資產（例如，現金、應收帳款與庫存）不足以清償流動負債。英文又稱為 net working capital。

Investopedia 的解釋

一家企業的流動資產若少於流動負債，就可能週轉不靈，無力償還到期的債務，情況最糟時會破產。營運資金若在頗長一段時間內持續減少，是應該進一步分析警訊。例如，這可能是因為銷售額持續減少，以致應收帳款也日益縮減。投資人也可藉著營運資金，觀察公司的營運效率。庫存與應收帳款通常都不是能夠立即變現，用於償債的資產。因此，公司如果不能快速消化庫存或收取貨款，營運資金會日益膨脹。庫存與應收帳款都占用了公司資金，如果不能有效管理，會明顯影響公司的資金週轉。

相關名詞／
- Acid-Test Ratio 速動比率
- Current Assets 流動資產
- Inventory 庫存
- Capital Structure 資本結構
- Current Liabilities 流動負債

W

$X \sim Y$

copyright JackGuinan

「恭喜阿嬤，您不再是長線投資人了！」

Yield｜殖利率

什麼是「殖利率」？

又稱收益率，代表一項投資的收益報酬率。就證券而言，這是指
年度利息或股息除以投資的成本、市值或面額，以百分比表示。
例如，債券的當期殖利率是這麼算的：

$$債券當期殖利率 = \frac{年度票息}{債券市價}$$

Investopedia 的解釋

殖利率可以有多種算法，因此若不加以說明，往往會令投資人混
淆。例如，股息殖利率就至少有 2 種算法。假設你以每股 30 元買
進某個股，現價為 33 元，年度股息為每股 1 元，「成本殖利率」
（cost yield）是 3.3%（$1／$30），「當期殖利率」（current
yield）則為 3%（$1/$33）。債券更是有 4 種殖利率：（1）票面
利率（發行時確定的固定利率）；（2）當期殖利率，等於年度
票息除以債券市價；（3）到期殖利率（yield to maturity），假
設投資人持有債券至到期的年度報酬率；以及（4）免稅市政債
券的「稅前殖利率」（tax-equivalent yield），按投資人的適用稅
率，將「免稅殖利率」調整為稅前值。共同基金的殖利率，則是
扣除基金操作費用後，年度收益（股息與利息）的報酬率。此
外，美國證券交易委員會為方便投資人比較債券基金的收益，也
編制了一種「SEC殖利率」（SEC yield），以基金過去30天期間
的收益為計算基礎。

Y

相關名詞／
- Annual Percentage Yield (APY) 年收益率
- Current Yield 當期收益率
- Dividend Yield 股息殖利率
- Yield Curve 殖利率曲線
- Yield to Maturity (YTM) 到期殖利率

Yield Curve｜殖利率曲線

什麼是「殖利率曲線」？

殖利率曲線將信用品質相同、期限不同的債券劃在圖上，縱軸為殖利率，橫軸是距離到期的時間。金融市場最常用的殖利率曲線，是以各種年期的美國公債劃成，期限從 3 個月到 30 年不等。這條殖利率曲線，是市場上其他債務融資的基準，例如房貸利率與銀行貸款利率。市場人士也密切留意殖利率曲線的形狀，希望能藉此預測總體經濟走向。

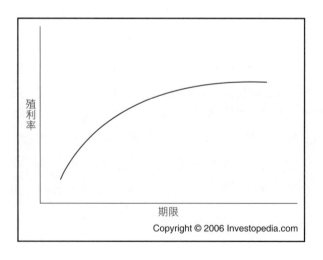

Investopedia 的解釋

市場人士密切留意殖利率曲線的形狀，因為這有助於研判未來利率與經濟成長率的走向。殖利率曲線主要可分三種型態：正常、反轉（inverted）、平坦（flat 或 humped）。正常的殖利率曲線如上圖，債券殖利率隨期限拉長而上升，因為債務年期愈長，風險愈高。反轉的曲線則相反，長債殖利率反而低於短債，這可能是預示經濟即將陷入衰退。平坦的曲線則是長、短債殖利率非常接近，可能顯示經濟正由盛轉衰，或由衰轉盛。殖利率曲線的斜度也具重要意義，斜度愈大，代表長短期利差愈大，對商業銀行來說，通常是件好事。

相關名詞／
- Corporate Bond 公司債
- Inverted Yield Curve 反轉的殖利率曲線
- U.S. Treasury 美國財政部
- Interest Rate 利率
- Risk-Free Rate of Return 無風險報酬率

Yield to Maturity (YTM) ｜ 到期殖利率

什麼是「到期殖利率」？

投資人按當前市價買進債券，持有至到期可獲得的年度報酬率。將債券未來的現金流量，以到期殖利率折現為現值，就等於債券的市價。到期殖利率的計算，涉及債券市價、面值、票面利率，以及距離到期的時間，而且內含一個假設：到期前收到的利息，都按照到期殖利率再投資。一般就簡稱為「殖利率」。

Y

Investopedia 的解釋

到期殖利率可用債券殖利率表找出約值。因為計算相當繁複,一般是使用財務計算機或電腦程式計算。

相關名詞／
- Bond 債券
- Interest Rate 利率
- Yield 殖利率
- Coupon 票息
- Par Value (1)債券面值;(2)股票面額

「客戶的股票崩跌時，不可以對他們說『哎喲！』」。

Y

Z

「不用理我們，
我們是證券交易委員會派來稽核你們年底表現的。」

Zero-Coupon Bond | 零息債券

什麼是「零息債券」？

到期前不支付利息的債券。零息債券貼現發行，就是以以低於面值的價格出售，到期時按面值還本。面值與發行價的差額，等同投資人一次收取的利息。英文也稱為 accrual bond。

Investopedia 的解釋

有些零息債券本身，就是設計成這種形式的，有些則是金融機構將正常的付息債券（coupon bonds）本息分割，變成零息債券出售的。因為到期前不付息，相對於付息債券，零息債券的價格波動性通常明顯較大。

相關名詞／
- Bond 債券
- Coupon 票息
- Discount Rate（1）貼現率；（2）折現率
- Face Value 面值
- Maturity 到期

Z

Index

其他

10月效應　October Effect　277
1月指標　January Barometer　199
401(k)退休儲蓄計畫　401(k) Plan　009
403(b)退休儲蓄計畫　403(b) Plan　010
CUSIP號碼　CUSIP Number　089
K線圖　Candlestick　052
PEG值　Price/Earnings to Growth Ratio (PEG Ratio)　311
R平方值　R-Squared　353
T規定　Regulation T (Reg T)　337
VIX指數　VIX (CBOE Volatility Index)　426

一畫

一級資本　Tier 1 Capital　404

二畫

二次發行　Secondary Offering　358

三畫

三巫日　Triple Witching　413
下跌趨勢　Downtrend　113
上升趨勢　Uptrend　421
上市　Listed　220
大宗商品　Commodity　067
大型股　Large Cap (Big Cap)　207
小型股　Small Cap　372

四畫

不可撤銷的信託　Irrevocable Trust　196

不可融資買進的證券　Nonmarginable Securities　272
不動產投資信託　Real Estate Investment Trust (REIT)　333
中型股　Mid Cap　241
內在價值　Intrinsic Value　191
內部報酬率　Internal Rate of Return (IRR)　190
公司債　Corporate Bond　074
公平價值　Fair Value　137
公開說明書　Prospectus　322
公債　Government Security　163
分割　Spinoff　374
分散投資　Diversification　107
分期償還　Amortization　022
反轉的殖利率曲線　Inverted Yield Curve　193
少數股東權益　Minority Interest　243
戈登成長模型　Gordon Growth Model　162
支撐點　Support　392
毛利　Gross Income　164
毛利　Gross Margin　165
毛利率　Gross Profit Margin　165
水餃股　Penny Stock　301

五畫

加權平均值　Weighted Average　431
包寧傑通道　Bollinger Band　040
去槓桿　Deleverage　098
去槓桿貝他係數　Unlevered Beta　419
可轉換債券　Convertible Bond　072
可轉換優先股　Convertible Preferred Stock　073

THE INVESTOPEDIA®

Guide to Wall Speak

可贖回債券　Callable Bond　052
外匯市場　Forex (FX)　144
失業率　Unemployment Rate　418
巨額房貸　Jumbo Loan　199
市政債券　Municipal Bond　258
市值　Market Capitalization　232
市值　Market Value　236
市值加權指數　Weighted Average Market Capitalization　432
市場風險溢酬　Market Risk Premium　235
市場經濟　Market Economy　233
市價單　Market Order　235
布萊克-斯科爾斯模型　Black Scholes Model　039
平均動向指標　Average Directional Index (ADX)　028
平滑異同移動平均線　Moving Average Convergence Divergence (MACD)　254
平價　Parity　298
本益比　Price-Earnings Ratio (P/E Ratio)　312
未平倉量　Open Interest　279
未來值　Future Value (FV)　153
未實現盈利　Unrealized Gain　419
民生物資廠商　Consumer Staples　071
申購手續費　Front-End Load　150

六畫

交易對手風險　Counterparty Risk　078
交換交易　Swap　394
份額　Tranches　409
企業年度報告　10-K　009
企業併購　Mergers and Acquisitions (M&A)　239
企業價值　Enterprise Value (EV)　126
先進先出法　First In, First Out (FIFO)　142
全美證券交易商協會　National Association of Securities Dealers (NASD)　262
全球存託憑證　Global Depositary Receipt (GDR)　161
共同基金　Mutual Fund　259
共變異數　Covariance　079

吉利美　Ginnie Mae - Government National Mortgage Association (GNMA)　159
名目國內生產毛額　Nominal GDP　272
名義值　Notional Value　273
合併　Merger　238
合資格退休金計畫　Qualified Retirement Plan　327
回購　Buyback　049
多頭　Long (or Long Position)　222
多頭市場　Bull Market　046
存款單　Certificate of Deposit (CD)　060
存續期　Duration　115
年收益率　Annual Percentage Yield (APY)　023
年金　Annuity　024
年複合成長率　Compound Annual Growth Rate (CAGR)　068
成交量　Volume　428
成交量加權平均價格　Volume Weighted Average Price (VWAP)　428
成長股　Growth Stock　166
收取銷售費的基金　Load Fund　221
收購　Takeover　399
有形資產　Tangible Asset　399
有形資產淨值　Net Tangible Assets　269
有形資產淨值　Tangible Net Worth　400
有價證券　Marketable Securities　237
次級市場　Secondary Market　357
次級貸款　Subprime Loan　390
次貸崩盤　Subprime Meltdown　391
次順位債　Subordinated Debt　390
次順位證券　Junior Security　200
死貓反彈　Dead Cat Bounce　091
自由流通量　Float　144
自由現金流　Free Cash Flow (FCF)　147
自由現金流收益率　Free Cash Flow Yield　149
行使權利　Exercise　133
行為財務學　Behavioral Finance　035

七畫

伽瑪　Gamma　157
免收銷售費的基金　No-Load Fund　271

利息保障倍數　Interest Coverage Ratio　187
利息保障倍數　Times Interest Earned (TIE)　405
利率　Interest Rate　188
利率交換　Interest Rate Swap　189
均衡　Equilibrium　127
夾層融資　Mezzanine Financing　239
完全稀釋的股數　Fully Diluted Shares　151
抗通膨美國公債　Treasury Inflation Protected Securities (TIPS)　411
技術分析　Technical Analysis　401
折扣　Haircut　169
折扣經紀商　Discount Broker　104
折扣臨界點　Breakpoint　044
折現率　Discount Rate　105
折舊　Depreciation　101
投資型金融業者　Buy Side　047
投資風格　Style　388
投資風格移轉　Style Drift　389
投資級評等　Investment Grade　195
投資組合　Portfolio　306
投資報酬率　Return on Investment (ROI)　345
投資銀行　Investment Bank　194
每股盈餘　Earnings per Share (EPS)　119
私下募集　Private Placement　318
私募股權　Private Equity　317
系列七執照　Series 7　362
系列六十三執照　Series 63　362
系統風險　Systematic Risk　396
貝他係數　Beta　036
那斯達克　Nasdaq　261
那斯達克場外交易系統　Over-the-Counter Bulletin Board (OTCBB)　295

八畫

供給法則　Law of Supply　210
到期　Maturity　237
到期日　Expiration Date　135
到期殖利率　Yield to Maturity (YTM)　439
固定收益證券　Fixed-Income Security　143
垃圾債券　Junk Bond　201

定期定額法　Dollar-Cost Averaging (DCA)　111
定額年金　Fixed Annuity　143
延後課稅　Tax Deferred　400
房地美　Freddie Mac - Federal Home Loan Mortgage Corp. (FHLMC)　146
房地產抵押貸款　Mortgage　251
房利美　Fannie Mae - Federal National Mortgage Association (FNMA)　138
房貸寬限協議　Mortgage Forbearance Agreement　251
房貸擔保憑證　Collateralized Mortgage Obligation (CMO)　065
房貸擔保證券　Mortgage-Backed Security (MBS)　252
所得淨額　Net Income　264
承銷　Underwriting　417
波動性　Volatility　427
空單回補　Buy to Cover　048
空單餘額　Short Interest　367
空單餘額比率　Short Interest Ratio　368
空頭　Short (or Short Position)　365
空頭市場　Bear Market　035
空頭回補　Short Covering　366
股東權益　Shareholders' Equity　364
股東權益報酬率　Return on Equity (ROE)　344
股息　Dividend　108
股息再投資計畫　Dividend Reinvestment Plan (DRIP)　110
股息折現模型　Dividend Discount Model (DDM)　109
股息殖利率　Dividend Yield　110
股息發放率　Dividend Payout Ratio　109
股票　Stock　379
股票分割　Stock Split　382
股票市場　Stock Market　380
股票合併　Reverse Stock Split　348
股票面額　Par Value　297
股票風險溢酬　Equity Risk Premium　129
股票選擇權　Stock Option　381
股價有形資產比　Price to Tangible Book Value (PTBV)　310

股價淨值比　Price-to-Book Ratio (P/B Ratio)　314

股價現金流量比　Price-to-Cash-Flow Ratio　315

股價營收比　Price-to-Sales Ratio (Price/Sales)　316

股權／權益／股票　Equity　128

股權自由現金流　Free Cash Flow to Equity (FCFE)　148

股權登記日　Record Date　336

軋多　Long Squeeze　223

軋空　Short Squeeze　369

長期負債　Long-Term Debt　224

長期負債對資本比　Long-Term Debt to Capitalization Ratio　224

阿爾法　Alpha　019

阻力位　Resistance　342

附買回協議　Repurchase Agreement (Repo)　339

非系統風險　Unsystematic Risk　420

九畫

信用利差　Credit Spread　083

信用狀　Letter of Credit　211

信用衍生商品　Credit Derivative　082

信用評等　Credit Rating　082

信用債券　Debenture　091

信用違約交換　Credit Default Swap (CDS)　081

信貸緊縮　Credit Crunch　081

保留盈餘　Retained Earnings　343

保費　Premium　307

保證金／利潤　Margin　229

保證金帳戶　Margin Account　230

封閉型基金　Closed-End Fund　062

按市值計價　Mark to Market (MTM)　231

指數　Index　180

指數股票型基金　Exchange-Traded Fund (ETF)　131

指數基金　Index Fund　181

指數期貨　Index Futures　182

毒丸策略　Poison Pill　305

流動比率　Current Ratio　087

流動性　Liquidity　218

流動性不足　Illiquid　177

流動性比率　Liquidity Ratios　219

流動負債　Current Liabilities　086

流動資產　Current Assets　085

盈餘　Earnings　117

相對強弱指數　Relative Strength Index (RSI)　338

相關係數　Correlation　075

美國中期公債　Treasury Note　412

美國存託憑證　American Depositary Receipt (ADR)　020

美國金融業監管局　Financial Industry Regulatory Authority (FINRA)　141

美國長期公債　Treasury Bond (T-Bond)　410

美國財政部　U.S. Treasury　417

美國國庫券　Treasury Bill (T-Bill)　410

美國證交所　American Stock Exchange (AMEX)　021

美國證券交易委員會　Securities and Exchange Commission (SEC)　359

衍生工具　Derivative　102

要求報酬率　Required Rate of Return　340

負債　Liability　216

負債比率　Debt Ratio　093

負債資本比　Debt-to-Capital Ratio　095

負債權益比　Debt/Equity Ratio　094

限價停損單　Stop-Limit Order　383

限價單　Limit Order　218

面值　Face Value　137

風險　Risk　349

風險性資產　Risk-Weighted Assets　352

風險與報酬的取捨　Risk-Return Trade-Off　351

首次公開發行　Initial Public Offering (IPO)　185

十畫

倍數　Multiple　257

個人退休帳戶　Individual Retirement Account (IRA)　182

修正內部報酬率　Modified Internal Rate of Return (MIRR)　245

修正存續期　Modified Duration　245

倫敦銀行同業拆款利率　London Interbank Offered Rate (LIBOR)　221

倫敦銀行同業歐元拆款利率　Euro LIBOR　130

原股東現金增資　Rights Offering (Issue)　349

夏普值　Sharpe Ratio　364

套利　Arbitrage　024

庫存　Inventory　192

庫存週轉率　Inventory Turnover　192

息稅折舊攤銷前利潤　Earnings before Interest, Taxes, Depreciation, and Amortization (EBITDA)　117

效率比　Efficiency Ratio　124

效率市場假說　Efficient Market Hypothesis (EMH)　125

效率前緣　Efficient Frontier　123

核保　Underwriting　417

泰德利差　Ted Spread　402

消費者物價指數　Consumer Price Index (CPI)　070

破產　Bankruptcy　033

粉紅單市場　Pink Sheets　302

紐約證交所　New York Stock Exchange (NYSE)　270

缺乏彈性　Inelastic　183

財政政策　Fiscal Policy　142

追蹤誤差　Tracking Error　407

追繳保證金　Margin Call　231

除息　Ex-Dividend　132

除息日　Ex-Date　132

高收益債　High-Yield Bond　172

高於前成交價　Plus Tick　304

高於前成交價　Uptick　421

十一畫

停止單　Stop Order　382

停損單　Stop-Loss Order　384

勒式選擇權組合　Strangle　386

動能　Momentum　246

商業本票　Commercial Paper　066

商譽　Goodwill　161

國內生產毛額　Gross Domestic Product (GDP)　163

基本分析　Fundamental Analysis　152

基本放款利率　Prime Rate　316

基金週轉率　Turnover Ratio　415

基奧退休金計畫　Keogh Plan　203

基準　Benchmark　036

基點　Basis Point (BPS)　034

帳外融資　Off-Balance-Sheet Financing　277

帳面值　Book Value　043

掩護性買權　Covered Call　080

淨多頭部位　Net Long　265

淨利　Net Income　264

淨利率　Profit Margin　320

淨值　Net Worth　269

淨現值　Net Present Value (NPV)　267

淨資產報酬率　Return on Net Assets (RONA)　346

淨銷售額　Net Sales　268

現代投資組合理論　Modern Portfolio Theory (MPT)　244

現金及約當現金　Cash and Cash Equivalents　057

現金流　Cash Flow　059

現金流折現法　Discounted Cash Flow (DCF)　106

現金流量表　Cash Flow Statement　060

現金轉換循環　Cash Conversion Cycle　058

現值　Present Value (PV)　308

現值利率因子　Present Value Interest Factor (PVIF)　309

票息　Coupon　078

移動平均線　Moving Average (MA)　253

第十一章（破產保護）　Chapter 11　061

終值　Terminal Value　403

被動型投資　Passive Investing　299

規模經濟　Economies of Scale　121

貨幣市場　Money Market　247

貨幣市場帳戶　Money Market Account　248

貨幣交換　Currency Swap　085

貨幣供給　Money Supply　249
貨幣政策　Monetary Policy　247
通用會計準則　Generally Accepted Accounting Principles (GAAP)　158
通貨緊縮　Deflation　097
通貨膨脹　Inflation　184
速動比率　Acid-Test Ratio　019
速動比率　Quick Ratio　328
造市商　Market Maker　234

十二畫

最低保證金　Minimum Margin　242
最低要求提取額　Required Minimum Distribution (RMD)　340
創業投資　Venture Capital　425
剩餘所得　Residual Income　341
場外交易　Over the Counter (OTC)　293
報價　Quote　329
惡性通貨膨脹　Hyperinflation　174
普通股　Common Stock　068
景氣循環　Business Cycle　046
期貨　Futures　153
期貨合約　Futures Contract　154
殖利率　Yield　437
殖利率曲線　Yield Curve　438
無形資產　Intangible Asset　185
無券放空　Naked Shorting　261
無風險報酬率　Risk-Free Rate of Return　350
發行在外股份　Outstanding Shares　291
短線波段操作　Swing Trading　394
稅後營業淨利　Net Operating Profit After Tax (NOPAT)　266
稀釋　Dilution　104
稀釋後每股盈餘　Diluted Earnings per Share (Diluted EPS)　103
結算日　Settlement Date　363
絕對報酬　Absolute Return　013
貼現率　Discount Rate　105
買方出價　Bid　037
買賣價差　Bid-Ask Spread　038
買賣價差　Haircut　169

買權　Call　051
買權　Call Option　051
貶值　Depreciation　101
超買　Overbought　291
超賣　Oversold　293
軸點　Pivot Point　303
週轉率　Turnover　414
量化分析　Quantitative Analysis　327
開放型基金　Open-End Fund　280
陽春型　Plain Vanilla　303
集合競價時段　Call　051

十三畫

債券　Bond　041
債券面值　Par Value　297
債券評等　Bond Rating　043
債券階梯　Bond Ladder　042
債務　Debt　092
債務成本　Cost of Debt　076
債務擔保證券　Collateralized Debt Obligation (CDO)　064
債務融資　Debt Financing　092
傳統個人退休帳戶　Traditional IRA　408
微觀經濟學　Microeconomics　240
損益表　Income Statement　179
損益表　Profit and Loss Statement (P&L)　319
新加坡銀行同業拆款利率　Singapore Interbank Offered Rate (SIBOR)　371
溢價　Premium　307
當期收益率　Current Yield　088
經紀自營商　Broker-Dealer　045
經濟利潤（或虧損）　Economic Profit (or Loss)　120
經濟附加價值　Economic Value Added (EVA)　121
經濟衰退　Recession　336
葛拉斯—史提格爾法　Glass-Steagall Act　160
資本　Capital　053
資本市場線　Capital Market Line (CML)　056
資本成本　Cost of Capital　075
資本利得　Capital Gain　055

資本結構　Capital Structure　056

資本資產定價模型　Capital Asset Pricing Model (CAPM)　054

資金的時間價值　Time Value of Money　405

資產　Asset　026

資產負債表　Balance Sheet　031

資產配置　Asset Allocation　026

資產淨值　Net Asset Value (NAV)　263

資產報酬率　Return on Assets (ROA)　343

資產週轉率　Asset Turnover　027

資產擔保證券　Asset-Backed Security (ABS)　028

跨式選擇權組合　Straddle　385

跳動點　Pip　302

跳動點　Tick　403

運行速度　Run Rate　354

道瓊工業指數　Dow Jones Industrial Average (DJIA)　112

隔夜拆款交換　Overnight Index Swap　292

雷曼綜合債券指數　Lehman Aggregate Bond Index　211

電子通訊網路　Electronic Communication Network (ECN)　126

零息債券　Zero-Coupon Bond　443

預估本益比　Forward Price to Earnings (Forward P/E)　146

預期報酬率　Expected Return　133

十四畫

寡頭壟斷　Oligopoly　278

實收資本額　Paid-Up Capital　297

實際年利率　Effective Annual Interest Rate　122

實質國內生產毛額　Real Gross Domestic Product　334

實質報酬率　Real Rate of Return　334

對沖　Hedge　170

對沖基金　Hedge Fund　171

槓桿　Leverage　212

槓桿比率　Gearing Ratio　157

槓桿比率　Leverage Ratio　213

槓桿收購　Leveraged Buyout (LBO)　214

槓桿貸款　Leveraged Loan　215

滯脹　Stagflation　376

盡職調查　Due Diligence (DD)　114

管理會計　Managerial Accounting　228

維持保證金　Maintenance Margin　227

認股權證　Warrant　431

遠期外匯合約　Currency Forward　084

遠期合約　Forward Contract　145

銀行同業拆款利率　Interbank Rate　186

銀行承兌匯票　Banker's Acceptance (BA)　032

銀行團／承銷團　Syndicate　395

銀行擔保　Bank Guarantee　032

需求　Demand　100

需求法則　Law of Demand　207

十五畫

價內　In the Money　178

價外　Out of the Money (OTM)　290

價值主張　Value Proposition　423

價值投資法　Value Investing　422

價值股　Value Stock　424

價差　Spread　375

價格加權指數　Price-Weighted Index　311

履約價　Strike Price　387

德爾他　Delta　099

德爾他避險　Delta Hedging　099

摩根士丹利資本國際新興市場指數　MSCI Emerging Markets Index　256

敵意收購　Hostile Takeover　174

暴利稅　Windfall Tax　433

標準差　Standard Deviation　377

標準普爾五百指數　Standard & Poor's 500 Index (S&P 500)　376

標準普爾存託憑證　Spiders (SPDR)　373

確定提撥退休金計畫　Defined-Contribution Plan　096

確定給付退休金計畫　Defined-Benefit Plan　096

複利　Compounding　069

賣方報價　Ask　025

賣空　Short Sale　369

賣權　Put　323

THE INVESTOPEDIA®
Guide to Wall Speak

賣權　Put Option　324
賣權買權比　Put-Call Ratio　325
銷售報酬率　Return on Sales　347
銷貨成本　Cost of Goods Sold (COGS)　077

十六畫
操作費用比率　Expense Ratio　134
擔保品　Collateral　064
機會成本　Opportunity Cost　287
歷史成本　Historical Cost　173
選擇權　Option　289
選擇權價差交易　Credit Spread　083
選擇權權利金　Premium　307
隨機指標　Stochastic Oscillator　378
頭肩頂形態　Head and Shoulders Pattern　169

十七畫
優化　Optimization　288
優先股　Preferred Stock　306
償債能力比率　Solvency Ratio　373
應付帳款　Accounts Payable (AP)　013
應付帳款週轉率　Accounts Payable Turnover Ratio　014
應付費用　Accrued Expense　017
應收帳款　Accounts Receivable (AR)　015
應收帳款週轉率　Receivables Turnover Ratio　335
應有的謹慎　Due Diligence (DD)　114
應計利息　Accrued Interest　018
擬制／試算／備考　Pro Forma　318
營業收入　Revenue　347
營業利潤　Operating Income　284
營業利潤　Operating Profit　286
營業利潤率　Operating Margin　285
營業淨利　Net Operating Income (NOI)　266
營業現金流　Operating Cash Flow (OCF)　281
營業現金流對流動負債比　Operating Cash Flow (OCF) Ratio　282
營業費用　Operating Expense　283
營業槓桿　Operating Leverage　285
營運資金　Working Capital　434

獲利能力比率　Profitability Ratios　321
績優股　Blue-Chip Stock　039
總企業價值　Total Enterprise Value (TEV)　406
總收入　Gross Income　164
總報酬率　Total Return　407
總體經濟學　Macroeconomics　227
聯邦公開市場委員會　Federal Open Market Committee (FOMC)　140
聯邦資金利率　Federal Funds Rate　139
趨勢分析　Trend Analysis　413
還本期　Payback Period　300
隱含波動性　Implied Volatility　177

十八畫
簡單移動平均線　Simple Moving Average (SMA)　370

十九畫
壟斷　Monopoly　250
羅斯個人退休帳戶　Roth IRA　352
證券　Security　360
證券化　Securitization　359
證券市場線　Security Market Line (SML)　361
邊際效用遞減法則　Law of Diminishing Marginal Utility　209
邊際貢獻　Contribution Margin　072
騙子貸款　Liar Loan　217

二十畫
觸及生效選擇權　Knock-In Option　204

二十二畫
攤銷　Amortization　022
權利相同　Pari-Passu　298
權益乘數　Equity Multiplier　129
權責發生制　Accrual Accounting　016

二十三畫
變動成本　Variable Cost　424
變異係數　Coefficient of Variation (CV)　063

書系代碼	書名	ISBN	定價
經營管理系列			
BM143	實踐六標準差	978-986-157-247-5	360
BM144	真誠領導	978-986-157-244-4	300
BM145	行動領導	978-986-157-255-0	280
BM146	人人都是領導者	978-986-157-259-8	270
BM147	顧客想的和說的不一樣	978-986-157-261-1	300
BM148	黑帶精神	978-986-157-270-3	320
BM149	你有行動路線圖嗎？	978-986-157-294-9	280
BM150	精實六標準差工具手冊	978-986-157-285-7	420
BM151	跟著廉價資源走	978-986-157-302-1	280
BM152	每秒千桶	978-986-157-303-8	330
BM153	大力士翩翩起舞	978-986-157-313-7	300
BM154	產品生命週期管理	978-986-157-312-0	350
BM155	產品經理的第一本書－全新修訂版	978-986-157-317-5	450
BM156	預見未來	978-986-157-322-9	300
BM157	史隆的復古管理	978-986-157-370-0	320
BM158	策略思考的威力	978-986-157-368-7	300
BM159	班加羅爾之虎	978-986-157-383-0	360
BM160	Chindia	978-986-157-399-1	450
BM161	不看名片，你是誰？	978-986-157-393-9	220
BM162	杜拉克的最後一堂課	978-986-157-411-0	400
BM164	成功的毒蘋果	978-986-157-448-6	330
BM166	服務業管理聖經	978-986-157-507-0	250
BM167	不按牌理出牌的思考力	978-986-157-503-2	280
BM168	高薪不一定挖到好人才	978-986-157-515-5	350
BM169	這樣開會最有效	978-986-157-514-8	200
BM170	換掉你的鱷魚腦袋	978-986-157-516-2	320
BM171	科技福爾摩斯	978-986-157-530-8	450
BM172	你不知道的傑克•威爾許	978-986-157531-5	380
BM173	危機OFF	978-986-157-529-2	380
BM174	葛林斯班的泡沫	978-986-157-534-6	300
BM175	矽谷＠中國	978-986-157-410-3	320
BM176	搞定怪咖員工創意法則	978-986-157-541-4	280
BM177	普哈拉的創新法則	978-986-157-547-6	340
BM178	杜拜 & Co.：掌握波灣國家商機的全球布局	978-986-157-552-0	380
BM179	網民經濟學：運用Web 2.0群眾智慧搶得商機	978-986-157-569-8	300

書系代碼	書名	ISBN	定價
BM180	向梅約學管理：世界頂尖醫學中心的三贏哲學	978-986-157-579-7	340
BM181	有機成長力：企業逆勢求生的6大獲利關鍵	978-986-157-590-2	260
BM182	控制進化論：沒有達爾文，控制狂也能變身超級主管	978-986-157-597-1	280
BM183	來上一堂破壞課	978-986-157-603-9	320
BM184	零距創新：全球經濟重生的創新三角策略	978-986-157-604-6	320
BM185	綠經濟：提升獲利的綠色企業策略	978-986-157-607-7	320
BM186	實戰麥肯錫：看專業顧問如何解決企業難題	978-986-157-620-6	320
BM187	佼兔智慧學：連豐田、麥肯錫都推崇的競贏法則	978-986-157-629-9	360
BM188	看穿對手的商業戰術：簡單四步驟，在競爭中出奇制勝	978-986-157-647-3	300
企業典範系列			
CE001	企業強權	978-957-493-133-0	360
CE004	專業主義	978-957-493-246-7	280
CE006	關係與績效	978-957-493-829-2	360
CE008	豐田模式	978-957-493-946-6	400
CE009	實踐豐田模式	978-986-157-231-4	500
CE010	蘋果模式	978-986-157-318-2	320
CE011	星巴克模式	978-986-157-369-4	300
CE012	豐田人才精實模式	978-986-157-461-5	400
CE013	僕人創業家	978-986-157-528-5	220
CE014	創新關鍵時刻	978-986-157-538-4	180
CE015	12堂無國界的企業經營學	978-986-157-486-8	260
CE016	CEO創業學	978-986-157-550-6	280
CE017	豐田文化：複製豐田DNA的核心關鍵	978-986-157-551-3	580
CE019	今天你M了沒-麥當勞屹立不搖的經營七法	978-986-157-500-1	300
CE020	豐田供應鏈管理－創新與實踐	978-986-157-662-6	420
投資理財系列			
IF002	笑傲股市一全新修訂版	978-957-493-135-4	280
IF017	葛林斯班效應	978-957-493-254-2	390
IF023	透析經濟 聰明投資	978-957-493-492-8	350
IF024	識破財務騙局的第一本書	978-957-493-632-8	350
IF025	經濟之眼	978-957-493-699-1	320
IF026	輕鬆催款	978-957-493-716-5	280
IF027	有錢沒錢教個孩子會理財	978-957-493-745-5	320
IF028	透析財務數字	978-957-493-759-2	450
IF029	笑傲股市Part 2	978-957-493-869-8	300

書系代碼	書名	ISBN	定價
IF030	聰明理財的第一本書	978-957-493-878-0	299
IF031	投資理財致富聖經	978-957-493-896-4	330
IF032	你不可不知的10大理財錯誤	978-957-493-925-1	320
IF033	85大散戶投資金律	978-957-493-962-6	300
IF034	華爾街操盤高手	978-957-493-974-9	280
IF035	你一定需要的理財書	978-986-157-002-0	320
IF036	向股票市場要退休金	978-986-157-043-3	320
IF037	識破地雷股的第一本書	978-986-157-050-1	300
IF038	戳破理財專家的謊言	978-986-157-049-5	400
IF039	資產生財，富足有道！	978-986-157-076-1	399
IF040	笑傲股市風雲實錄	978-986-157-084-6	290
IF041	從火腿蛋到魚子醬	978-986-157-083-9	290
IF042	你不可不知的10大投資迷思	978-986-157-094-5	320
IF043	致富，從建立正確的心態開始	978-986-157-161-4	330
IF044	巴菲特的24個智富策略	978-986-157-195-9	250
IF045	股市放空教戰手冊	978-986-157-246-8	220
IF046	智富一輩子	978-986-157-260-4	300
IF047	圖解技術分析立即上手	978-986-157-378-6	260
IF048	房市淘金不景氣也賺錢	978-986-157-419-6	290
IF049	投資顧問怕你發現的真相	978-986-157-436-3	400
IF050	海龜投資法則	978-986-157-466-0	330
IF051	要學會賺錢，先學會負債	978-986-157-467-7	280
IF052	坦伯頓投資法則	978-986-157-543-8	320
IF053	散戶投資正典全新修訂版	978-986-157-553-7	380
IF054	大衝撞：全球經濟巨變下的重建預言與投資策略	978-986-157-593-3	360
IF055	在平的世界找牛市：何時何地都賺錢的投資策略	978-986-157-617-6	400
IF056	巴菲特主義：波克夏傳奇股東會的第一手觀察	978-986-157-626-8	360
IF057	資本主義的代價：後危機時代的經濟新思維	978-986-157-628-2	300
IF058	海龜法則實踐心法：看全球最優秀交易員如何管理風險	978-986-157-633-6	300
IF059	笑傲股市──歐尼爾投資致富寶典	978-986-157-653-4	450
IF060	財經詞彙一本就搞定：讓你思考像索羅斯、投資像巴菲特	978-986-157-663-3	420
IF061	我跟有錢人一樣富有	978-986-157-664-0	400

書系代碼	書名	ISBN	定價
行銷規劃系列			
MP007	銷售巨人	978-957-849-654-5	240
MP022	銷售巨人Part 2	978-957-493-275-7	280
MP031	資料庫行銷實用策略	978-957-493-423-2	490
MP034	跟顧客搏感情	978-957-493-488-1	399
MP035	線上行銷研究實用手冊	978-957-493-489-8	490
MP037	很久很久以前	978-957-493-494-2	500
MP038	絕對成交！	978-957-493-513-0	299
MP040	電話行銷 輕鬆成交	978-957-493-579-6	299
MP043	抓住你的關鍵顧客	978-957-493-688-5	290
MP044	顧客教你的10件事	978-957-493-689-2	299
MP045	200個行銷創意妙方	978-957-493-700-4	299
MP047	絕對成交！Part 2	978-957-493-717-2	299
MP048	打倒莫非定律的銷售新法	978-957-493-729-5	299
MP049	百萬業務員銷售祕訣	978-957-493-730-1	280
MP051	贏在加值銷售	978-957-493-761-5	330
MP052	做顧客的問題解決專家	978-957-493-785-1	280
MP053	銷售訓練實戰手冊	978-957-493-788-2	280
MP054	做個高附加價值的行銷人	978-957-493-789-9	300
MP056	eBay網路拍賣完全賺錢指南	978-957-493-871-1	299
MP057	超級業務員的25堂課	978-957-493-877-3	280
MP058	行銷ROI	978-957-493-883-4	350
MP059	團隊銷售 無往不利	978-957-493-887-2	300
MP060	拿下企業的大訂單	978-957-493-898-8	300
MP061	扭轉乾坤的完全銷售祕訣	978-957-493-916-9	280
MP062	IMC整合行銷傳播	978-957-493-927-5	390
MP063	引爆銷售力的10大黃金法則	978-957-493-929-9	300
MP064	向行銷大師學策略	978-957-493-961-9	250
MP065	攻心式銷售	978-957-493-995-4	330
MP066	好口碑，大訂單！	978-986-157-000-6	300
MP067	再造銷售奇蹟	978-986-157-017-4	330
MP068	換上顧客的腦袋	978-986-157-071-6	300
MP069	銷售達人	978-986-157-072-3	280
MP070	eBay子都賺錢的網路拍賣指南	978-986-157-075-4	299
MP071	行銷創意玩家	978-986-157-085-3	280

書系代碼	書名	ISBN	定價
MP072	401個行銷實用妙方	978-986-157-102-7	360
MP073	用心成交	978-986-157-105-8	300
MP074	電訪員出頭天	978-986-157-117-1	300
MP075	10分鐘在地行銷	978-986-157-134-8	330
MP076	銷售ROI	978-986-157-135-5	330
MP077	CEO教你怎麼賣	978-986-157-137-9	300
MP078	eBay網路拍賣實作手冊	978-986-157-181-2	299
MP079	網路拍賣也要做行銷	978-986-157-223-9	299
MP080	直銷經理的第一本書	978-986-157-253-6	350
MP081	用愛經營顧客	978-986-157-273-4	230
MP082	無恥行銷	978-986-157-281-9	300
MP083	尖子品牌	978-986-157-292-5	300
MP084	部落格行銷	978-986-157-283-3	300
MP085	企畫案撰寫進階手冊	978-986-157-308-3	260
MP086	開口就讓你變心	978-986-157-356-4	300
MP087	消失吧！奧客	978-986-157-354-0	250
MP088	聽頂尖業務說故事	978-986-157-360-1	260
MP089	口袋業務家教	978-986-157-384-7	250
MP090	業務拜訪現場直擊	978-986-157-521-6	300
MP091	出賣行銷鬼才	978-986-157-400-4	300
MP092	Google關鍵字行銷	978-986-157-403-5	350
MP093	商業午餐的藝術	978-986-157-404-2	280
MP094	我的部落格印鈔機	978-986-157-412-7	250
MP095	九種讓你賺翻天的顧客	978-986-157-487-5	320
MP096	趨勢學·學趨勢	978-986-157-511-7	260
MP097	高價成交	978-986-157-521-6	300
MP098	銷售力領導	978-986-157-548-3	280
MP099	我不是祕密：贏得顧客推薦的銷售神技	978-986-157-578-0	220
MP100	品牌個性影響力：數位時代的口碑行銷	978-986-157-561-2	280
MP101	GPS銷售法	978-986-157-582-7	280
MP102	彈指金流：無遠$屆的網路行銷密技	978-986-157-601-5	320
職涯發展管理系列			
CD002	第一次就說對話	978-957-493-769-1	299
CD003	快樂工作人求生之道	978-957-493-777-6	300
CD004	自信演說 自在表達	978-957-493-787-5	300
CD005	職場處處有貴人	978-957-493-795-0	320

書系代碼	書名	ISBN	定價
CD006	職場不敗	978-957-493-805-6	290
CD007	向領導大師學溝通	978-957-493-820-9	320
CD008	預約圓滿人生	978-957-493-833-9	320
CD009	脫穎而出	978-957-493-845-2	320
CD010	關鍵溝通	978-957-493-875-9	300
CD011	超級口才 溝通無礙	978-957-493-886-5	320
CD012	直話巧說，溝通更有力	978-957-493-897-1	320
CD013	功成名就的第一本書	978-957-493-906-0	320
CD014	打造真本事 談出高身價	978-957-493-931-2	280
CD015	魅力滿分	978-957-493-960-2	280
CD016	塑造個人A+品牌的10堂課	978-957-493-963-3	300
CD017	老是換工作也不是辦法	978-957-493-975-6	300
CD018	贏在談判	978-957-493-986-2	290
CD019	絕對說服100招	978-957-493-988-6	320
CD020	贏家之道	978-986-157-001-3	330
CD021	直擊人心，決勝職場！	978-986-157-003-7	320
CD022	我愛笨老闆	978-986-157-016-7	300
CD023	談判致富	978-986-157-020-4	320
CD024	成功不難，習慣而已！	978-986-157-056-3	320
CD025	哪個不想出人頭地	978-986-157-086-0	290
CD026	沒什麼談不了	978-986-157-082-2	300
CD027	你可以更了不起	978-986-157-095-2	330
CD028	向領導大師學激勵	978-986-157-119-5	320
CD029	堆高你的個人資本	978-986-157-118-8	300
CD030	關鍵對立	978-986-157-121-8	300
CD031	人人都要學的CEO說話技巧	978-986-157-159-1	300
CD032	每天多賺2小時	978-986-157-254-3	250
CD033	個人平衡計分卡	978-986-157-320-5	280
CD034	這樣簡報最有效	978-986-157-437-0	240
CD035	經理小動作，公司大不同	978-986-157-471-4	280
CD036	W職場學	978-986-157-522-3	270
CD037	NQ人脈投資法則	978-986-157-496-7	240
CD038	訂做你工作舞台：人才派遣也能闖出一片天	978-986-157-575-9	280
CD039	職場生死鬥	978-986-157-588-9	320
CD040	懂得領導讓你更有競爭力-亂局中的7堂修練課	978-986-157-616-9	260
CD041	好奇心殺不死一隻貓-跳脫常軌，發掘內心的創意因子	978-986-157-625-1	220

書系代碼	書名	ISBN	定價
CD042	CEO訓練班	978-986-157-642-8	340
CD043	選對工作！老闆砍不到你－搶攻8大熱門職務	978-986-157-661-9	250
溝通勵志系列			
CS005	追求成功的熱情	978-957-945-354-7	230
CS026	女男大不同	978-957-493-626-7	300
CS027	關鍵對話	978-957-493-678-6	300
CS029	圓夢智慧	978-957-493-968-8	300
CS030	共存！	978-986-157-132-4	290
CS031	我該怎麼說？	978-986-157-226-0	299
CS032	易燃物，你又燒起來了嗎	978-986-157-429-5	280
CS033	臉紅心跳886	978-986-157-421-9	300
CS034	打不死的樂觀	978-986-157-425-7	180
CS035	辯，贏人	978-986-157-434-9	290
CS036	老大的權威來自溝通的技巧	978-986-157-473-8	250
CS037	追求成功的熱情（熱情增修版）	978-986-157-491-2	260
CS038	拿出你的影響力	978-986-157-502-5	350
CS039	和平無關顏色	978-986-157-510-0	240
CS040	說服力	978-986-157-525-4	260
CS041	征服：歐巴馬超凡溝通與激勵演說的精采剖析	978-986-157-600-8	340
CS042	職場成人溝通術	978-986-157-614-5	260
CS043	人人都要學的熱血激勵術	978-986-157-622-0	350
CS045	飛機上的27A	978-986-157-627-5	200
CS046	改變8！我的人生	978-986-157-631-2	240
CS047	成就是玩出來的	978-986-157-646-6	250
CS048	人見人愛的華麗社交	978-986-157-649-7	320
商業英語學習系列			
EL012	英文常用字急診室	978-986-157-589-6	399
健康脈動系列			
HC009	最科學的養生長青10法則	978-986-157-556-8	260
全球趨勢系列			
GT001	N世代衝撞：網路新人類正在改變你的世界	978-986-157-630-5	380
GT002	幽靈財富的真相：終結貪婪華爾街，打造經濟新世界	978-986-157-635-0	300
GT003	75個綠色商機：給你創業好點子，投身2千億美元新興產業	978-986-157-636-7	400

國家圖書館出版品預行編目資料

財經詞彙一本就搞定：讓你思考像索羅斯、投
　資像巴菲特／傑克‧奎南（Jack Guinan）編著
　；許瑞宋譯. -- 初版. -- 臺北市：麥格羅
希爾，2009.11
面；公分. --（投資理財；IF060）
含索引
　譯自：The Investopedia guide to wall speak : the
　　　　terms you need to know to talk like Cramer,
　　　　think like Soros, and buy like Buffett

　ISBN　978-986-157-663-3（平裝）

　1. 投資 2. 術語

563.504　　　　　　　　　　　　　98019659

投資理財 IF060

財經詞彙一本就搞定：讓你思考像索羅斯、投資像巴菲特

原　　　著	傑克‧奎南（Jack Guinan）
譯　　　者	許瑞宋
特 約 編 輯	陳春賢
企 劃 編 輯	陳建宇
行 銷 業 務	高曜如　杜佳儒
業 務 副 理	李永傑
出 版 經 理	陳莉苓

出 版 者	美商麥格羅‧希爾國際股份有限公司 台灣分公司
地　　　址	台北市100中正區博愛路53號7樓
網　　　址	http：//www.mcgraw-hill.com.tw
讀 者 服 務	Email:tw_edu_service@mcgraw-hill.com
	Tel: (02) 2311-3000　Fax: (02) 2388-8822
法 律 顧 問	惇安法律事務所盧偉銘律師、蔡嘉政律師及江宜蔚律師
劃 撥 帳 號	17696619
戶　　　名	美商麥格羅希爾國際股份有限公司 台灣分公司

亞洲總公司	McGraw-Hill Education (Asia)
	60 Tuas Basin Link, Singapore 638775, Republic of Singapore
	Tel: (65) 6863-1580　　Fax: (65) 6862-3354
	Email: mghasia_sg@mcgraw-hill.com

製 版 廠	禾耕彩色印刷	(02)32349366
電 腦 排 版	林燕慧	0925-691858

出 版 日 期	2009年11月（初版一刷）
	2011年 2月（初版十三刷）
定　　　價	420元
原 著 書 名	The INVESTOPEDIA® Guide to Wall Speak: The terms you need to know
	to talk like Cramer, think like Soros, and buy like Buffett

Traditional Chinese Translation Copyright ©2009 by McGraw-Hill International
Enterprises, Inc., Taiwan Branch
Original Copyright © 2009 by Investopedia®
English edition published by The McGraw-Hill Companies, Inc. (978-0-07-162498-5)
All rights reserved.

ISBN：978-986-157-663-3

※著作權所有，侵害必究。如有缺頁破損、裝訂錯誤，請附原購買之發票影本寄回對換
　總經銷：聯合發行股份有限公司　電話：(02)2917-8022

100
台北市中正區博愛路53號7樓

美商麥格羅・希爾國際出版公司
McGraw-Hill Education (Taiwan)

www.mcgraw-hill.com.tw

感謝您對麥格羅・希爾的支持
您的寶貴意見是我們成長進步的最佳動力

姓 名：＿＿＿＿＿＿＿＿＿＿＿＿ 先生 小姐 出生年月日：＿＿＿＿＿＿＿

電 話：＿＿＿＿＿＿＿＿＿＿＿ E-mail：＿＿＿＿＿＿＿＿＿＿＿＿＿

住 址：＿＿＿＿＿＿＿＿＿＿＿＿＿＿＿＿＿＿＿＿＿＿＿＿＿＿＿＿＿＿

購買書名：＿＿＿＿＿＿＿＿ 購買書店：＿＿＿＿＿＿ 購買日期：＿＿＿＿＿＿

學　　歷：□高中以下（含高中）□專科 □大學 □碩士 □博士

職　　業：□管理 □行銷 □財務 □資訊 □工程 □文化 □傳播

　　　　　□創意 □行政 □教師 □學生 □軍警 □其他＿＿＿＿＿＿＿＿＿

職　　稱：□一般職員 □專業人員 □中階主管 □高階主管

您對本書的建議：

　內容主題 □滿意 □尚佳 □不滿意 因為＿＿＿＿＿＿＿＿＿＿＿＿＿＿

　譯／文筆 □滿意 □尚佳 □不滿意 因為＿＿＿＿＿＿＿＿＿＿＿＿＿＿

　版面編排 □滿意 □尚佳 □不滿意 因為＿＿＿＿＿＿＿＿＿＿＿＿＿＿

　封面設計 □滿意 □尚佳 □不滿意 因為＿＿＿＿＿＿＿＿＿＿＿＿＿＿

　其他＿＿＿＿＿＿＿＿＿＿＿＿＿＿＿＿＿＿＿＿＿＿＿＿＿＿＿＿＿＿＿

您的閱讀興趣：□經營管理 □六標準差系列 □麥格羅・希爾 EMBA 系列 □物流管理

　　　　　　　□銷售管理 □行銷規劃 □財務管理 □投資理財 □溝通勵志 □趨勢資訊

　　　　　　　□商業英語學習 □職場成功指南 □身心保健 □人文美學 □其他

您從何處得知 □逛書店 □報紙 □雜誌 □廣播 □電視 □網路 □廣告信函

本書的消息？ □親友推薦 □新書電子報 促銷電子報 □其他＿＿＿＿＿＿＿＿

您通常以何種 □書店 □郵購 □電話訂購 □傳真訂購 □團體訂購 □網路訂購

方式購書？ □目錄訂購 □其他＿＿＿＿＿＿＿＿＿＿＿＿＿＿＿＿＿＿＿＿

您購買過本公司出版的其他書籍嗎？ 書名＿＿＿＿＿＿＿＿＿＿＿＿＿＿＿＿

您對我們的建議：

＿＿＿＿＿＿＿＿＿＿＿＿＿＿＿＿＿＿＿＿＿＿＿＿＿＿＿＿＿＿＿＿＿＿＿＿

＿＿＿＿＿＿＿＿＿＿＿＿＿＿＿＿＿＿＿＿＿＿＿＿＿＿＿＿＿＿＿＿＿＿＿＿

＿＿＿＿＿＿＿＿＿＿＿＿＿＿＿＿＿＿＿＿＿＿＿＿＿＿＿＿＿＿＿＿＿＿＿＿

＿＿＿＿＿＿＿＿＿＿＿＿＿＿＿＿＿＿＿＿＿＿＿＿＿＿＿＿＿＿＿＿＿＿＿＿

Mc Graw Hill **Education** 麥格羅‧希爾	**信用卡訂購單**	（請影印使用）

我的信用卡是□VISA　□MASTER CARD（請勾選）

持卡人姓名：　　　　　　　信用卡號碼（包括背面末三碼）：

身分證字號：　　　　　　　信用卡有效期限：　　　年　　　月止

聯絡電話：（日）　　　　（夜）　　　　　手機：

e-mail：

收貨人姓名：　　　　　　　公司名稱：

送書地址：□□□

統一編號：　　　　　　　　發票抬頭：

訂購書名：

訂購本數：　　　　　　　　訂購日期：　　　年　　　月　　　日

訂購金額：新台幣　　　　　元　　持卡人簽名：

書籍訂購辦法

郵局劃撥
戶名：美商麥格羅希爾國際股份有限公司 台灣分公司
帳號：17696619
請將郵政劃撥收據與您的聯絡資料傳真至本公司
FAX：(02)2388-8822

信用卡
請填寫信用卡訂購單資料郵寄或傳真至本公司

銀行匯款
戶名：美商麥格羅希爾國際股份有限公司 台灣分公司
銀行名稱：美商摩根大通銀行 台北分行
帳號：3516500075
解款行代號：0760018
請將匯款收據與您的聯絡資料傳真至本公司

即期支票
請將支票與您的聯絡資料以掛號方式郵寄至本公司
地址：台北市100中正區博愛路53號7樓

備註
我們提供您快速便捷的送書服務，以及團體購書的優惠折扣。
如單次訂購未達NT1,500，須酌收書籍貨運費用90元，台東及離島等偏遠地區運費另計。
聯絡電話：(02)2311-3000
e-mail：tw_edu_service@mcgraw-hill.com

請沿虛線剪下

麥格羅・希爾讀書俱樂部
My Book Club

買書不必再比價
加入 *My Book Club* 就對了 !!

麥格羅・希爾成立讀書俱樂部囉！

歡迎所有愛書人與我們一起打造世界級的閱讀經驗

My Book Club 會員獨享好康：

- **全年優惠價**：中文商管書全年可享79折購書優惠
- **選書超低價**：凡購買當月選書可享75折超低價
- **贈書再加碼：**
  單一書籍購買20本（含）以上加贈1本，40本（含）以上加贈2本...依此類推
- **團購驚喜價：**
  單一書籍購買100本（含）以上，可享68折驚喜價（贈書與折扣二選一）
- **優質好書不漏接**：每月優先收到會員電子報，早一步獲得出版訊息

入會方式：

不需繳交入會費，也無需預繳任何費用，您只需到麥格羅・希爾官網 *My Book Club* 專區，填妥基本資料，經確認後即可取得專屬會員編號，成為 *My Book Club* 會員。

麥格羅・希爾網址：**www.mcgraw-hill.com.tw**

洽詢專線：**(02)2311-3000** 分機 **2227**

Mc Graw Hill Education

McGraw Hill Education